高等职业教育汽车类专业规划教材

汽车电气与电子技术实训

QICHE DIANQI YU DIANZI JISHU SHIXUN

主编 ◎ 张克明

机械工业出版社
CHINA MACHINE PRESS

本书安排了蓄电池、交流发电机、起动机、点火系统、照明设备与信号装置、仪表与报警装置、汽车辅助电器装置、汽车空调系统、汽车整车电路、发动机电子控制系统、底盘电子控制系统共 11 个项目的技能培训内容。在内容安排和编写形式上，本书力求直观易懂、言简意赅，突出分析、解决实际问题能力的培养，具有较强的实用性和针对性。

本书可作为高职高专院校汽车检测与维修技术、汽车电子技术、汽车技术服务与营销等专业的教材，也可供工程技术人员及汽车维修人员参考使用。

图书在版编目（CIP）数据

汽车电气与电子技术实训/张克明主编．—北京：机械工业出版社，2014.4（2017.6 重印）

高等职业教育汽车类专业规划教材

ISBN 978-7-111-45879-1

Ⅰ.①汽…　Ⅱ.①张…　Ⅲ.①汽车—电气设备—高等职业教育—教材②汽车—电子技术—高等职业教育—教材　Ⅳ.①U463.6

中国版本图书馆 CIP 数据核字（2014）第 030227 号

机械工业出版社（北京市百万庄大街 22 号　邮政编码 100037）

策划编辑：王英杰　责任编辑：王英杰　王　琪

版式设计：常天培　责任校对：刘秀芝

封面设计：路恩中　责任印制：李　洋

三河市国英印务有限公司印刷

2017 年 6 月第 1 版第 2 次印刷

184mm×260mm · 9 印张 · 198 千字

2001—3900 册

标准书号：ISBN 978-7-111-45879-1

定价：25.00 元

凡购本书，如有缺页、倒页、脱页，由本社发行部调换

电话服务

服务咨询热线：010-88379833

读者购书热线：010-88379649

网络服务

机 工 官 网：www.cmpbook.com

机 工 官 博：weibo.com/cmp1952

教育服务网：www.cmpedu.com

金 书 网：www.golden-book.com

前　言

本书根据高职高专教育人才培养目标，按照汽车电气与电子技术课程对实践能力培养的要求，结合当今汽车电气与电子技术的发展情况，精选实践教学项目编写而成。全书直观易懂、条理清晰，突出能力培养，利于使用者学习和掌握。

本书主要包括蓄电池、交流发电机、起动机、点火系统、照明与信号装置、仪表与报警装置、汽车辅助电器装置、汽车空调系统、汽车整车电路、发动机电子控制系统、底盘电子控制系统共11个项目，力求使学生熟悉典型汽车电路、认识主要电气与电子装置的结构，掌握汽车电气系统及其工作器件的检修方法。

本书由张克明主编，编写分工为张克明编写了项目六、项目八、项目九、项目十、项目十一；符晓芬编写了项目一、项目二、项目三，王晓光编写了项目四、项目五、项目七。

在编写本书的过程中，编者参考了大量的国内外技术资料，在此特向所有参考资料的作者表示衷心感谢！

由于编者水平有限，书中难免有疏漏不妥之处，恳请读者批评指正。

编　者

目　　录

项目一　蓄电池

实训一　蓄电池技术状态的检查

一、实训目标

1）认识蓄电池的型号。

2）掌握蓄电池的储存和启用方法。

3）掌握蓄电池的拆装和清洗方法。

4）掌握蓄电池的检测方法。

5）能够通过检测，判断被测蓄电池的技术状况。

二、实训器材

1）每组蓄电池1个，发动机1台。

2）每组万用表、吸式密度计、温度计、高率放电计、钢丝刷、玻璃管各1个。

3）蒸馏水、凡士林、润滑油适量。

三、实训内容

1. 蓄电池型号的识别

铅酸蓄电池的型号分为3部分，见表1-1。例如，型号6－QA－60代表额定电压为12V、额定容量为60A·h的起动用干荷电铅酸蓄电池。

表1-1　铅酸蓄电池的型号

第一部分	第二部分		第三部分	
串联的单格电池数	蓄电池的类型	蓄电池的特征	蓄电池的额定容量	蓄电池的特殊性能
用阿拉伯数字表示	用大写的汉语拼音字母表示，如： Q——起动用铅酸蓄电池 N——内燃机车用蓄电池 M——摩托车用蓄电池	用大写的汉语拼音字母表示，如： A——干荷电铅酸蓄电池 H——湿荷电铅酸蓄电池 W——免维护铅酸蓄电池 B——薄型极板 无字母——普通铅酸蓄电池	20h放电率的额定容量，单位为A·h（略去不写）	用大写的汉语拼音字母表示，如： G——高起动率 D——低温性能好 S——塑料槽蓄电池

2. 蓄电池的储存

未启用的新蓄电池，其加液孔盖上的通气孔均已封闭，不要捅破。保管蓄电池时应注意以下几点：

1）存放室温为5~30℃，干燥、清洁、通风。

2）不要受阳光直射，离热源距离不小于2m。

3）避免与任何液体和有害气体接触。

4）不得倒置或卧放，不得叠放，不得承受重压。

5）新蓄电池的存放时间不得超过2年。

暂时不用的蓄电池的储存采用湿储存方法，即先充足电，再把电解液密度调至1.24~1.28g/cm³，液面调至规定高度，然后将通气孔密封。存放期不得超过半年，期间应定期检查，如果容量降低了25%，应立即补充充电，交付使用前也应先充足电。

长期停用的蓄电池的储存采用干储存法，即先将充足电的蓄电池以20h放电率放完电，然后倒出电解液，用蒸馏水反复冲洗多次，直到水中无酸性，晾干后旋紧加液孔盖，并将通气孔密封；存放条件与新蓄电池相同。

3. 新蓄电池的启用

启用新蓄电池前，应首先擦净外表面，旋开加液孔盖，疏通通气孔，注入新电解液，静置4~6h后，调节液面高度到规定值，按初充电规范进行充电后即可使用。

干荷电蓄电池在规定存放期（一般为2年）内，启用时可直接加入规定密度的电解液，静置20~30min后，校准液面高度，即可使用。若超期存放或保管不当损失部分电解液，应在加注电解液后经补充充电才可使用。

4. 蓄电池的拆装

1）拆装、移动蓄电池时，应轻搬轻放，严禁在地上拖拽。

2）蓄电池型号和车型应相符，电解液密度和高度应符合规定。

3）安装时，蓄电池固定在托架上，并塞好防振垫。

4）极桩涂上凡士林或润滑油，防腐防锈。极桩卡子与极桩要接触良好。

5）蓄电池搭铁极性必须与发电机一致。

6）接线时，先接正极后接负极，拆线时按相反顺序进行，以防金属工具搭铁，造成蓄电池短路。

5. 外部检查

1）检查蓄电池封胶有无开裂和损坏，极桩有无破损，壳体有无泄漏，否则，应修理或者更换。

2）疏通加液孔盖的通气孔。

3）清洁蓄电池外壳，并用钢丝刷或极柱接头清洗器清洁极桩和电缆卡子上的氧化物，清洁后涂抹一层凡士林或润滑脂。

6. 蓄电池的清洗

1）清洗蓄电池时，应从车上拆下蓄电池，用苏打水溶液冲洗整个壳体，如图1-1所示，再用清水冲洗蓄电池，并用纸巾擦干。

2）对蓄电池托架，可先用腻子刀刮净厚腐蚀物，再用苏打水溶液清洗托架，如图 1 - 2 所示，之后用水冲洗并干燥。托架干燥后，漆上防腐漆。

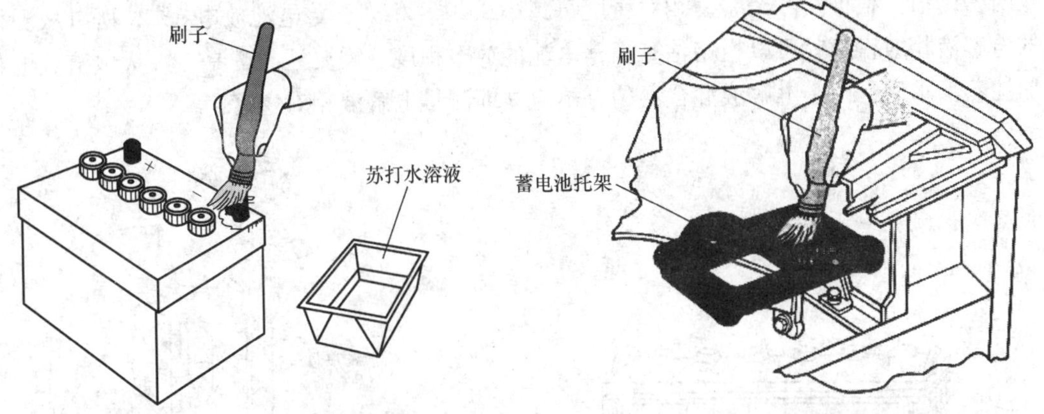

图 1 - 1　用苏打水溶液冲洗壳体

图 1 - 2　用苏打水溶液清洗托架

3）对极桩和电缆卡子，可先用苏打水溶液清洗，再用专用清洁工具进行清洁，如图 1 - 3 所示。清洗后，在电缆卡子上涂凡士林或润滑油，防止腐蚀。清洗蓄电池之前，要注意拧紧加液孔盖，防止苏打水进入蓄电池内部。

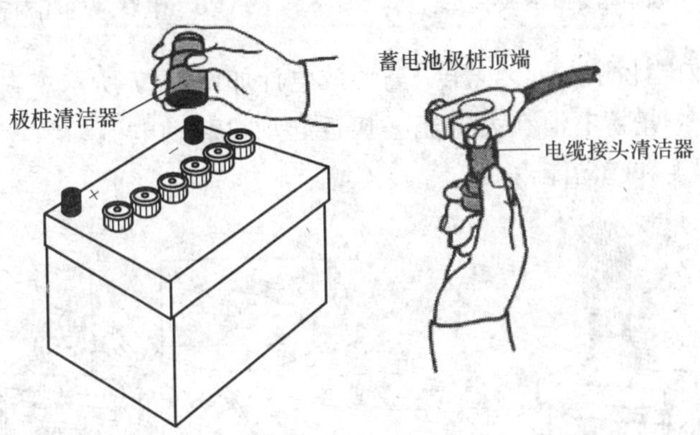

图 1 - 3　用专用清洁工具进行清洁

7. 电解液液面高度的检查

1）用玻璃管测量法，如图 1 - 4 所示。工具：内径为 3 ~ 5mm 的玻璃管。液面高度标准值为 10 ~ 15mm。

2）观察液面高度指示线法，如图 1 - 5 所示。正常液面高度应介于两线之间，液面过低时，应加入蒸馏水补充。

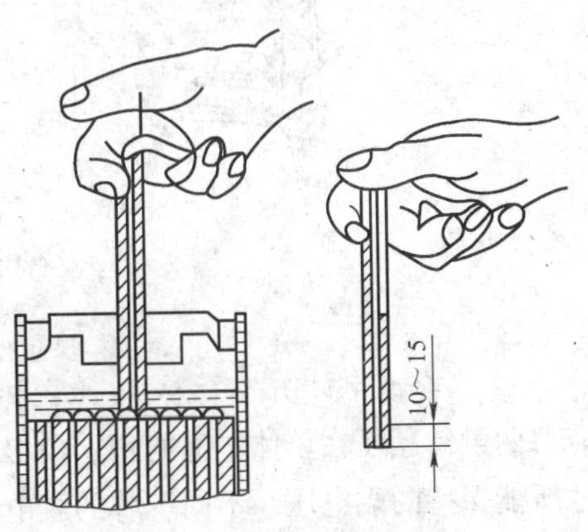

图 1 - 4　玻璃管测量法

8. 放电程度的检查

（1）用吸式密度计测量电解液相对密度　电解液的相对密度用吸式密度计测定，如图 1 - 6 所示，先吸入电解液，使密度计浮子浮起，电解液液面所在的刻度即为相对密度值。注意，在测量密度时，应同时测量电解液温度，并将测得的电解液相对密度值换算为25℃时的相对密度值。根据实际经验，相对密度每减小0.01，相当于蓄电池放电6%，所以从测得的电解液相对密度就可以粗略估算出蓄电池的放电程度。需要注意的是，在大电流放电和加注蒸馏水后，由于电解液混合不匀，不应立即测量电解液相对密度。

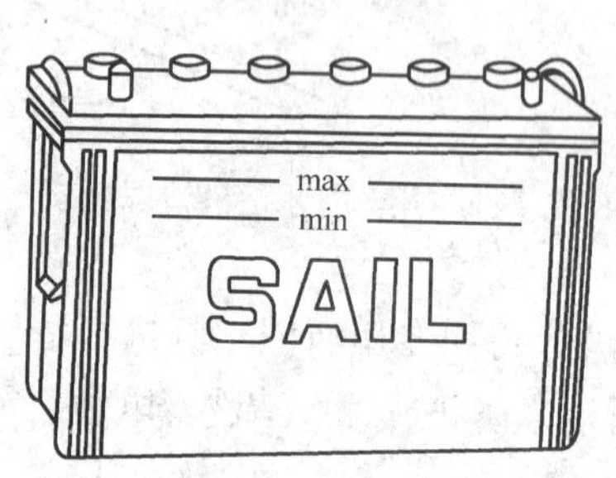

图1-5 液面高度指示线法

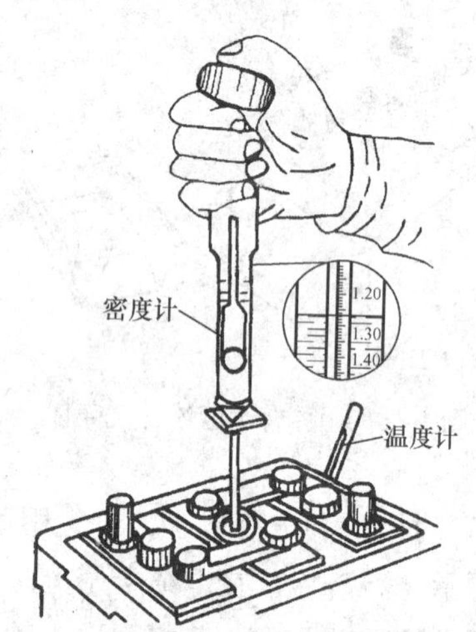

图1-6 电解液的相对密度和温度的测量

（2）用高率放电计测量放电电压 高率放电计如图1-7所示。它的工作原理是模拟接入起动机负荷，测量蓄电池在大电流（接近起动机起动电流）放电时的端电压。以判断蓄电池的放电程度和起动能力。

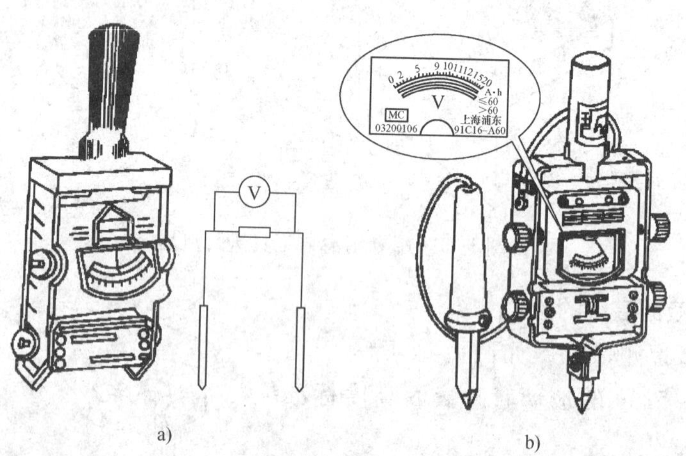

图1-7 高率放电计

a）3V高率放电计 b）12V高率放电计

3V高率放电计由一个3V电压表和一个定值负载电阻组成，如图1-7a所示。测量时应将两触针紧压在单体电池的正、负极柱上，历时5s左右，观察大负荷放电情况下蓄电池所能保持的端电压。不同厂牌的放电计，负荷电阻值不同，放电电流和电压表读数也就不同，使用时应参照原厂说明书中有关规定操作。表1-2是用3V高率放电计测得的单体

电池电压与放电程度对照表。

表1-2 用3V高率放电计测得的单体电池电压与放电程度对照表

高率放电计测得单体电池的端电压/V	放电程度（%）	高率放电计测得单体电池的端电压/V	放电程度（%）
1.9～1.8	0	1.4～1.5	75
1.6～1.7	25	1.2～1.4	100
1.5～1.6	50		

一般技术状况良好的蓄电池，用高率放电计测量时，单体蓄电池电压应在1.5V以上，并在5s内保持稳定；如果5s内电压迅速下降，或某一单体电池的电压比其他单体电池低0.1V以上时，表示该单体电池有故障，应进行修理。

12V高率放电计用于测量6V或12V整体电池。测量时，用力将放电计两触针迅速压在正、负极柱上，并保持3～5s。对于12V整体电池，若蓄电池电压能保持在9.6V以上，说明该蓄电池性能良好，但存电不足；若稳定在10.6～11.6V，则说明存电较足；若电压迅速下降，则说明电池有故障。

（3）随车起动测试　在起动系统正常的情况下，可以利用起动机作为试验负荷。拔下分电器中央高压线并搭铁，将万用表置于电压档，红表笔、黑表笔分别接在蓄电池正、负极柱上，接通起动机15s，读取电压表读数。对于12V蓄电池，电压应不低于9.6V。

实训二　蓄电池的充电

一、实训目标

1）掌握电解液的配制方法。

2）掌握定流和定压充电方法。

3）掌握对蓄电池进行初充电的方法。

4）掌握对蓄电池进行补充充电的方法。

二、实训器材

1）每组蓄电池1个，充电机1台。

2）每组玻璃杯、玻璃棒、密度计、温度计各1个。

3）每组蒸馏水、浓硫酸（密度为1.835g/cm^3）适量。

三、实训内容

1. 电解液的配制

根据当地的气温条件，选择合适的电解液密度。配制电解液时，先用耐酸的容器装蒸馏水，然后将浓硫酸慢慢注入水中，同时用清洁的玻璃棒搅拌，使其混合均匀。测量电解液的密度和温度，若不符合要求，作适当调整，直至合格为止。

2. 充电方法

（1）定流充电法　充电过程中充电电流保持一定的充电方法称为定流充电，如图1-8所示。

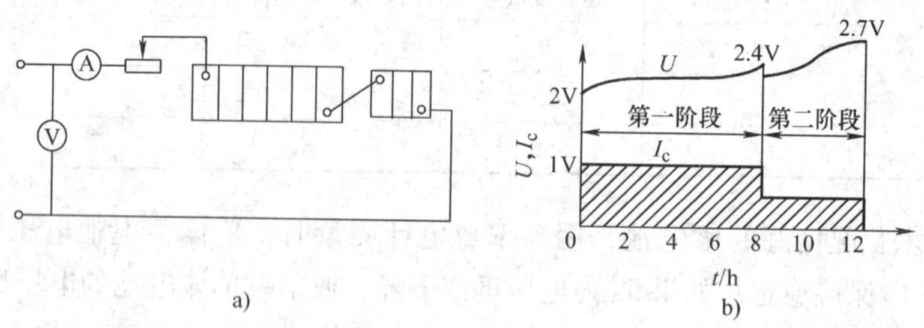

图1-8　定流充电
a）接线图　b）特性曲线

充电电流的选择：

1）由于充电电流 $I_c=(U-E)/R_o$，所以随着蓄电池电动势 E 的升高，要保持充电电流 I_c 一定，就必须逐步提高充电电压 U。

2）当单体电池的端电压升高到2.4V时气体开始形成，应将充电电流减小一半，直到蓄电池完全充足。

蓄电池的连接方法：

1）采用定流充电时，被充电的蓄电池不论是6V或12V都可串联在一起，如图1-8a所示。

2）充电时，每个单体电池需要2.7V电压，故串联的同容量的单体电池总数不应超过 $n=U_c/2.7$（U_c 为充电机的额定电压）

3）串联的蓄电池最好容量相同，否则，充电电流的大小必须按照容量最小的蓄电池来选定，而容量大的蓄电池则充电太慢。

（2）定压充电　充电过程中电源电压 U 始终保持不变的充电方法称为定压充电，如图1-9所示。

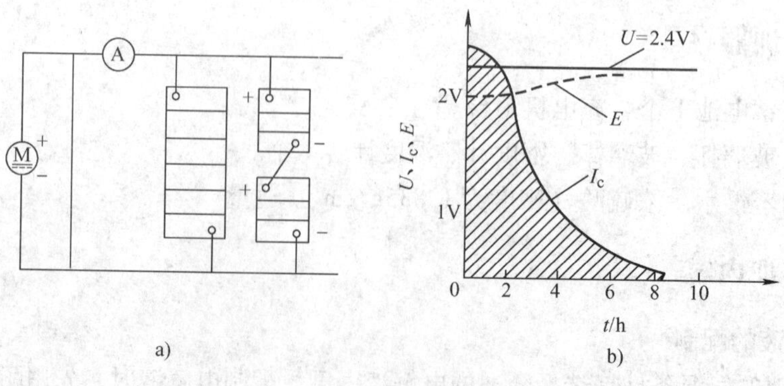

图1-9　定压充电
a）接线图　b）特性曲线

充电电压的选择：

1）由于 $I_c=(U-E)/R_o$，因此在定压充电开始时，充电电流很大。此后随着蓄电池电动势的正向增大，充电电流逐渐减小，至充电终了时，I_c 将自动降低到零，如图 1-9b 所示。

2）定压充电时，充电电流很大，开始充电后 4～5h 内蓄电池就可获得本身容量的 90%～95%，因而可大大缩短充电时间。

3）定压充电时，不能调整充电电流的大小，所以不能用于蓄电池的初充电，也不能用来消除硫化，并且要求所有充电的蓄电池电压必须相同。

4）采用定压充电时，若电压过高，不但充电初期充电电流过大，且会发生过充电现象，导致极板弯曲、活性物质大量脱落，蓄电池温升过高；若充电电压过低，则会使蓄电池不能充足电。

5）一般单体电池充电电压约需 2.5V，即对 6V 的蓄电池充电，充电电源的电压应为 7.5V；对 12V 蓄电池充电，电源电压应为 15V。

蓄电池的连接方法：

1）定压充电要求被充电的蓄电池必须并联在充电电源之间。

2）由于在汽车上蓄电池是和发电机并联的，所以蓄电池始终是在发电机的恒定电压（通过电压调节器调整）下进行充电的。

3. 蓄电池的初充电

初充电的程序如下：

1）按蓄电池制造厂的规定，加注一定相对密度的电解液（一般为 1.25～1.285）。电解液加入蓄电池之前温度不得超过 30℃，注入电解液后应静置 3～6h，待温度低于 35℃才能充电。

2）若液面因电解液渗入极板而低落，应补充到高出极板上缘 10～15mm，然后将蓄电池的正极与充电机的正极相接，蓄电池的负极接充电机的负极。

3）新蓄电池在储存过程中可能有一部分硫化，充电时易于过热，所以初充电一般应选用较小的电流。

4）充电过程通常分两个阶段：第一阶段的充电电流约为额定电流的 1/15，充电至电解液中放出气泡，单体电池端电压达到 2.4V 为止；第二阶段将充电电流减半，继续充电到电解液剧烈放出气泡（沸腾），相对密度和电压连续 3h 稳定不变为止。全部充电时间为 60～70h。

5）充电过程中应经常测量电解液温度。若温度上升到 40℃，应将电流减半；如果继续上升到 45℃，应立即停止充电，并采用人工冷却，待冷却至 35℃以下时再充。充电过程中如果减小充电电流，则应适当延长充电时间。

6）初充电临近完毕时，应测量电解液的相对密度，如果不符合规定，应用蒸馏水或相对密度为 1.40 的电解液进行调整。调整后，再充电 2h，如果相对密度仍不符合规定，应再调整并充电 2h，直至符合规定为止。然后，将加液孔塞拧上，把电池表面擦干净，即可使用。

4. 蓄电池的补充充电

补充充电的程序如下：

1）清除蓄电池脏污和极柱上的氧化物，拧下加液孔盖，疏通通气孔。

2）将充电机的正、负极与蓄电池的正、负极相连，准备充电。

3）补充充电时既可以采用定压充电方法，也可以采用定流充电方法。

4）采用定压充电方法时，应合理选择充电电压；采用定流充电方法时，第一阶段充电电流约为额定电流的1/10，第二阶段充电电流减半。

5. 蓄电池充电注意事项

无论采用哪一种充电方法，都必须严格遵守以下几点：

1）严格遵守各种充电方法的操作规范。

2）处于寒冷环境的蓄电池在充电之前，需检查电解液是否结冰，不可对结冰的蓄电池进行充电，否则会引起爆炸。

3）充电前，需检查电解液的液面高度，电解液不足时，不得充电。

4）充电过程中应注意测量电解液的温度。当温度超过40℃时，应将电流减半，如温度继续升高达到45℃时，应停止充电，待冷却至35℃以下时再充电。也可采用风冷或水冷的方法来降温。

5）初充电应连续进行，不可长时间间断。室内充电时，应旋下加液孔盖，使氢气和氧气能顺利排出。

6）充电室要安装通风设备，在充电过程中，通风设备应不停地工作，以排出有害气体，避免爆炸危险及损害操作人员的健康。

实训三　蓄电池故障的诊断及排除

一、实训目标

1）了解蓄电池内部故障的主要形式及产生原因。

2）掌握蓄电池内部故障的判断方法。

3）了解延长蓄电池使用寿命的基本措施。

4）掌握蓄电池内部故障的排除方法。

二、实训器材

1）每组蓄电池1个，充电机1台。

2）每组蒸馏水适量，万用表1台。

三、实训内容

蓄电池在使用中所出现的故障，除材料和制造工艺方面的原因之外，在很多情况下是由于维护和使用不当造成的。蓄电池的内部故障有极板硫化、自放电、极板短路和活性物质脱落等。

1. 极板硫化

（1）故障现象 蓄电池长期充电不足或放电后长时间未充电，极板上会逐渐生成一层白色粗晶粒状的硫酸铅，在正常充电时不能转化为二氧化铅和海绵状铅，这种现象称为“硫酸铅硬化”，简称“硫化”。这种粗而坚硬的硫酸铅晶体导电性差、体积大，会堵塞活性物质的细孔，阻碍电解液的渗透和扩散，使蓄电池的内阻增加，起动时不能供给大的起动电流，以致不能起动发动机。

硫化的极板表面上有较厚的白霜，充、放电时会有异常现象，放电时蓄电池容量明显下降，用高率放电计检查时，单格电压急剧降低；充电时单格电压上升快，电解液温度迅速升高，但密度却增加得很慢，且过早出现“沸腾”现象。

（2）产生硫化的主要原因

1）蓄电池长期充电不足或放电后未及时充电，当温度变化时，硫酸铅发生再结晶的结果。在正常情况下蓄电池放电时，极板上生成的硫酸铅晶粒比较小，导电性能较好，充电时能够完全转化而消失。但若长期处于放电状态，极板上的硫酸铅将有一部分溶解于电解液中，温度越高，溶解度越高。而温度降低时，溶解度降低，出现过饱和现象，这时有部分硫酸铅就会从电解液中析出，再次结晶生成大晶粒硫酸铅附着在极板表面上。

2）电池内液面太低，使极板上部与空气接触而强烈氧化（主要是负极板）。在汽车行驶的过程中，由于电解液的上、下波动与极板的氧化部分接触，也会形成大晶粒硫酸铅硬层，使极板的上部硫化。

3）电解液相对密度过高，电解液不纯、外部气温剧烈变化时也将加剧硫化。因为电解液相对密度过高时，电池内部放电加快，同时浓硫酸侵袭极板而使变为硫酸铅的作用加强，使极板容易硫化。

因此，为了避免极板硫化，蓄电池应经常处于充足电的状态，放完电的蓄电池应及时充电，电解液的相对密度要恰当，液面高度应符合规定。

（3）排除方法 对于已硫化的蓄电池，较轻者可采用过充电方法进行处理，较严重者可采用小电流充电法或去硫化充电法消除硫化。

2. 自放电

（1）故障现象 充足电的蓄电池放置不用会逐渐失去电量，这种现象称为蓄电池的自放电。

若蓄电池放置一昼夜，容量损失不超过0.7%，则属于正常自放电。铅酸蓄电池的正常自放电是由于蓄电池本身因素所造成的一种不可避免的现象。若一昼夜自放电量超过了2%～3%，则属于故障性自放电，这主要是由于使用、维护不当所造成的。

（2）故障分析

1）电解液杂质含量过多，这些杂质在极板周围形成局部电池而产生自放电。例如，当电解液中含铁量达1%时，一昼夜会将蓄电池全部放电。

2）蓄电池内部短路引起的自放电。例如，隔板或壳体隔壁破裂、极板活性物质大量脱落而沉于极板下部，都将使正、负极板短路而引起自放电。

3）蓄电池盖上洒有电解液时，会造成自放电，同时，还会使极柱或连接条被腐蚀。为减少自放电，电解液的配制应符合要求，并使液面不会过高，使用中还应经常保持蓄电池表面的清洁。

（3）排除方法　对于自放电严重的蓄电池，可将它完全放电或过度放电，使极板上的杂质进入电解液，然后将电解液倾出，用蒸馏水将电池仔细清洗干净，最后灌入新电解液重新充电。

3. 极板短路

（1）故障现象　极板短路的故障现象为：开路电压较低，大电流放电时端电压迅速下降，甚至到零；充电过程中，电压与电解液相对密度上升缓慢，甚至保持在很低的数值就不再上升了，充电末期气泡很少，但电解液温度却迅速升高。

（2）故障分析　极板短路的原因主要有：隔板质量不高或损坏使正、负极板相接触而短路；活性物质在蓄电池底部沉积过多、金属导电物落入正、负极板之间。

（3）排除方法　出现极板短路的蓄电池必须拆开，查明原因并排除故障。

4. 活性物质脱落

（1）故障现象　活性物质脱落一般发生在正极板上，其特征为：电解液中有沉淀物，充电时电解液有褐色物质自底部上升；电压上升快，电解液沸腾现象比正常蓄电池出现的早；充电时间大大缩短，放电容量却明显下降。

（2）故障原因　极板本身质量太差，充、放电时活性物质的体积总在不断地膨胀和收缩，充足电后极板孔隙中逸出大量气泡，在极板内部造成压力，从而使活性物质容易脱落。若使用不当，例如充、放电电流过大使电解液温度太高，或经常过充电，都将导致极板过早损坏。另外，蓄电池受剧烈振动时，也会引起活性物质脱落。

（3）排除方法　若蓄电池中沉淀的活性物质较少时，可以消除后继续使用；沉淀的活性物质较多时，则应更换新极板。

5. 极板拱曲

（1）故障现象　极板拱曲多发生在正极板，极板拱曲后将会造成内部短路等故障。

（2）故障分析　造成极板拱曲的原因主要是：

① 极板在制造过程中铅膏涂填不匀，使充放电时极板各部分所引起的电化学反应强弱不匀，致使极板膨胀和收缩不一样。

② 经常大电流放电，使极板表面各部分电流密度不同而造成弯曲。

③ 蓄电池过量放电时，使极板内层深处生成硫酸铅，充电时得不到恢复造成内部膨胀而导致极板拱曲。

④ 电解液中含有杂质，在引起局部电化学作用时，仅有小部分活性物质转变为硫酸铅，致使整个极板的活性物质体积变化不一致也会造成极板拱曲。

（3）排除方法　如极板拱曲严重，则应更换新极板。

造成极板拱曲的原因主要有：

1）极板在制造过程中铅膏涂填不匀，使充、放电时极板各部分所引起的电化学反应强弱不匀，致使极板膨胀和收缩不一样。

2）经常大电流放电，使极板表面各部分电流密度不同而造成弯曲。

3）蓄电池过量放电时，使极板内层深处生成硫酸铅，充电时得不到恢复，造成内部膨胀而导致极板拱曲。

4）电解液中含有杂质，在引起局部电化学作用时，仅有小部分活性物质转变为硫酸铅，致使整个极板的活性物质体积变化不一致而造成极板拱曲。

如果极板拱曲严重，应更换为新的极板。

项目二 交流发电机

实训一 交流发电机结构认识

一、实训目标

1）认识交流发电机的型号和结构。

2）掌握交流发电机的拆装方法。

3）了解充电系统的正确使用方法。

二、实训器材

1）每组普通6管内搭铁交流发电机、9管交流发电机、11管整体式外搭铁交流发电机、无刷交流发电机各一台。

2）每组台虎钳、顶拔器各1～2个。

3）十字螺钉旋具、一字螺钉旋具、呆扳手、梅花扳手、油盆、毛刷、清洗剂、润滑脂、抹布按分组情况配置。

三、实训内容

1. 交流发电机型号的识别

根据中华人民共和国汽车行业标准《汽车电气设备产品型号编制方法》（QC/T 73—1993）规定，国产汽车交流发电机型号主要由下列5部分组成：产品代号、电压等级代号、电流等级代号、设计序号、变型代号，如图2-1所示。

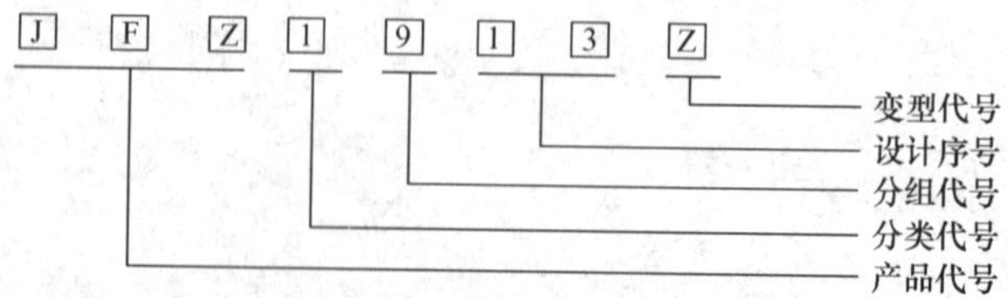

图2-1 交流发电机的型号

第一部分为产品代号。一般交流发电机产品的名称代号为JF；整体式交流发电机产品的名称代号为JFZ；带泵交流发电机产品的名称代号为JFB；无刷交流发电机产品名称代号为JFW。“J”表示“交”，F表示“发”，Z表示“整”，B表示“泵”，W表示“无”。

第二部分为分类代号，交流发电机以电压等级为分类代号，用一位阿拉伯数字表示：1表示12V，2表示24V，6表示6V。

第三部分为分组代号，交流发电机以电流等级为分组代号，用一位阿拉伯数字表示，见表2-1。

表2-1 发电机电流等级代号

电流等级	1	2	3	4	5	6	7	8	9
电流/A	≤19	20~29	30~39	40~49	50~59	60~69	70~79	80~89	≥90

第四部分为设计序号，按产品设计先后顺序，用阿拉伯数字表示。

第五部分为变型代号，交流发电机以调整臂的位置作为变型代号。从驱动端看，Y表示右边，Z表示左边。

例如：桑塔纳、奥迪100型轿车所使用的JFZ1913Z型交流发电机，其含义为电压等级为12V、输出电流大于90A、第13次设计、调整臂位于左边的整体式交流发电机。

2. 结构认识

（1）外部清洗　用蘸有少许清洗剂的抹布将发电机表面擦拭干净。注意：抹布不能有液体流出，汽油清洗剂不能接触绝缘件。

（2）发电机的分解　不同类型交流发电机的结构有所不同，分解操作过程中应根据其结构的不同作相应调整。

1）拆下电刷组件，如图2-2所示。

2）拆开前、后端盖，如图2-3所示。

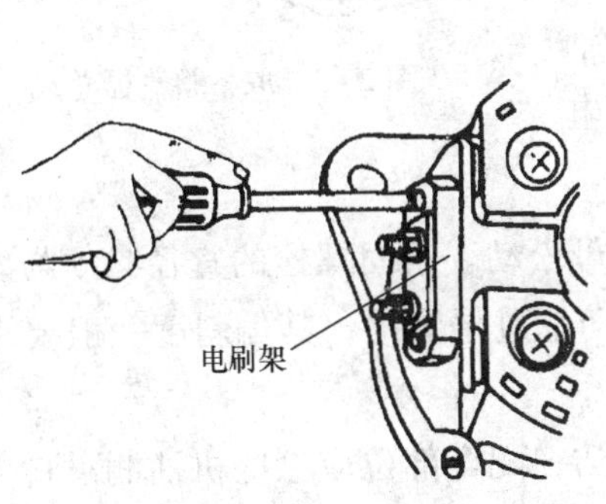

图2-2 拆下电刷组件

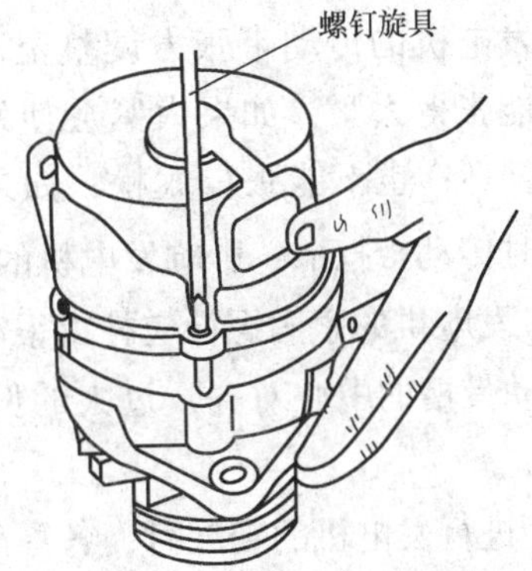

图2-3 拆开前、后端盖

3）将转子夹紧在台虎钳上，拆下带轮紧固螺母后依次取下带轮、风扇、半圆键、定位套等，如图2-4所示。

4）将前端盖与转子分离。若该部装配过紧，可用顶拔器拉开或用木槌敲击，使之分离，如图2-5所示。

5）拆下后端盖上的螺栓，取下防护罩，如图2-6所示。

6）拆下后端盖上紧固整流器总成的螺栓，取下整流器总成，如图2-7所示。

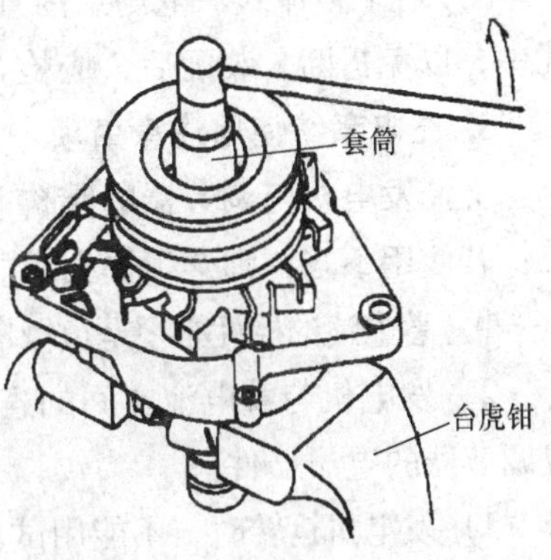

图2-4 依次拆下相关零件

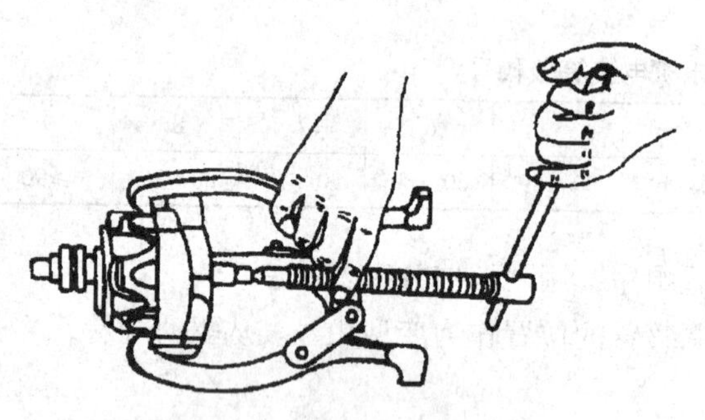

图2-5 分离前端盖与转子

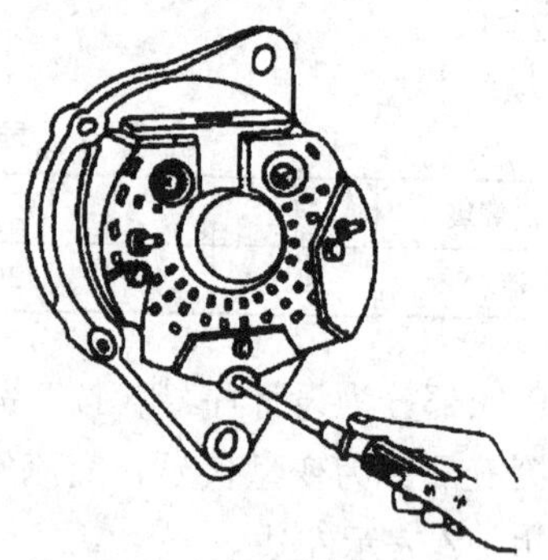

图2-6 取下防护罩

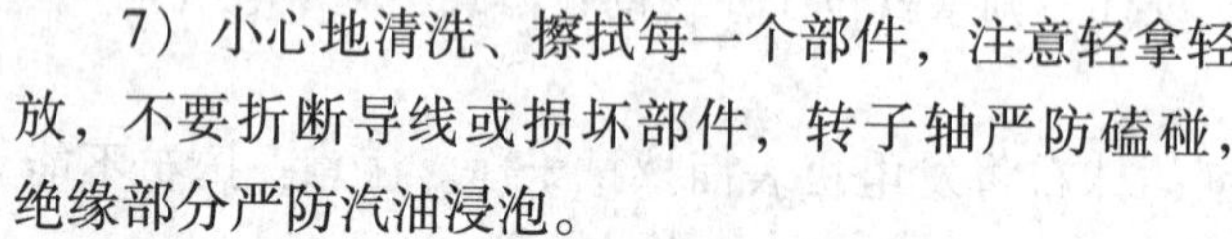

7）小心地清洗、擦拭每一个部件，注意轻拿轻放，不要折断导线或损坏部件，转子轴严防磕碰，绝缘部分严防汽油浸泡。

（3）发电机的安装及装配

1）汽车交流发电机一般安装在发动机前部的右侧或左侧。在发动机上的固定方式可以分为单挂脚、双挂脚、抱持式3种。

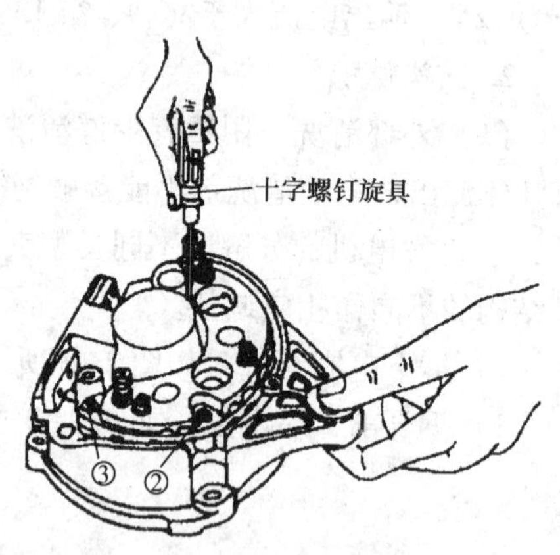

图2-7 取下整流器总成

2）将发电机安装于其支架上后，借发电机的调整臂将发电机的传动带张力调整至适当的程度。传动带不能张得太紧，如果太紧会使发电机端盖及轴承容易损坏；也不能张得太松，如果太松会使发电机运转时传动带打滑，影响发电机的正常工作。

3）发电机的紧固螺栓应拧得很牢固，防止螺母松动。紧固螺栓的直径必须与发动机曲轴传动带槽的中心对齐，过大的偏斜容易使传动带过早磨损，其偏斜度一般要求不超过1mm。

4）进行发电机的装配时，各零部件应保持清洁；配合部位应涂些机油润滑；各部位所配装的垫片（包括调整垫、绝缘垫等）应按要求装回，不能遗漏。

5）对于整体式、电刷架内置的发电机，将转子轴装入后轴承时，应注意将电刷压入孔中，以免折断。装配后，应检查各转动部位是否能灵活转动。

3. 充电系统使用注意事项

交流发电机与调节器的结构简单、维护方便，若正确使用，不仅故障少而且使用寿命长；若使用不当，则会很快损坏。因此在使用和维护中应注意以下几点：

1）蓄电池的极性必须是负极搭铁，不能接反，否则会烧坏发电机或调节器的电子器件。

2）发电机与蓄电池之间的连接要牢靠，如果突然断开，会产生过电压，损坏发电机或调节器的电子器件。

3）发电机运转时，不能用试火的方法检查发电机是否发电，否则会烧坏整流二极管。

4）一旦发现交流发电机或调节器有故障，应立即检修，及时排除故障，否则会引起

更大故障或蓄电池亏电，致使汽车不能行驶。

5）为交流发电机配用调节器时，交流发电机的电压等级必须与调节器电压等级相同，交流发电机的搭铁类型必须与调节器搭铁类型相同，调节器的功率不得小于发电机的功率，否则系统不能正常工作。

6）线路连接必须正确。目前各种车型调节器的安装位置及接线方式各不相同，故接线时要特别注意。

7）调节器必须受点火开关控制，发电机停止转动时，应将点火开关断开，否则会使发电机的励磁电路一直处于接通状态，不但会烧坏励磁绕组，而且会引起蓄电池亏电。

8）当发现发电机或调节器有故障需要从车上拆下来检修时，应先关断点火开关及一切用电设备，拆下蓄电池负极电缆线，再拆卸发电机上的导线接头。

实训二　交流发电机的整机试验

一、实训目标

1）掌握发电机空载试验方法。

2）掌握发电机负载试验方法。

3）掌握示波器观察分析方法。

二、实训器材

1）被测交流发电机1或2个。

2）万能电器试验台。

3）扳手、带接线插连接导线按需要配置。

三、实训内容

1. 试验台试验

（1）空载试验

1）空载试验是在交流发电机不带任何负载（不对外输出电流）情况下的一种试验。空载试验的目的是初步测定发电机是否有故障。

2）检测空载电压时，先由蓄电池（或试验台上的电源）给发电机提供励磁电流，发电机他励发电。

3）逐步提高电动机的转速，当发电机转速上升到500～800r/min时，不再由外部电源给发电机提供励磁电流，发电机应能开始自励发电。

4）继续提高转速，同时观察电压表的读数。当电压达到额定电压时，记下此时发电机转速。关断调速电动机开关，空载试验完毕。

5）分析空载试验数据，和标准值进行比较。若转速高于空载转速，则说明发电机有故障，应将发电机分解检测。如果不能确定发电机有故障，继续做负载试验。

（2）负载试验

1）交流发电机的有些故障在没有电流输出的情况下是表现不出来的，所以如果交流发电机空载试验正常，应再作负载试验。

2）负载试验就是在交流发电机带有负载（对外输出电流）情况下的一种试验。负载试验的目的是进一步测定发电机是否有故障。

3）进行负载试验时，当发电机端电压稳定在额定电压值后，保持电压不变，同时提高发电机转速和输出电流，使转速达到额定值。

4）记下此时输出电流的大小。关断调速电动机开关，负载试验结束。

5）分析负载试验数据，和标准值进行比较。若输出电流能达到额定电流，则说明发电机完好，否则，表明交流发电机有故障。

（3）试验记录　将试验数据填入表2-2中。

表2-2　试验台试验数据

被测发电机型号	额定电压/V	空载转速/(r/min)		额定转速/(r/min)	额定电流/A	
		标准值	实测值		标准值	实测值

2. 就车检查

如果没有试验设备，也可在汽车上检查交流发电机的性能。

（1）配装调节器进行检查

1）检查并调整发电机传动带的松紧度，直至合适为止。

2）停机，拆下蓄电池的搭铁线，拆除交流发电机“B+”接线柱上的导线，将一只量程为0~50A的直流电流表串接在所拆除导线与交流发电机“B+”接线柱之间；另取一只量程为0~50V的直流电压表，并将其与发电机并联。

3）断开车上所有用电设备，接上蓄电池搭铁线，起动发动机。

4）逐渐提高发动机的转速，使发电机以略高于其满载转速的速度运转（相当于1000~1300r/min），此时电流表指示值应小于10A，电压表指示值应为13.8~14.8V。

5）接通车上主要用电设备（如前照灯、暖风机，但不要按喇叭），使电流表指示数值大于30A，此时电压表指示值应大于12V。

6）停机，拆下蓄电池的搭铁线，拆除电流表和电压表，然后重新接好交流发电机“B+”接线柱上的导线和蓄电池的搭铁线。

7）检查时，如果电压表指示值远远低于规定电压的下限，说明发电机或调节器有故障；如果电压表指示值超过规定电压的上限，则多为调节器故障。

（2）不配装调节器进行检查

1）检查并调整发电机传动带的松紧度，直至合适为止。

2）拆除发电机上所有的导线，另用一根导线将发电机“B+”接线柱与“F”接线柱连接起来。

3）将万用表调至0～50V直流电压档，并将其与发电机并联。

4）起动发动机，并用从发电机“B＋”接线柱上拆下的导线碰一下发电机“B＋”或“F”接线柱，对发电机进行他励，然后拿开。

5）逐渐提高发动机转速至中速，同时观察电压表指示值。若电压表指示值随发动机转速的提高而升高，说明发电机良好；若电压表无指示，说明发电机不发电；若电压表指示值随发动机转速的提高上升缓慢，说明发电机发电性能不良。

6）若无电压表，可用一个小试灯代替。试灯明亮，说明发电机工作正常；试灯不亮，说明发电机有故障。

3. 用示波器观察输出电压波形

当交流发电机有故障时，其输出电压的波形将出现异常，因此，在有条件的情况下，可用示波器观察发电机的输出电压波形，根据输出电压波形可以判断交流发电机内部故障是整流器故障还是定子绕组故障。利用示波器观察发电机输出电压波形时，各种故障的波形如图2-8所示。

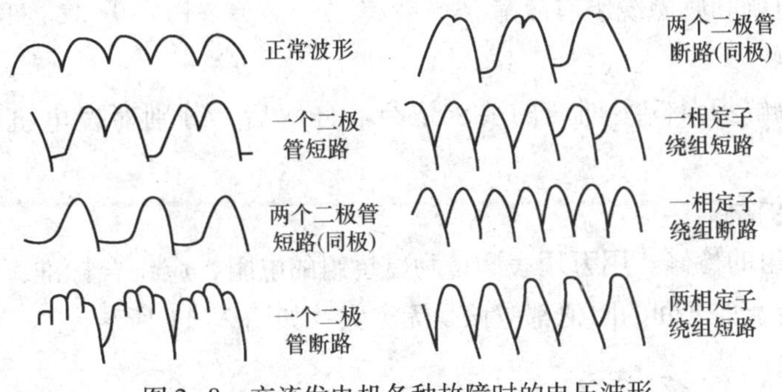

图2-8　交流发电机各种故障时的电压波形

实训三　交流发电机的检修

一、实训目标

1）掌握交流发电机整机检测方法。

2）掌握交流发电机各部件的检测方法。

3）掌握对交流发电机检测结果的分析方法。

4）掌握交流发电机的修复方法。

二、实训器材

1）每组交流发电机1台。

2）每组台虎钳、顶拔器、电烙铁各1或2个。

3）十字螺钉旋具、一字螺钉旋具、呆扳手、梅花扳手、油盆、毛刷、清洗剂、润滑脂、抹布按分组情况配置。

三、实训内容

1. 外部清洗

外部清洗后，用手转动发电机的转子，看其是否灵活、是否有不正常的响声，以判断轴承是否有故障。

2. 整机测量

1）测量交流发电机的输出“B＋”接线柱与发电机壳体之间的正、反向阻值（搭铁端），并与标准进行比较。若不符合标准，说明整流器有故障，应将发电机解体作进一步检测。

2）测量发电机正电刷接线柱和负电刷之间的阻值，如图2-9所示，并与标准进行比较。若不符合标准，说明电刷和励磁绕组有故障。

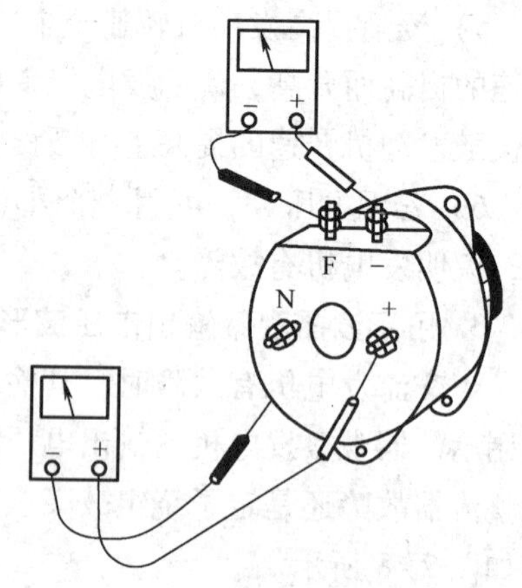

图2-9　发电机的整机测量

3. 分解检测

发电机的分解步骤按实训一的要求进行。分解后，分别对发电机各总成进行检测维修。

（1）转子的检修

1）励磁绕组的检修。用万用表测量励磁绕组的电阻，应符合标准，如图2-10所示；每个集电环与转子轴之间的阻值都应该是无穷大，如图2-11所示。

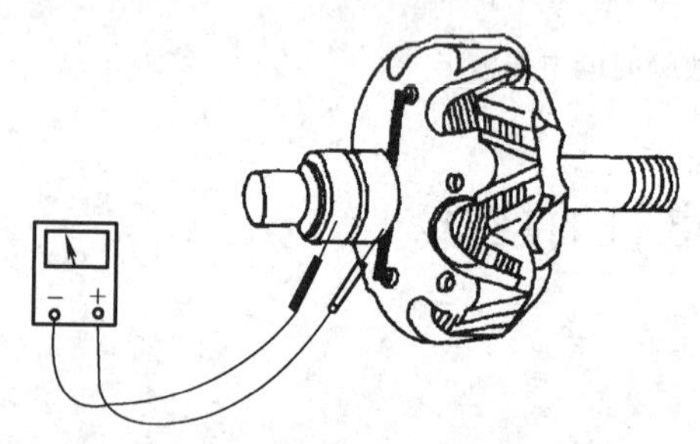

图2-10　励磁绕组短路、断路的检测

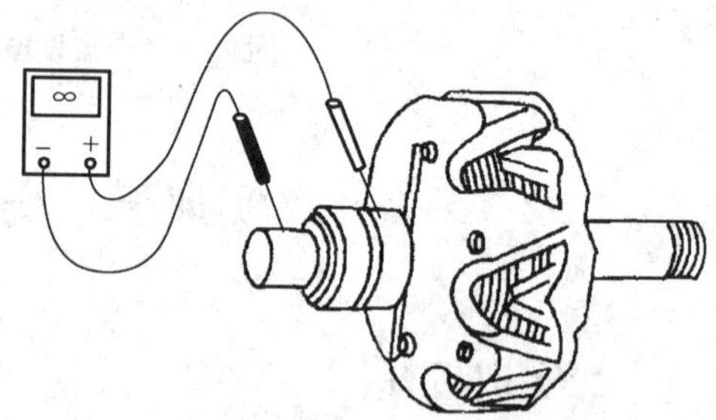

图2-11　集电环与转子轴间电阻值的检测

2）转子轴和集电环的检修。转子轴的弯曲会造成转子与定子之间间隙过小而发生摩擦或碰撞。如果发现发电机运转时阻力过大或有异响，应检查转子轴是否有弯曲。转子轴的径向摆差可用百分表检测，方法如图2-12所示。集电环应表面光滑，无烧蚀，厚度应大于1.5mm。

3）轴承的检修。若发现发电机运转时有异响，应仔细检查是否因轴承的损坏而造成。

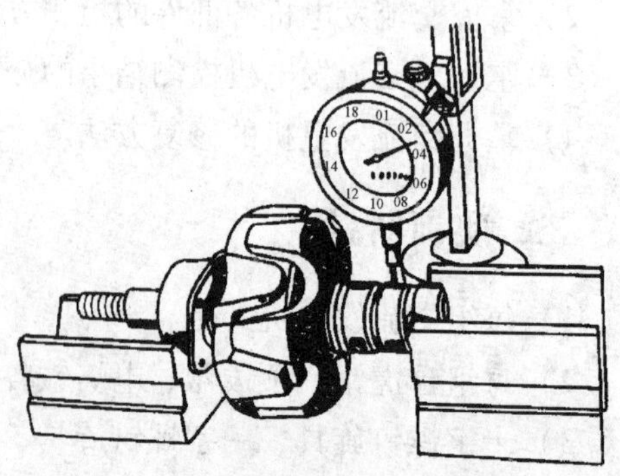
图2-12　转子轴径向摆差的检测

(2) 定子的检修

1) 定子绕组的断路和搭铁故障检测如图 2-13 所示。

2) 定子绕组的短路故障检测如图 2-14 所示。

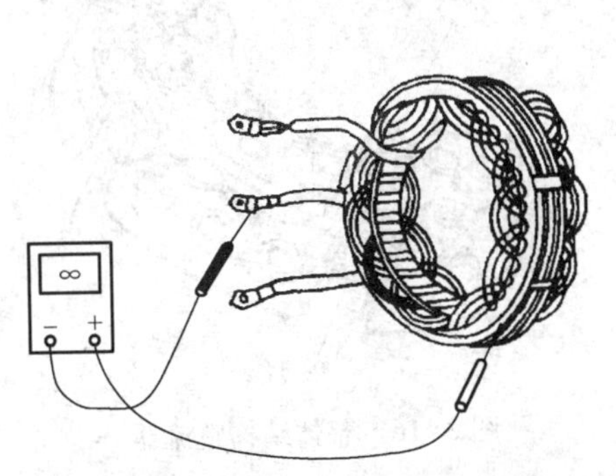

图 2-13　定子绕组的断路和搭铁故障检测

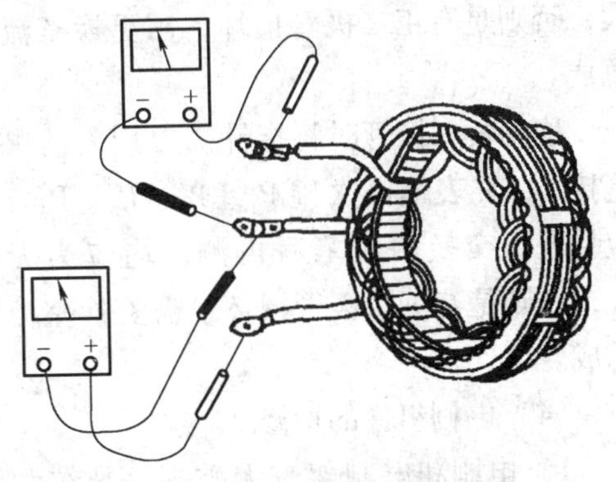

图 2-14　定子绕组的短路故障检测

(3) 整流器的检修

1) 普通整流器的检测。如图 2-15 示，将二极管的引线与其他连接分离，用指针式万用表的两个表笔分别接到二极管的引线与壳体上，测二极管的正、反向电阻。二极管的正向电阻应符合标准值，反向电阻的阻值应在 10kΩ 以上。

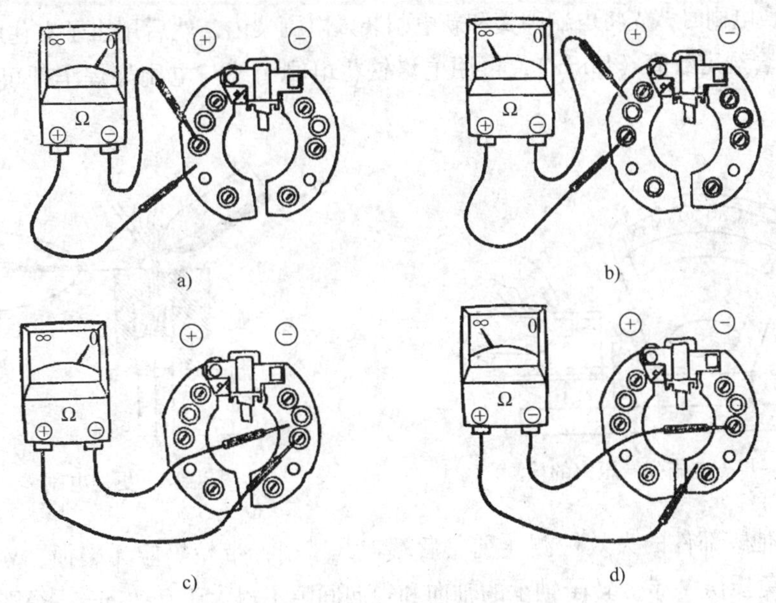

图 2-15　普通整流器的检测

a) 检测正二极管的正向电阻　b) 检测正二极管的反向电阻

c) 检测负二极管的正向电阻　d) 检测负二极管的反向电阻

2) 整体结构的整流器检测。整体结构整流器的整流板，正、负硅二极管全部焊装在一起，不可分解。图 2-16 所示为本田汽车交流发电机的整体结构整流器。

检测正二极管时，将指针式万用表的红表笔接 B，黑表笔依次接 P_1、P_2、P_3、P_4，均应导通；交换两表笔后再测，均应为无穷大，否则是有正二极管损坏，需更换整流器总成。

检测负二极管时将指针式万用表的黑表笔接 E，红表笔依次接 P_1、P_2、P_3、P_4，均应导通；交换两表笔后再测，均应为无穷大，否则是有负二极管损坏，需更换整流器总成。

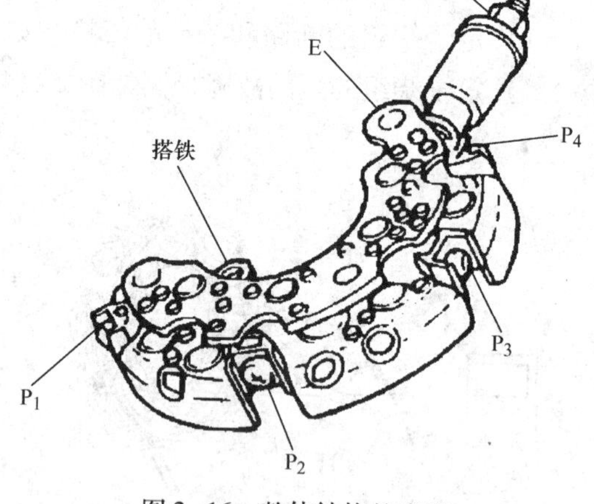

图 2-16　整体结构整流器

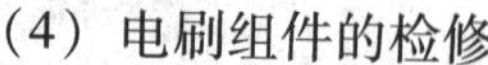

（4）电刷组件的检修

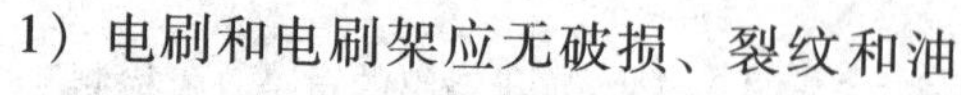

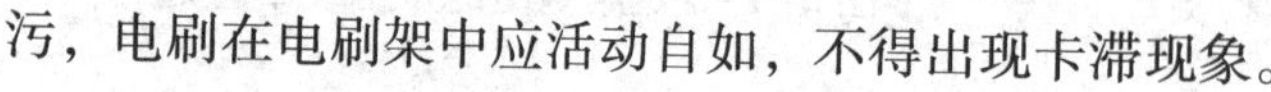

1）电刷和电刷架应无破损、裂纹和油污，电刷在电刷架中应活动自如，不得出现卡滞现象。

2）电刷露出电刷架部分的长度称为电刷长度，电刷长不应超出磨损极限（原长的 1/2），否则应更换。

3）电刷弹簧压力的检测如图 2-17 所示。电刷弹簧压力应符合标准，一般为 2 ~ 3N，将电刷压入电刷架使之露出部分约为 2mm，弹簧压力过小时应更换。

4）更换电刷时，先将电刷弹簧和新电刷装入电刷架内，然后用钳子夹住电刷引线，使电刷高度符合规定数值（13mm），再用电烙铁将电刷引线与电刷架焊牢即可，如图 2-18 所示。

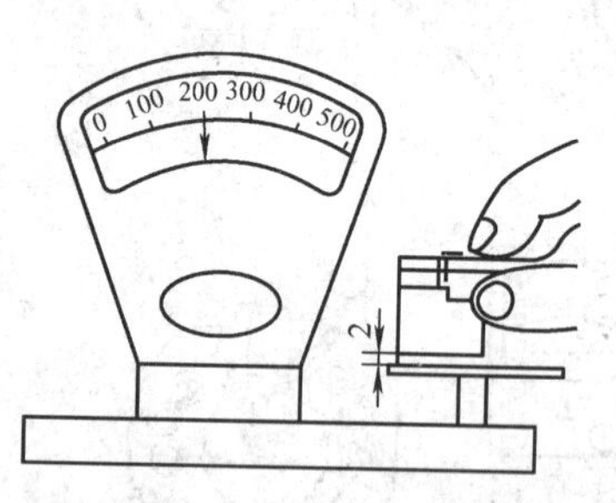

图 2-17　电刷弹簧压力的检测

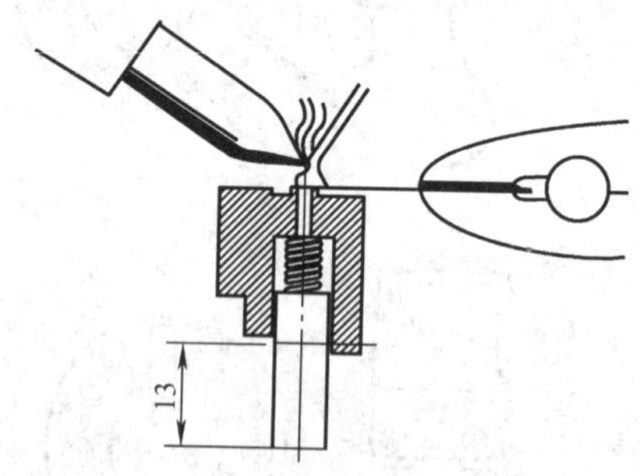

图 2-18　更换电刷

（5）其他零部件的失效检测　前、后端盖，风扇，带轮等应无裂损。V 带槽内不能有毛刺，以免损伤 V 带。转子轴承的轴向和径向间隙不得大于 0.20mm，否则应更换。

4. 发电机的装复

装复发电机各零部件之前，应先向轴承内填充润滑脂（1 ~ 3 号复合钙钠基润滑脂或 2 号低温润滑脂），填充量以确定布满所有需润滑的轴承表面为宜。若过量则易溢出，溅到集电环上会造成电刷与集电环接触不良。安装发电机的顺序与拆卸时相反。

5. 检修记录

（1）整机检测记录　将整机检测记录填入表 2-3。

表 2-3　整机检测记录

B 与 E 之间的阻值			正、负电刷之间（或励磁绕组）的阻值		
测量值	标准值	结论	测量值	标准值	结论

（2）分解检测记录　将分解检测记录填入表 2-4。

表 2-4　分解检测记录

总成	零件	故障现象	维修措施
转子	励磁绕组		
	集电环		
	转子轴		
定子	定子绕组		
整流器	整流二极管		
电刷组件	电刷		
	电刷弹簧		

实训四　电压调节器的检测

一、实训目标

1）掌握电压调节器工作状态的检查方法。

2）掌握电压调节器管压降的检测方法。

二、实训器材

1）每组可调直流电源 1 台，可变电阻 1 个。

2）电压调节器、10W 以下的试灯每组 2 ~4 个。

3）万用表每组 1 个。

三、实训内容

1. 调节器的搭铁类型检测

1）如图 2-19a 所示，连接可调直流电源、试灯和电压调节器。如果在可调直流电源的电压值低于调节电压值时试灯亮，说明该调节器为外搭铁型。

2）如图 2-19b 所示，连接可调直流电源、试灯和电压调节器。如果在可调直流电源的电压值低于调节电压值时试灯亮，说明该调节器为内搭铁型。

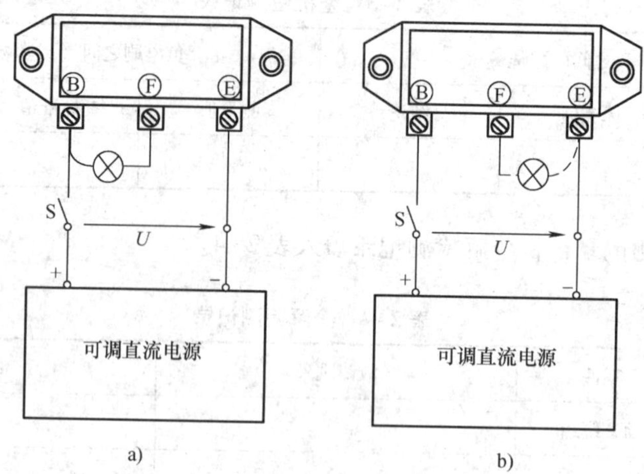

图 2-19　调节器的搭铁类型检测
a）外搭铁　b）内搭铁

2. 调节器调节电压的检测

1）对于外搭铁型调节器，按照图 2-19a 所示电路连接可调直流电源、试灯和电压调节器。如果在可调直流电源的电压值低于调节电压值时试灯亮；高于调节电压值时试灯灭，说明调节器技术状态正常。否则，说明调节器调节电压不正常，应予以更换。

2）对于内搭铁型调节器，按照图 2-19b 所示电路连接可调直流电源、试灯和电压调节器。如果在可调直流电源的电压值低于调节电压值时试灯亮；高于调节电压值时试灯灭，说明调节器技术状态正常。否则，说明调节器调节电压不正常，应予以更换。

3）进行上述检测时，应该使用万用表检测电压，而不应以可调直流电源指示数值为准。

实训五　充电系统故障检测

一、实训目标

1）熟悉充电系统的组成。

2）掌握充电系统线路的分析方法。

3）掌握充电系统的故障检测方法。

二、实训器材

1）大众轿车（或试验台）1 辆。

2）万用表、10W 以下的试灯每组 2～4 个。

3）十字螺钉旋具、一字螺钉旋具、扳手、带接线插连接导线按需要配置。

三、实训内容

1. 充电系线路分析

图2-20所示为上海桑塔纳2000型轿车充电系统电路。下面以此电路为例，对其充电系统的电路及故障进行分析。

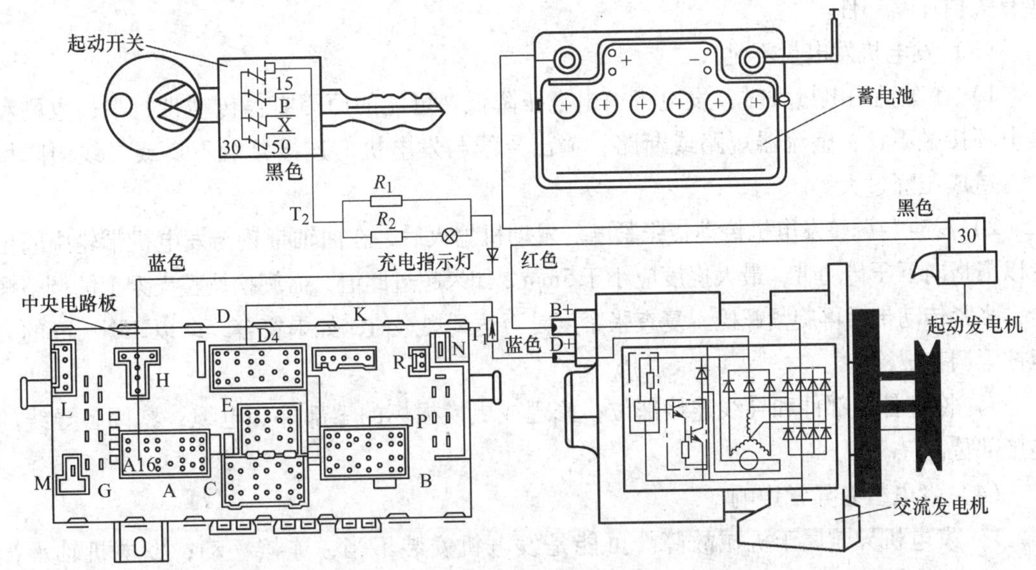

图2-20　上海桑塔纳2000型轿车充电系统电路

1）当起动发动机时（点火开关在点火位置或起动位置），蓄电池电压通过中央电路板→点火开关→组合仪表（通过充电指示灯、R_2）→发电机“D+”接线柱→励磁绕组→搭铁，充电指示灯亮，指示蓄电池对发电机励磁。

2）发动机起动后（怠速及以上转速运转时），交流发电机应能正常发电，蓄电池电压仍通过上述电路加在充电指示灯上，同时，交流发电机通过“D+”接线柱也供给指示灯电压，故充电指示灯两侧电压相等，指示灯熄灭。

2. 常见故障的检修

（1）接通点火开关，不起动发动机，充电指示灯不亮

1）出现上述故障现象时，可将发电机“D+”接线柱上蓝色导线的插接件拔下并搭铁，充电指示灯仍不亮，故障为充电指示灯线路有断路，或充电指示灯本身损坏。应检查线路或器件，排除故障。

2）若将发电机“D+”接线柱上蓝色导线的插接件拔下并搭铁，充电指示灯仍不亮，可能的故障是蓝色导线与发电机“D+”接线柱接触不良，需重新接好；或是发电机电刷损坏或磨损严重等，需拆下发电机检测，必要时更换发电机电刷组件；或是发电机转子励磁绕组断路，需拆下发电机检测，更换发电机转子。

（2）发动机正常运转后，充电指示灯不灭

1）出现上述故障现象时，可停止发动机运转，将发电机“D+”接线柱上蓝色导线

的插接件拔下并悬空，接通点火开关，若充电指示灯仍亮，故障为充电指示灯线路有短路。应检查线路，排除故障。

2）将发电机“D+”接线柱上蓝色导线的插接件拔下并悬空，接通点火开关，若充电指示灯熄灭，可能的故障原因是电压调节器损坏；发电机定子绕组损坏导致发电机不发电；电刷磨损或电刷弹簧损坏导致发电机不发电等。需对上述部位逐项检查后，修理或更换有关损坏零部件。

（3）发电机发电量不足

1）在车辆用电量大时，发电机输出电压降低，可能的原因有：传动带打滑；电刷和集电环接触不良；整流器短路或断路；输出导线与发电机的连接接触不良或导线内阻增大，造成压降过大等。

2）检查与调整发电机传动带张紧度。发动机熄火后，在曲轴带轮与发电机带轮中间位置以拇指向下压传动带，最大挠度应小于5mm。如果超过此值，需旋松调整支架上的调整螺栓，张紧传动带后再旋紧螺栓，复查张紧度是否达到规定值，如果符合，即以35N·m的力矩拧紧调整螺栓。

3）检查各零部件和导线连接部位，修理或更换损坏的零部件和电缆，紧固各导线的连接部位。

（4）发电机有异常声响

1）发电机异响属于机械故障。可能是发电机安装不当，连接松动；发电机轴承损坏；转子与定子相碰擦；二极管短路、断路；定子绕组断路等。

2）可以通过细心观察，倾听响声所发出的部位，根据实际情况进行正确的判断，并及时加以排除。

项目三　起动机

实训一　起动机结构认识

一、实训目标

1）认识起动机的型号与结构。

2）掌握起动机的拆装方法。

3）了解起动机的使用与维护方法。

二、实训器材

1）每组起动机各 1 台。

2）每组台虎钳、顶拔器各 1 或 2 个。

3）十字螺钉旋具、一字螺钉旋具、呆扳手、梅花扳手、油盆、毛刷、清洗剂、润滑脂、抹布按分组情况配置。

三、实训内容

1. 起动机的型号的识别

根据中华人民共和国行业标准《汽车电气设备产品型号编制方法》（QC/T　73—1993）规定，起动机型号由 5 部分组成，如图 3 - 1 所示。

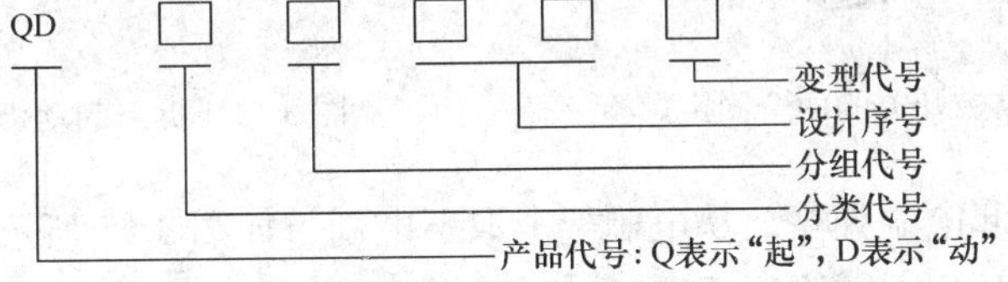

图 3 - 1　起动机的型号

第一部分为产品代号。起动机产品代号为：QD 表示一般起动机；QDJ 表示减速起动机；QDY 表示永磁起动机。

第二部分为分类代号，起动机以电压等级为分类代号，用一位阿拉伯数字表示：1 表示 12V；2 表示 24V；6 表示 6V。

第三部分为分组代号，起动机以功率等级为分组代号，用一位阿拉伯数字表示，见表 3 - 1。

表 3 - 1　功率等级代号

功率等级代号	1	2	3	4	5	6	7	8	9
功率/kW	<1	1 ~ 2	2 ~ 3	3 ~ 4	4 ~ 5	5 ~ 6	6 ~ 7	7 ~ 8	>8

第四部分为设计序号，按产品设计先后顺序，用阿拉伯数字表示。

第五部分为变型代号。

例如：QD124 型表示额定电压为 12V、功率为 1 ~2kW、第 4 次设计的起动机。

2. 结构认识

（1）外部清洗　用蘸有少许清洗剂的抹布将起动机表面擦拭干净。注意：抹布不能有液体浸出，汽油清洗剂不能接触绝缘件。

（2）起动机的分解　不同类型交流起动机的结构有所不同，分解操作过程中应根据其结构的不同，作相应调整。

1）拆下电磁开关至起动机的导线固定螺母，取下导线接头，如图 3 - 2 所示。

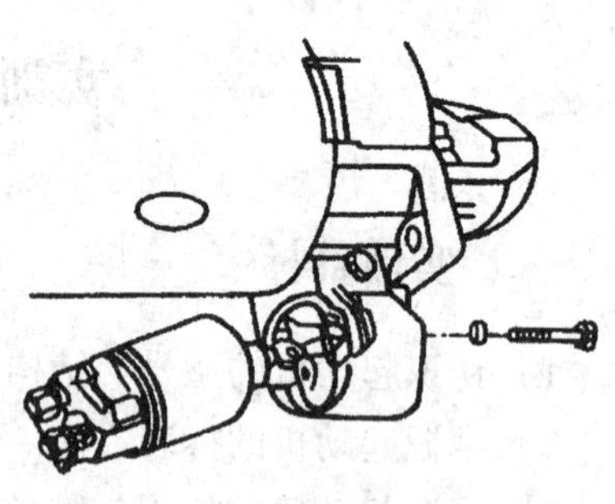

图 3 - 2　拆下电磁开关至起动机的导线固定螺母

2）拆下电磁开关的两个固定螺栓，并使铁心与拨叉分离，取下电磁开关，如图 3 - 3 所示。

3）拆下前端盖上轴承盖固定螺栓，取下轴承盖。

4）拆下起动机的两个穿心螺栓，取下前端盖，如图 3 - 4 所示。

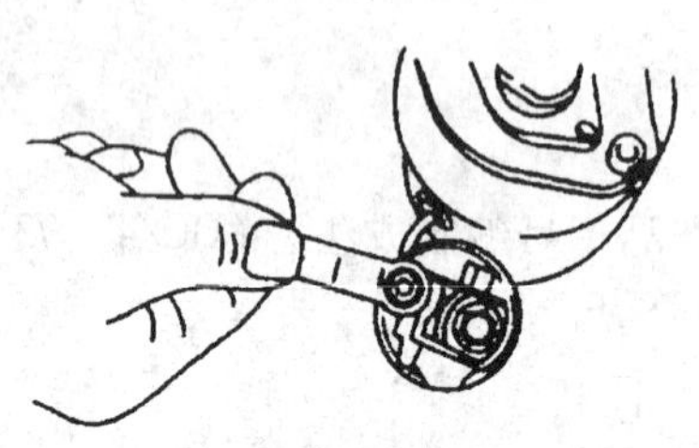

图 3 - 3　拆下电磁开关的两个固定螺栓

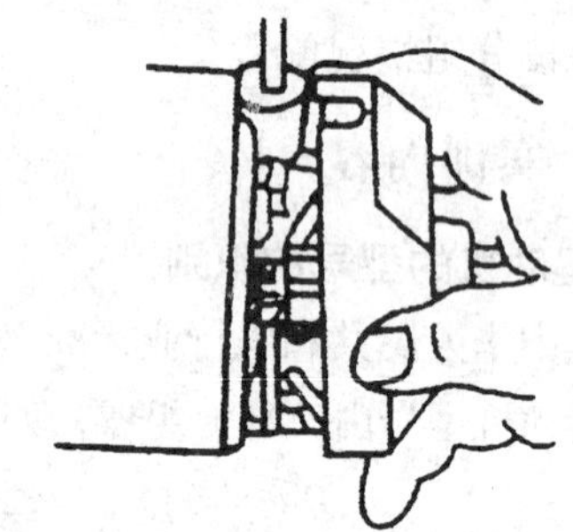

图 3 - 4　拆下起动机的两个穿心螺栓

5）用尖嘴钳抬起电刷弹簧，从电刷架上取下电刷，如图 3 - 5 所示。

6）取下外壳，从后端盖内取下拨叉、转子和离合器。

7）从转子轴上取下止动垫圈，撬出卡簧，如图 3 - 6 所示。取下垫圈，取下离合器。

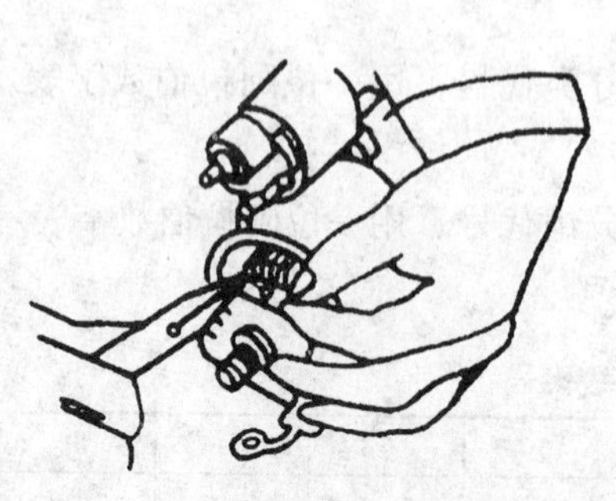

图 3 - 5　从电刷架上取下电刷

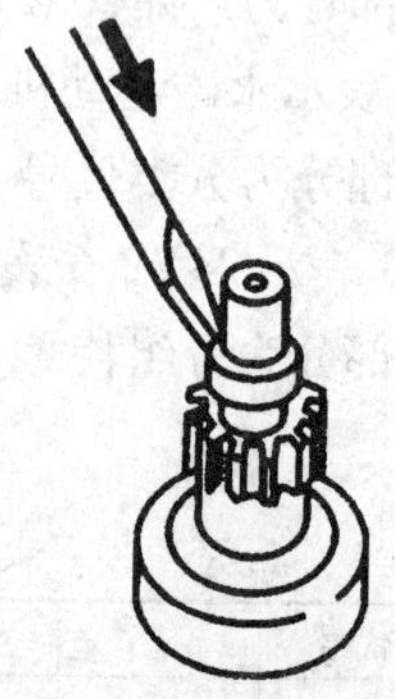

图 3 - 6　撬出卡簧

（3）起动机的装配

1）在组装起动机前，应将起动机的轴承和滑动部位涂上润滑脂。

2）将离合器套在转子轴上，装上止动垫圈、垫圈、卡簧。

3）将转子和离合器插入后端盖内，装上拨叉，套上机体。

4）将电刷架装在转子轴上，装上电刷。

5）装上前端盖，装上起动机的两个穿心螺栓。

6）装上前端盖上的轴承盖，拧紧轴承盖螺栓。

7）装上电磁开关，并使铁心与拨叉结合，装上电磁开关的两个固定螺栓。

8）装上导线接头，拧紧电磁开关至起动机导线的固定螺母。

3. 使用与维护方法

（1）起动机的使用　在使用起动机时，主要应注意以下几点：

1）起动机每次起动时间不应超过5s，再次起动时应停止2min，使蓄电池得以恢复。如果连续第3次起动，应在检查与排除故障的基础上停歇15min以后起动。

2）在冬季或低温情况下起动时，应采取保温措施。如果可能，最好先将发动机手摇预热后，再使用起动机起动。

3）发动机起动后，必须立即切断起动机控制电路，使起动机停止工作。

（2）起动机的维护

1）起动机外部应经常保持清洁。各连接导线，特别是与蓄电池相连接的导线应保证连接牢固可靠。

2）汽车每行驶3000km时，应检查与清洁换向器，擦去换向器表面的脏污；汽车每行驶5000～6000km时，应检查测试电刷的磨损程度以及电刷弹簧的压力，均应在规定范围之内。每年应对起动机进行一次解体性保养。

实训二　起动机试验

一、实训目标

1）掌握起动机的空载试验方法。

2）掌握起动机的全制动试验方法。

3）掌握起动机的调整方法。

二、实训器材

1）被测起动机1或2个。

2）万能电器试验台。

3）扳手、带接线插连接导线按需要配置。

三、实训内容

1. 空载试验

空载试验的目的是测量起动机的空载电流和空载转速，并与标准值进行比较，以判断起动机内部有无电路和机械故障。其试验方法如下：

1）将起动机夹在台虎钳上，连接起动机、蓄电池和电流表，如图 3-7 所示。蓄电池正极与电流表正极连接，电流表负极与起动机端子 30 相接，蓄电池的负极与起动机外壳连接。

2）如图 3-8 所示，用带夹电缆将端子 30 与端子 50 连接起来，此时驱动齿轮应向外伸出，起动机应平稳运转。

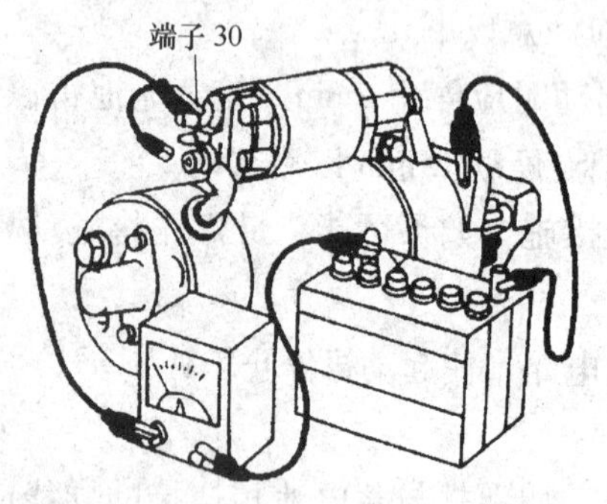

图 3-7 连接起动机、蓄电池和电流表

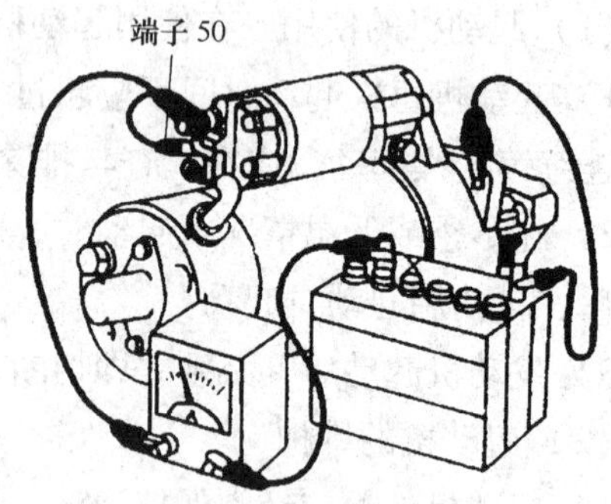

图 3-8 连接端子 30 与端子 50

3）当蓄电池电压大于或等于 11.5V 时，电流应不超过 50A；用转速表测量电枢轴转速，应不低于 5000r/min。

4）如果电流大于 50A 或转速低于 5000r/min，说明起动机装配过紧或电枢绕组和励磁绕组有短路或搭铁故障。如果电流和转速都低于标准值，说明电动机接触不良（如电刷与换向器接触不良或电刷弹簧弹力不足等）。

2. 全制动试验

全制动试验应在空载试验的基础上进行，空载试验不合格的起动机不应进行全制动试验。全制动试验的目的是测量起动机在完全制动时所消耗的电流（制动电流）和制动力矩，以判断起动机主电路是否正常，并检查单向离合器是否打滑。其实验方法如下：

1）如图 3-9 所示，将起动机夹持在试验台上，使杠杆的一端夹住起动机驱动齿轮的 3 个齿，用弹簧秤测出其发出的力矩。电路连接与空转试验相同。

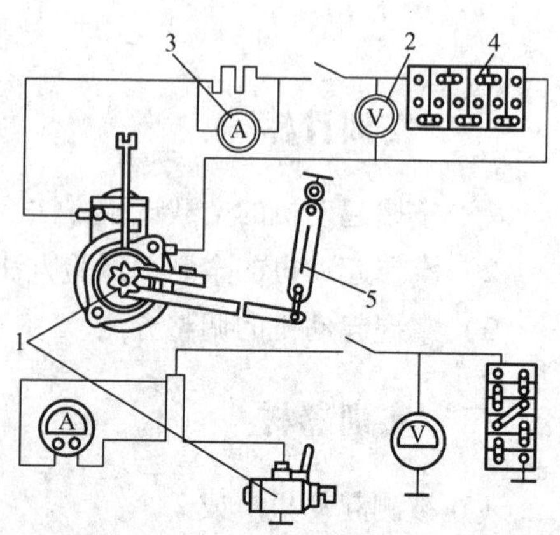

图 3-9 全制动试验

1—起动机 2—电压表 3—电流表 4—蓄电池 5—弹簧秤

2）按下开关（必须按紧，不得松开），起动机通电，呈现制动状态，观察单向离合器是否打滑并迅速记下电流表、电压表及弹簧秤的读数，其值应符合规定。

3）全制动试验应注意每次试验通电时间不要超过5s，以免损坏起动机及蓄电池；试验过程中，工作人员应避开弹簧秤夹具，防止发生人身事故。

3. 电磁开关的检测

（1）吸拉动作的检测

1）将起动机固定在台虎钳上，如图3-10所示，拆下起动机端子C上的励磁绕组电缆引线端子，用带夹电缆将起动机端子C和电磁开关壳体连接。

2）用带夹电缆将起动机端子50与蓄电池正极连接，此时驱动齿轮应向外移动。如果驱动齿轮不动，说明电磁开关有故障，应予以修理或更换。

（2）保持动作的检测

1）在吸拉动作的基础上，当驱动齿轮保持在伸出位置时，拆下电磁开关端子C上的电缆夹，如图3-11所示，此时驱动齿轮应保持在伸出位置不动。

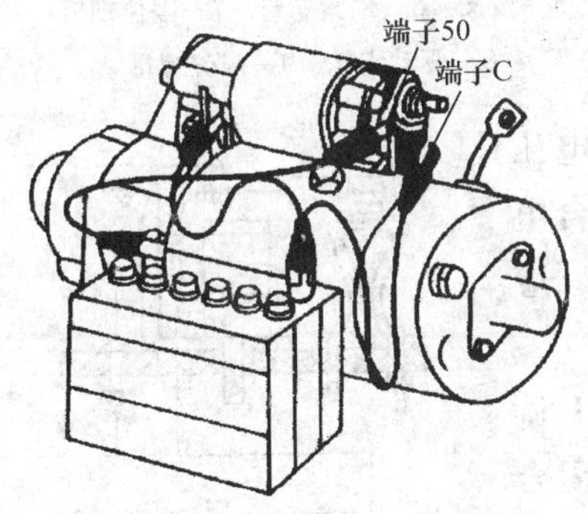

图3-10　吸拉动作的检测

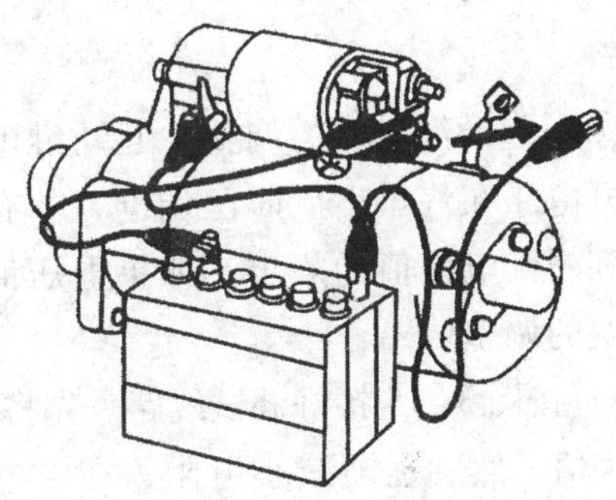
图3-11　保持动作的检测

2）拆下电磁开关端子C上的电缆夹后，若驱动齿轮回位，说明保持线圈断路，应予以修理。

（3）回位动作的检测

1）在保持动作的基础上，拆下起动机壳体上的电缆夹，如图3-12所示，此时驱动齿轮应迅速回位。

2）拆下起动机壳体上的电缆夹后，若驱动齿轮不能回位，说明回位弹簧失效，应更换弹簧或电磁开关总成。

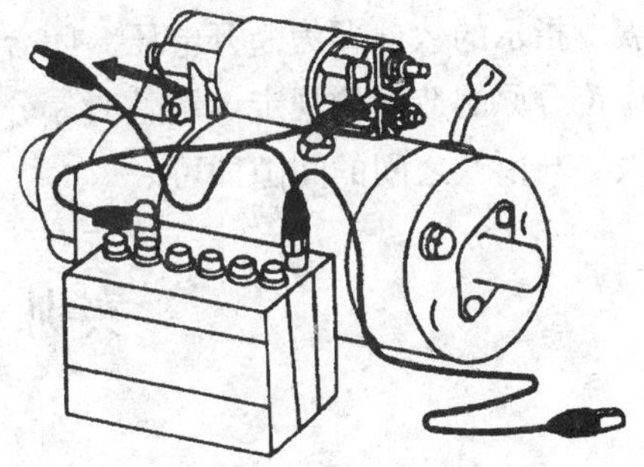
图3-12　回位动作的检测

4. 起动机的调整

（1）电枢轴轴向间隙的调整　如图3-13所示，在电枢轴的电刷端盖外侧用调整垫片调整电枢的轴向间隙，其间隙应为0.1～0.3mm，然后装上垫圈。

（2）主开关接通时间的调整　当接触盘与电磁开关主触头接触而接通主电路时，驱动齿轮与限位螺母之间的距离应为4～5mm，如图3-14所示。如果不符合要求，可先脱开连接片与调整螺钉之间的连接，然后旋入或旋出调整螺钉进行调整。

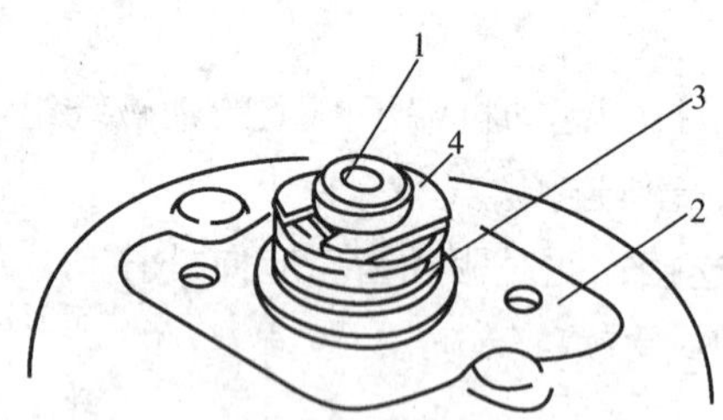

图 3-13 电枢轴轴向间隙的调整
1—电枢轴 2—电刷端盖
3—调整垫片 4—垫圈

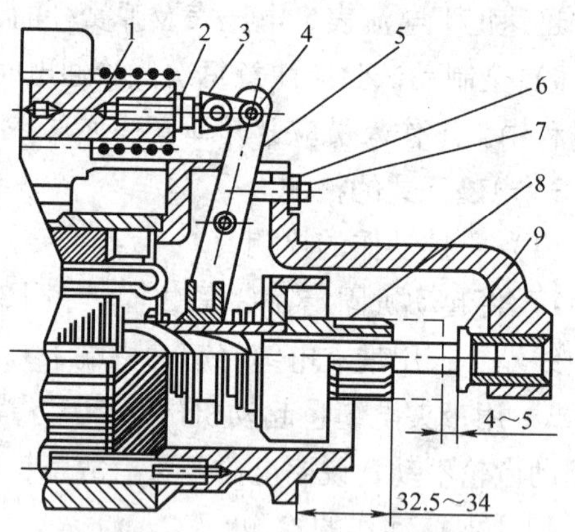

图 3-14 主开关接通时间的调整
1—活动铁心 2、4—连接销 3—调整螺母
5—拨叉 6—锁紧螺母 7—限位螺钉
8—驱动齿轮 9—限位螺母

（3）起动继电器的调整 起动继电器的闭合电压与断开电压在汽车出厂时已调准，并有相应的闭合电压值和断开电压值的规定。如果电压值发生变化，应作必要的调整。

1）按图 3-15 接好调试线路。先将可变电阻 RP 调到最大值，然后逐渐减小电阻，在继电器触点刚闭合时，电压表所指示的数值即为闭合电压。

2）逐渐增大电阻，当继电器触点刚打开时，电压表所指示的数值即为断开电压。闭合电压和断开电压值应符合原制造厂的规定。调整时，分别调整弹簧拉力和铁心与衔铁之间的间隙即可。

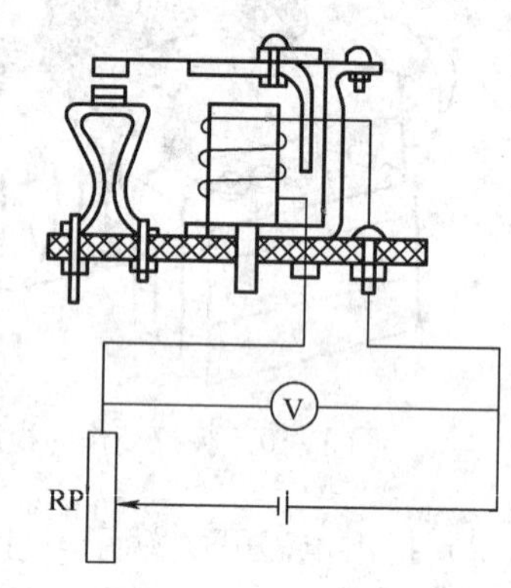

图 3-15 起动继电器的调试线路

实训三 起动机的检修

一、实训目标

1）掌握起动机各部件的检测方法。

2）掌握对起动机检测结果的分析方法。

3）掌握起动机的修复方法。

二、实训器材

1）每组起动机 1 台。

2）每组台虎钳、顶拔器、电烙铁各 1 或 2 个。

3）十字螺钉旋具、一字螺钉旋具、呆扳手、梅花扳手、百分表、油盆、毛刷、清洗剂、润滑脂、抹布按分组情况配置。

三、实训内容

1. 电枢的检修

（1）电枢轴的检修

1）检查电枢轴的弯曲情况。如图 3 - 16 所示，若铁心表面圆跳动误差超过0. 15mm，或中间轴颈径向圆跳动误差大于0. 05mm，说明电枢轴弯曲程度严重，应进行校正或更换。

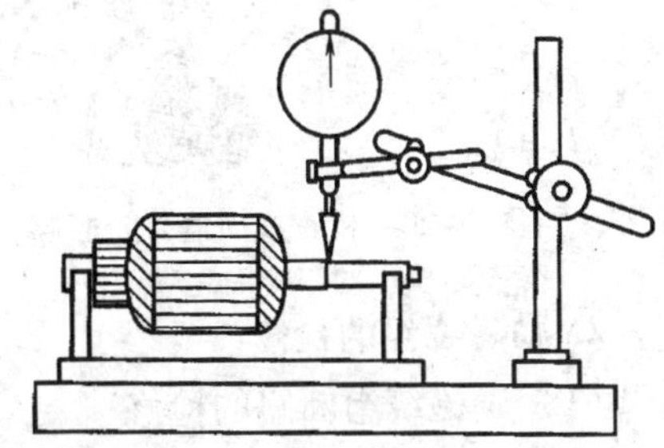
图 3 - 16　检查电枢轴的弯曲情况

2）检查电枢轴上的花键齿槽，如果发现磨损严重或损坏，则应修复或更换。

（2）换向器的检修

1）检查换向器有无脏污和表面烧蚀。若出现上述情况，应用400 号砂纸打磨或在车床上修整。

2）检查换向器的径向圆跳动量，如图 3 - 17 所示。将换向器放在 V 形垫铁上，用百分表测量圆周上径向圆跳动量，最大允许径向圆跳动量为 0. 05mm。若径向圆跳动量大于规定值，应在车床上加工校正。

3）用游标卡尺测量换向器的直径，如图 3 - 18 所示。其标准值为 30. 0mm，最小直径为 29. 0mm。若直径小于最小值，应更换电枢。

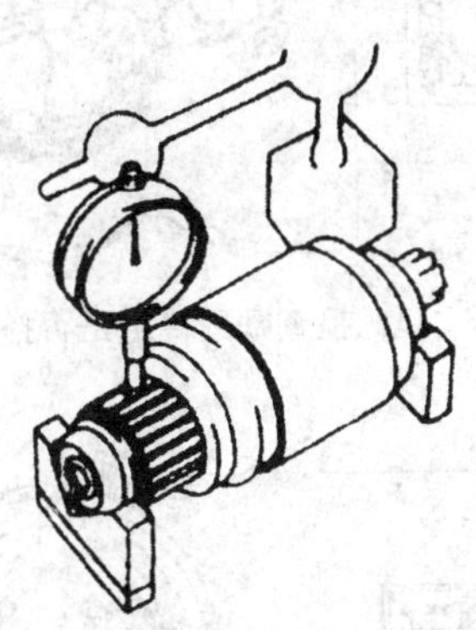
图 3 - 17　检查换向器的径向圆跳动量

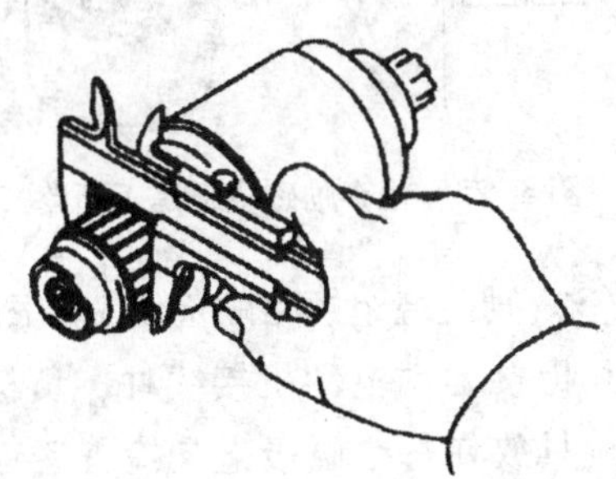
图 3 - 18　检查换向器的直径

4）检查换向器的凹槽深度，如图 3 - 19 所示。检查时，凹槽应边缘光滑、无异物。标准凹槽深度为 0. 6mm，最小凹槽深度为 0. 2mm。若凹槽深度小于最小值，应用锯条修正。

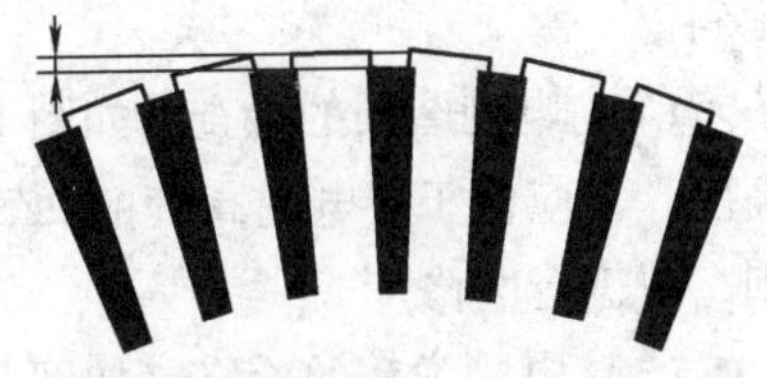
图 3 - 19　检查换向器的凹槽深度

（3）电枢绕组的检修

1）检查换向器是否断路，如图 3 - 20 所示。用电阻表检查换向器铜片间的导通性，应导通；否则，应更换电枢。

2）检查换向器是否搭铁，如图 3 - 21 所示。用电阻表检查换向器与电枢绕组铁心之间的导通性，应不导通；否则，应更换电枢。

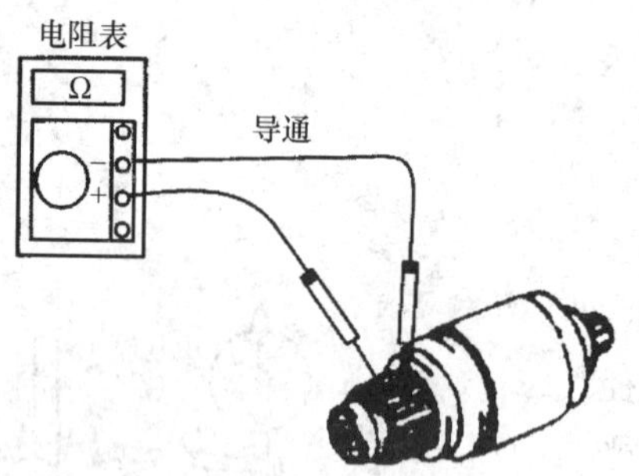

图 3 - 20　检查换向器是否断路

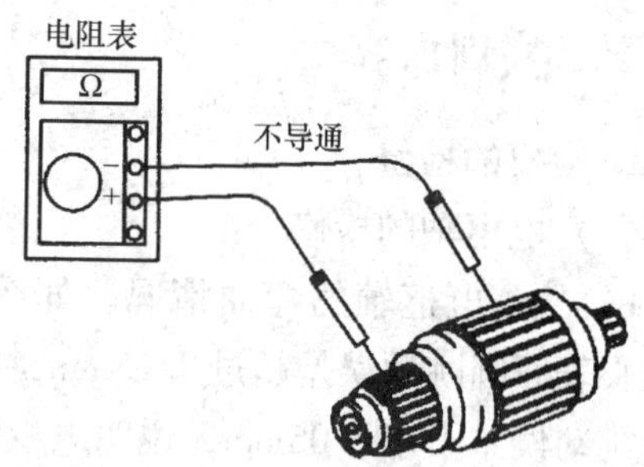

图 3 - 21　检查换向器是否搭铁

2. 励磁绕组的检修

（1）励磁绕组断路的检修

1）通过外部直观检查，确认是否有烧焦或断路处。

2）如图 3 - 22 所示，用电阻表检查励磁绕组电刷引线之间的导通性，应导通；否则，应更换磁极框架。

（2）励磁绕组搭铁的检修　如图 3 - 23 所示，用电阻表检查励磁绕组与磁极框架之间的导通性，应不导通；否则，应更换磁极框架。

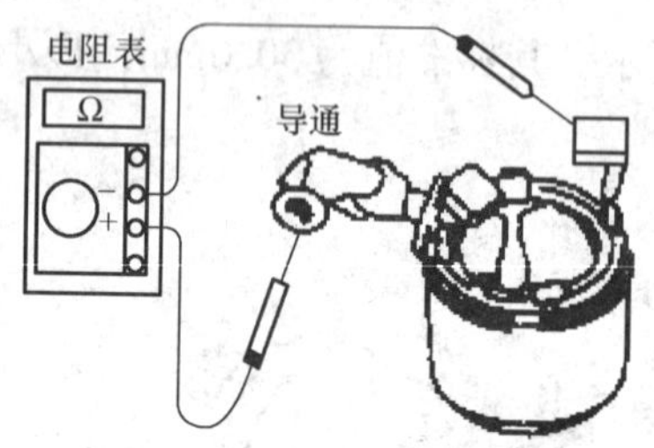

图 3 - 22　检查励磁绕组是否断路

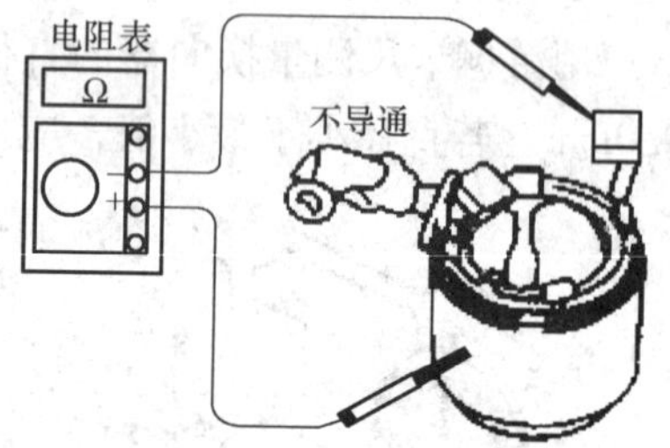

图 3 - 23　检查励磁绕组是否搭铁

（3）励磁绕组短路的检修　如图 3 - 24 所示，用蓄电池正极接起动电动机接线柱，负极接绝缘电刷。将螺钉旋具放在每个磁极上，检查磁极对螺钉旋具的吸力，应相同。若某磁极吸力弱，则为该绕组匝间短路。

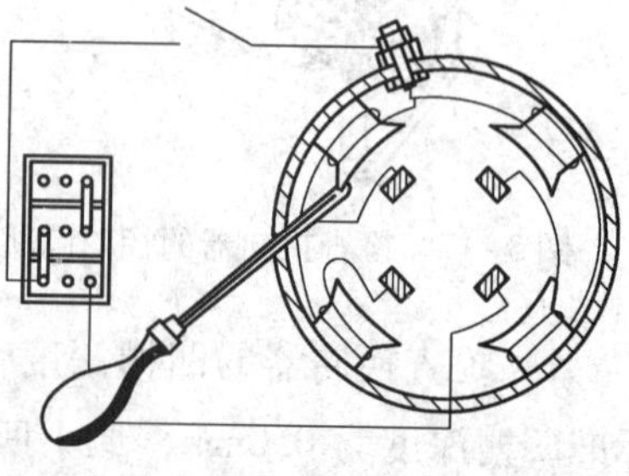

图 3 - 24　检查励磁绕组是否短路

3. 电刷组件的检修

（1）外观检查　电刷在架内应活动自如，无卡滞、歪斜。

（2）电刷磨损的检查　如图 3 - 25 所示，测量电刷高度，不应低于新电刷高度的 2/3。目测电刷与换向器的接触面积，应在 75% 以上；否则，应进行磨修。

（3）电刷弹簧的检修　如图 3 - 26 所示，读取电刷弹簧从电刷分离瞬间的拉力器读数。电刷弹簧标准安装载荷为 17 ~ 23N，最小安装载荷为 12N。若安装载荷小于规定值，应更换电刷弹簧。

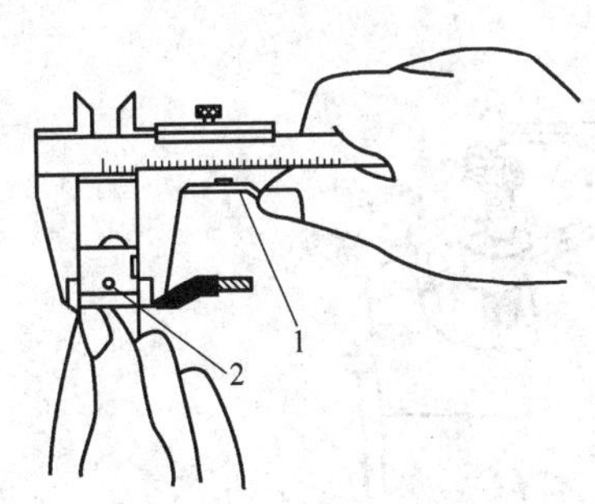

图 3-25　检查电刷的磨损

1—卡尺　2—电刷

图 3-26　检查电刷弹簧的弹力

（4）电刷架的检修　如图 3-27 所示，用电阻表检查电刷架正极端与负极端之间的导通性，应不导通；否则，应更换电刷架。

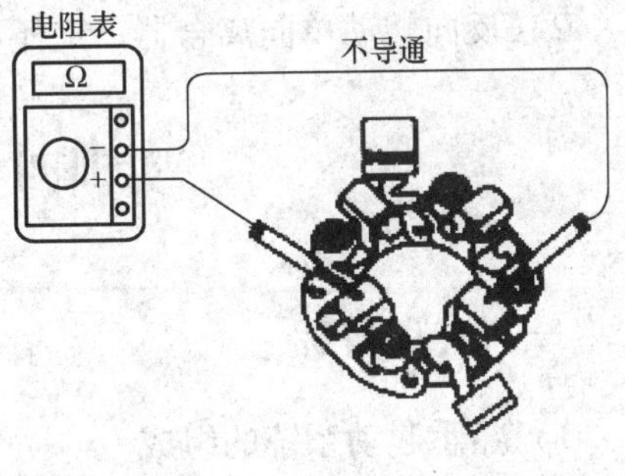

图 3-27　检查电刷架

4. 单向离合器和驱动齿轮的检修

（1）安装检查

1）如图 3-28 所示，将单向离合器及驱动齿轮总成安装到电枢轴上，握住电枢轴，转动单向离合器外座圈，单向离合器及驱动齿轮总成能沿电枢轴自如滑动。

2）如图 3-29 所示，在确认驱动齿轮无损坏的情况下，握住外座圈，转动驱动齿轮，应能自由转动，反转时不应转动；否则，应更换单向离合器。

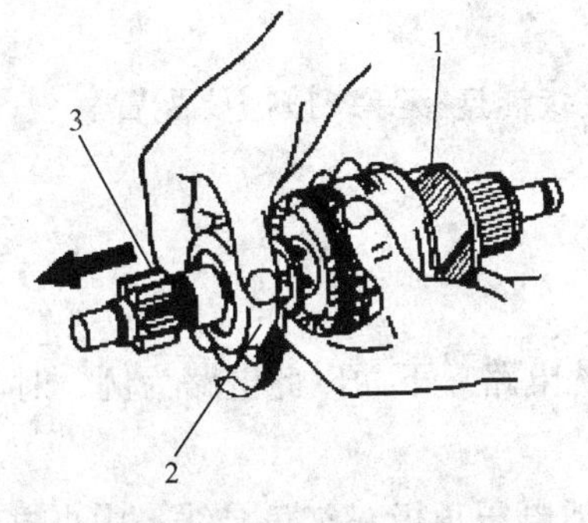

图 3-28　安装检查

1—电枢　2—单向离合器　3—驱动齿轮

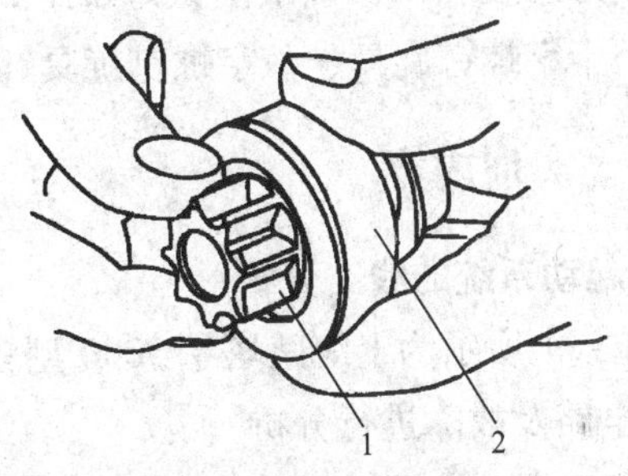

图 3-29　转动检查

1—驱动齿轮　2—单向离合器

（2）磨损情况检查　直观检查单向离合器和驱动齿轮是否有严重损伤或磨损。如果有损坏，应进行更换。

（3）最大转矩的测量

1）如图3-30所示，将单向离合器夹在台虎钳上，在花键套筒中套入花键轴，将扳手接在花键轴上，测得力矩应大于规定值（24~26N·m）。否则，说明单向离合器打滑，应修理或更换单向离合器。

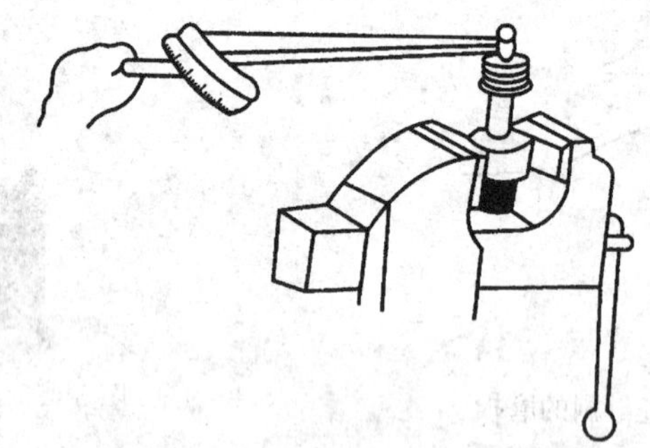

图3-30 最大转矩的检查

2）反向转动单向离合器，应不卡滞；否则，应修理或更换单向离合器。

实训四 起动系统故障检测

一、实训目标

1）熟悉起动系统的组成。

2）掌握起动系统的线路分析方法。

3）掌握起动系统的故障检测方法。

二、实训器材

1）大众轿车（或试验台）1辆。

2）万用表、10W以下的试灯每组2~4个。

3）十字螺钉旋具、一字螺钉旋具、扳手、带接线插连接导线按需要配置。

三、实训内容

1. 起动系统的线路分析

图3-31所示为上海桑塔纳2000型轿车起动系统电路。下面以此电路为例，对其起动系统的电路及故障进行分析。

当起动发动机时（点火开关在起动位置），蓄电池电压正极→红色导线→中央电路板P插座上的端子→中央电路板内部电路→中央电路板P插座上的端子→红色导线→点火开关端子30→点火开关起动档→点火开关端子50→红/黑色导线→中央电路板端子B_8→中央电路板内部电路→中央电路板端子C_{18}→红/黑色导线→起动机端子50→电磁开关，起动机开始工作。

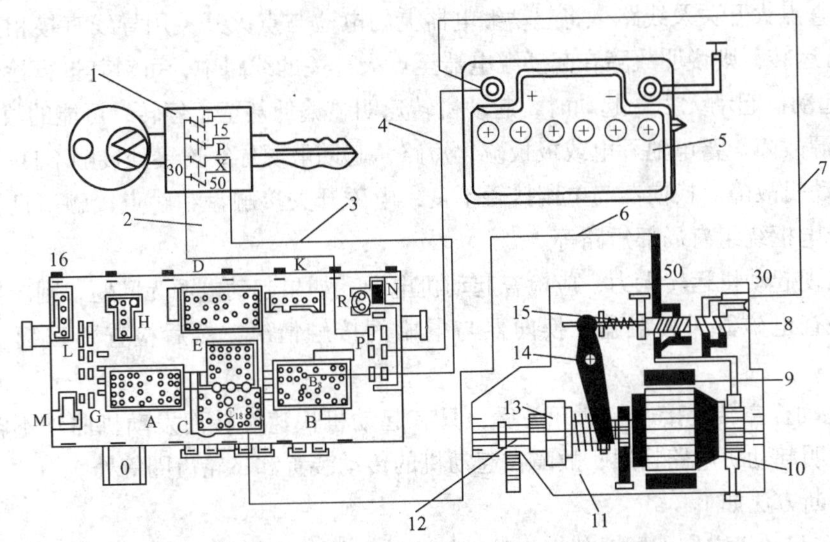

图 3-31 上海桑塔纳 2000 型轿车起动系统电路

1—点火开关 2、4—红色导线 3、6—红/黑色导线 5—蓄电池 7—黑色导线 8—电磁开关 9—定子 10—电枢 11—起动机总成 12—驱动齿轮 13—单向离合器 14—拨叉 15—回位弹簧 16—中央电路板

2. 常见故障的检修

起动机的常见故障有：起动机不转、起动机运转无力、驱动齿轮啮合不良、起动机不停止工作、起动机空转等。

（1）起动机不转 起动时，起动机不转动，可能故障如下：

1）电源故障。蓄电池严重亏电或极板硫化、短路等，蓄电池极桩与线夹接触不良，起动电路导线连接处松动而接触不良等。

2）起动机故障。换向器与电刷接触不良，励磁绕组或电枢绕组有断路或短路，绝缘电刷搭铁，电磁开关线圈断路、短路、搭铁或其触点烧蚀等。

3）起动继电器故障。起动继电器线圈断路、短路、搭铁或其触点接触不良。

4）点火开关故障。点火开关接线松动或内部接触不良。

5）起动电路故障。起动电路中有断路、导线接触不良或松脱等。

故障诊断方法如下：

1）检查电源。按喇叭或开前照灯，如果喇叭声音小或嘶哑，灯光比平时暗淡，说明电源有问题。

2）检查起动机。用螺钉旋具将起动机电磁开关上连接蓄电池和电动机导电片的接线柱短接，如果起动机不转，则说明是电动机内部有故障，应拆检起动机。

3）检查电磁开关。用螺钉旋具将电磁开关上连接起动继电器的接线柱与连接蓄电池的接线柱短接，若起动机不转，则说明起动机电磁开关有故障，应拆检电磁开关。

4）检查起动继电器。用螺钉旋具将起动继电器上的电池和起动机两接线柱短接，若起动机转动，则说明起动继电器内部有故障；否则，应再作下一步检查。

5）检查点火开关及线路。将起动继电器上的电池与点火开关用导线直接相连，若起动机能正常运转，则说明故障在起动继电器至点火开关的线路中，可对其进行检修。

（2）起动机起动无力　起动时，起动机转速明显偏低甚至于停转，可能的故障有：

1）电源故障。蓄电池亏电或极板硫化短路，起动电源导线连接处接触不良等。

2）起动机故障。换向器与电刷接触不良，电磁开关接触盘和触点接触不良，电动机励磁绕组或电枢绕组有局部短路等。

如果出现起动机运转无力，应检查起动机电源；如果起动电源无问题，则应拆检起动机，首先检查电磁开关接触盘、换向器与电刷的接触情况，然后检查励磁绕组和电枢绕组。

（3）起动机空转　接通起动开关后，只有起动机快速旋转而发动机曲轴不转。这种故障现象表明起动机电路畅通，故障在起动机的传动装置和飞轮齿圈等处。

故障诊断方法如下：

1）若在起动机空转的同时伴有齿轮的撞击声，则表明飞轮齿圈牙齿或起动机小齿轮牙齿磨损严重或已损坏，致使不能正确地啮合。

2）起动机传动装置故障有：单向啮合器弹簧损坏；单向啮合器滚子磨损严重；单向啮合器套管的花键槽锈蚀。这些故障会阻碍小齿轮的正常移动，造成不能与飞轮齿圈准确啮合等。

3）有的起动机传动装置采用一级行星齿轮减速装置，其结构紧凑、传动比大、效率高，但使用中常会出现载荷过大而烧毁卡死。有的采用摩擦片式离合器，若压紧弹簧损坏，花键锈蚀卡滞和摩擦离合器打滑，也会造成起动机空转。

项目四　点火系统

实训一　点火系统部件的检修

一、实训目标

1）掌握点火线圈的检修方法。

2）掌握分电器的检修方法。

3）掌握火花塞的检查方法。

4）掌握点火信号发生器的检修方法。

5）掌握电子点火器的检修方法。

二、实训器材

1）每组点火线圈、分电器、火花塞各2或3个。

2）起子、呆扳手、梅花扳手、油盆、毛刷、清洗剂润滑脂、抹布按分组情况配置。

三、实训内容

1. 点火线圈的检修

（1）外观检查　点火线圈封装良好，绝缘盖表面色泽均匀、光洁，无气泡、杂质。各接线柱焊接牢固，高压插头应能顺利插入和拔出。

（2）用万用表进行检查　用万用表测量点火线圈一次绕组、二次绕组的电阻，应符合技术标准。否则，应予以更换。

（3）用试灯进行检查

1）将试灯接在点火线圈一次绕组的两接线柱上，若灯不亮表示断路。

2）当检查绕组是否有搭铁故障时，可将试灯的一端与一次绕组相连，一端接外壳。如果灯亮，表示有搭铁故障。

3）将试灯一端接高压线插孔，另一端接低压接线柱，若试灯亮，则说明点火线圈二次绕组有短路故障；若试灯暗红，则说明点火线圈二次绕组无短路故障。

4）若试灯根本无火花，当试灯插头从接线柱上移开时，观察有无火花。如果没有火花，则说明绕组已经断路。

（4）发火强度的检查

1）检查点火线圈产生的高压电时，可与分电器配合在试验台上进行。检验时，将放电电极间隙调整到7mm，先以低速运转，待点火线圈的温度升高到工作温度时，再将分电器的转速调至规定值（一般4缸、6缸发动机为2500r/min），在0.5min内，若能连续发出蓝色火焰，表示点火线圈良好。

2）也可用对比法检查发火强度。将被检验的点火线圈与好的点火线圈分别接上进行对比，若点火强度与好的点火线圈相比较弱，说明被检验的点火线圈工作不良。

2. 分电器的检修

（1）分电器盖的检查

1）用一块干燥的棉布将分电器盖擦拭干净，查看分电器盖有无脏污、裂纹，内部各电极有无明显的磨损、腐蚀及烧蚀。若出现以上情况，应更换分电器盖。

2）检查分电器盖上的中心电极，应无卡滞。若烧蚀磨损，致使其长度较标准长度减小2mm以上时，也应更换新件。分电器中心电极长度的检查如图4-1所示。

3）将高压线分别插入分电器盖上两个相邻的旁插孔内，或中央插孔与旁插孔内进行试火。若有火，说明绝缘损坏，应更换。

4）用电阻表检测分电器盖上两个相邻的旁插孔或中央插孔与旁插孔之间的电阻，阻值应为无穷大，如图4-2所示。

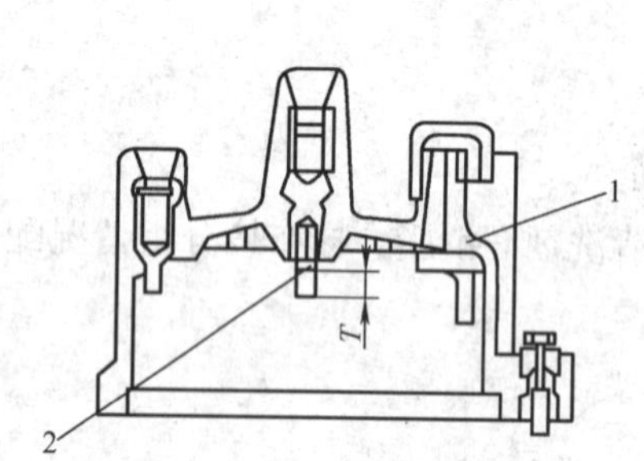

图4-1 分电器盖中心电极长度的检查
1—分电器盖 2—电刷

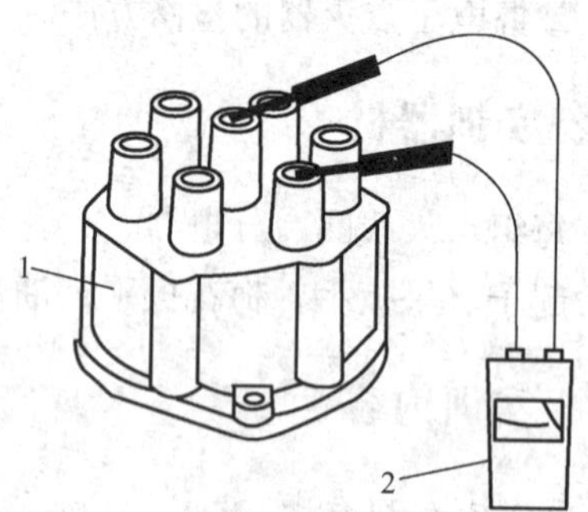

图4-2 分电器盖绝缘电阻的检查
1—分电器盖 2—电阻表

（2）分火头的检查 将分火头平放机体上，使金属导电片搭铁，使高压线距分火头座孔7～8mm跳火，如图4-3所示。起动发动机，观察高压线是否跳火。若有火，表明分火头漏电。

（3）分电器轴的检修

1）检查分电器轴与衬套的配合间隙。如图4-4所示，将分电器壳体夹在台虎钳上，使百分表的测头垂直顶在分电器轴上部外圆面上，沿百分表测杆方向晃动分电器轴，检查轴与衬套的配合间隙，应与规定相符；否则，应更换衬套。

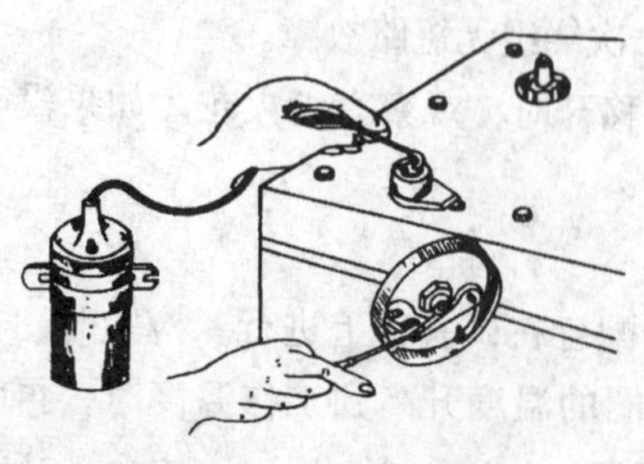
图4-3 分火头的检查

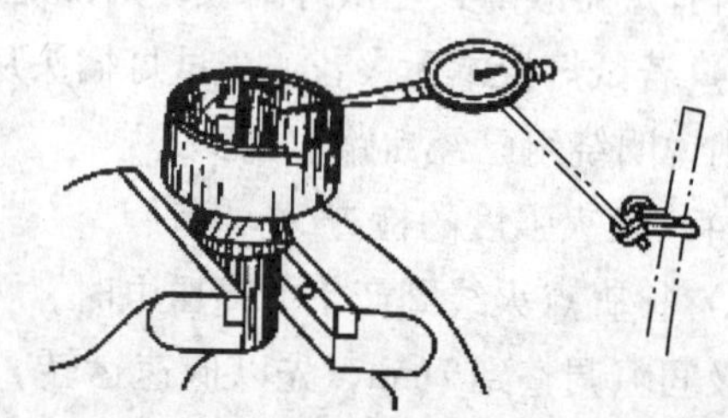
图4-4 分电器轴与衬套配合间隙的检查

2）检查分电器轴的直线度误差。如图 4-5 所示，转动分电器轴，观察百分表指针的摆差，分电器轴直线度误差应在规定范围内；否则，应更换新件。

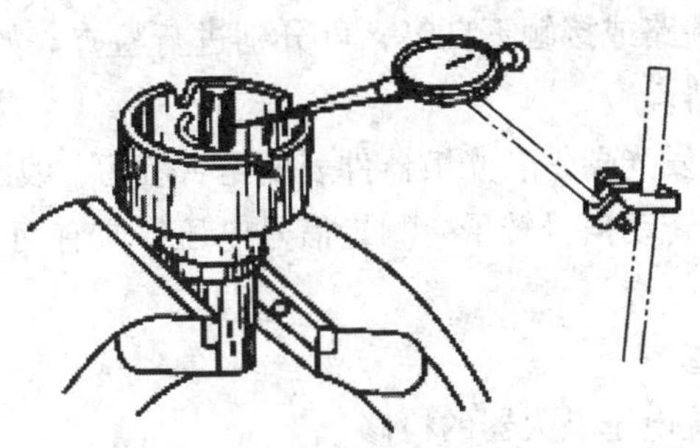

图 4-5　分电器轴直线度误差的检查

3. 火花塞的检查

（1）火花塞间隙的检查　正常间隙应为 1.0～1.2mm。若间隙过大，易使发动机高速断火；若间隙过小，使火花过弱，不能可靠地点火。

（2）火花塞颜色的检查　火花塞正常应呈棕褐色。如果颜色异常，说明点火系统工作不良。

1）火花塞呈黑色，这是由于火花塞积炭或积油所致；主要原因有热特性太冷、燃烧效果差、混合气过浓、机油过多等；严重时会导致漏电或淹灭火花塞，致使发动机起动困难或间歇断火。

2）火花塞呈灰白色，这是由于火花塞过热所致，主要原因有火花塞热特性太热、绝缘体裂缝、密封垫圈损坏等，严重时易出现炽热点火故障。

4. 点火信号发生器的检修

（1）磁感应式信号发生器检修　磁感应式信号发生器的常见故障有信号感应线圈短路、断路，转子与铁心之间的气隙不当等，可分别进行检查。如果检查结果不符合要求，应调整或更换信号发生器。

1）检查信号发生器线圈的电阻，一般其阻值应为 250～1500Ω。

2）检测信号发生器的输出信号。在发动机转动时，应有电压输出（一般应在 0.3V 以上）。检测时，由于信号电压的大小与转子的转速成正比，如果转速过低，可能无法读出输出信号。

3）检查信号发生器的气隙，如图 4-6 所示，当信号转子的凸齿与传感线圈的铁心对齐时，插入塑料塞尺进行检查，间隙一般为 0.2～0.4mm。

（2）霍尔效应式信号发生器的检修　霍尔效应式信号发生器常见故障有内部集成块烧坏、线路断脱或接触不良等，可分别进行检查。如果检查结果不符合要求，应调整或更换信号发生器。

1）检查电源端子与信号端子的电阻，其阻值应为∞。

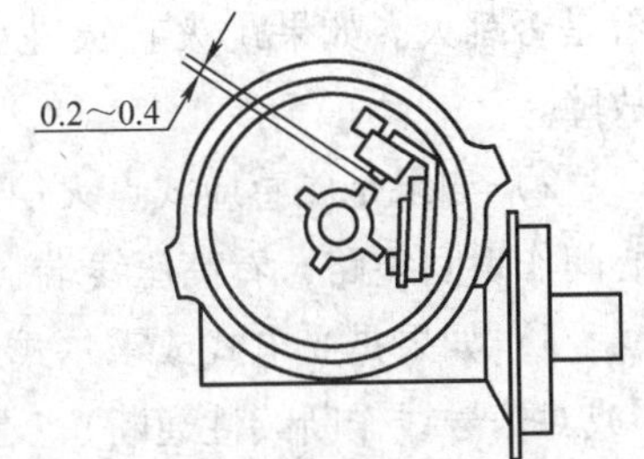

图 4-6　信号发生器气隙的检查

2）检测信号电压。转动信号转子，测量信号电压，应有交替变化的信号（直流电压）。

（3）光电式信号发生器的检修　光电式信号发生器常见故障有发光器件、光敏器件脏污或损坏，内部电路断路或接触不良等，可分别进行检查。如果检查结果不符合要求，应调整或更换信号发生器。

1）外观检查。检查发光器件、光敏器件表面是否脏污，线路连接是否良好。

2）检测信号电压。转动信号转子，测量信号电压，应有两个信号，且电压摆动的范围不同。

5. 电子点火器的检修

（1）磁感应点火系统电子点火器的检修

1）将一节1.5V的干电池接于点火控制器的信号输入端模拟点火信号，此时点火控制器内的大功率晶体管导通，用万用表检测点火线圈“-”接线柱的对地电压，如图4-7a所示，所测电压应为1~2V。

2）将一节1.5V的干电池反向接于点火控制器的信号输入端模拟点火信号，此时点火控制器内的大功率晶体管截止，用万用表检测点火线圈“-”接线柱的对地电压，如图4-7b所示，所测电压应为1~2V。

3）如果两次测得的电压都符合要求，说明点火控制器良好；如果正、反接干电池测得点火线圈“-”对地电压均高（为点火控制器不能通路）、均低（为点火控制器被击穿短路）、电压变化幅度小都说明点火控制器已损坏，需更换。

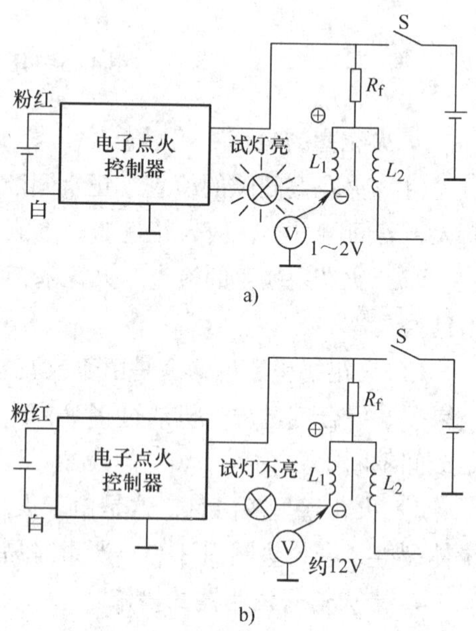

图4-7　磁感应点火系统电子点火器的检修
a）大功率晶体管导通　b）大功率晶体管截止

4）进行上述检测时，也可用试灯进行。图4-7a所示情况下，试灯亮；图4-7b所示情况下，试灯灭。

（2）用高压试火法检验点火器　如果已确定信号发生器良好，可以直接用高压试火法来检验点火器。高压试火的方法有如下几种：

1）将分电器中央高压线拔出，使高压线端距离发动机缸体5~8mm，起动发动机，看是否跳火。如果跳火且火花强，则说明电子点火器良好；否则，电子点火器可能有故障。

2）如果是磁感应式点火信号发生器，可打开分电器盖，用螺钉旋具将导磁转子与铁心间作瞬间短路，看高压线端（或放电器）是否跳火。如果跳火，说明电子点火器良好。

3）如果是光电式或霍尔式点火信号发生器，则可在拆下分电器后用手转动分电器轴（或对信号线作断续性通断），看高压线端的跳火情况或测量点火线圈对地电压（应在0~12V间跃变）来判断点火是否良好。

实训二　点火正时的检测与调整

一、实训目标

1）掌握点火正时的检查和校正方法。

2）掌握点火正时灯的使用方法。

二、实训器材

1）实验用汽车2辆，点火正时灯2个，万用表2个。

2）组合工具按分组情况配置。

三、实训内容

1. 用突然加速法检查点火正时

用突然加速法检查点火正时，应先使发动机运转至正常工作温度，然后进行判断。

（1）点火正时的判断　当突然加速时，如果发动机速度急速提高并伴有短促而轻微的突爆声（轻微爆燃），而后很快消失，则为点火正时。

（2）点火过迟的判断　如果突然加速，发动机转速不能随节气门开大而增大，发动机发出的声音发闷且排气管出现“突突”声，则为点火过迟。

（3）点火过早的判断　如果突然加速时，发动机出现严重的金属敲击声，即爆燃（敲缸），则为点火过早。

2. 用点火正时灯检查点火正时

（1）确定正时标志　查找并验证飞轮或曲轴前端带轮上1缸压缩终了上止点标记和点火提前角标记，擦拭使之清晰可见，如果标记不清晰，最好用粉笔或油漆将标记描白。

（2）连接点火正时灯　将点火正时灯正确连接到汽车发动机上，将传感器夹在1缸高压线上。正时灯如图4-8所示，将红色线接蓄电池正极、黑色线接负极，传感器夹在1缸高压线上。

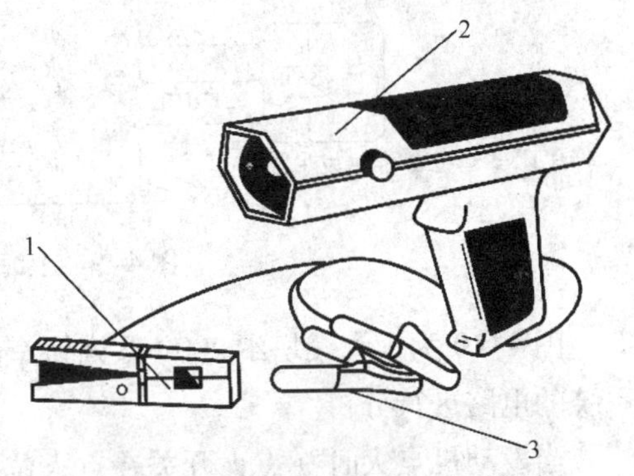

图4-8　点火正时灯

1—传感器夹　2—点火正时灯　3—电源夹

（3）检测点火提前角

1）起动发动机，至正常工作温度状态，保持在怠速下稳定运转。打开正时灯并对准正时标记（正时刻度盘或正时指针），调整正时灯电位器，使正时标记清晰可见，此时表头读数即为发动机怠速运转时的点火提前角。

2）用同样的方法分别测出不同工况、转速时的点火提前角并记录。

3）在拆下真空管接头并堵住（点火提前机构不起作用）的情况下，怠速时测出的点火提前角为初始提前角（基本点火正时）。

4）测出的点火提前角应与规定标准值进行对照，判断点火提前角的大小是否符合要求。若不符合要求，应调整点火正时。

实训三　点火系统故障检测

一、实训目标

1）熟悉点火系统的组成。

2）掌握点火系统的线路分析方法。

3）掌握点火系统的故障检测方法。

二、实训器材

1）大众轿车1辆（或实验台1个）。

2）万用表、10W以下的试灯每组2~4个。

3）十字螺钉旋具、一字螺钉旋具、扳手、带接线插连接导线按需要配置。

三、实训内容

1. 点火系统电路分析

如图4-9所示，上海桑塔纳轿车点火系统主要由分电器、信号发生器、点火控制器、火花塞等组成。

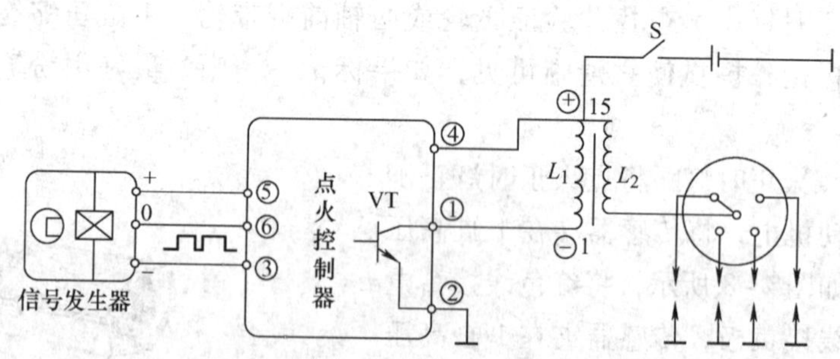

图4-9　上海桑塔纳轿车点火系统

图4-10为上海桑塔纳2000系列轿车的点火系统电路。下面以此电路为例，对其点火系统的电路进行分析。

当发动机点火时（点火开关在点火位置），蓄电池电压正极→红色导线→中央电路板P插座上的端子→中央电路板内部电路→中央电路板P插座上的端子→红色导线→点火开关端子30→端子D_{23}→黑色导线→点火线圈“+”接线柱。

此后，电路分为两路，分别为点火控制器提供控制电压。点火控制器还要接收霍尔信

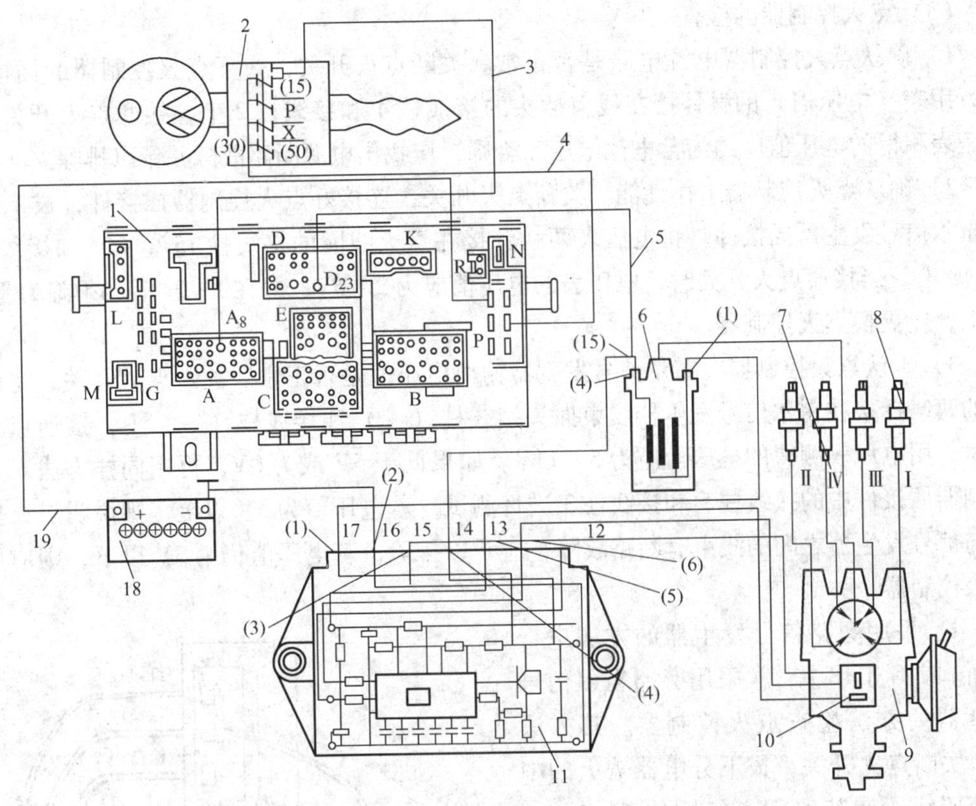

图 4-10 上海桑塔纳 2000 系列轿车的点火系统电路

1—中央电路板 2—点火开关 3、5、14—黑色导线 4、19—红色导线 6—点火线圈 7—高压导线 8—火花塞 9—分电器 10—信号发生器 11—电子点火器 12—绿/白色导线 13—红/黑色导线 15—棕色导线 16—棕/白色导线 17—绿色导线 18—蓄电池

号发生器提供的信号，以使一次电路不断处于通—断—通—断的状态，从而使点火线圈中的二次绕组按规律感应出高压电。

2. 常见故障的检修

下面以桑塔纳轿车霍尔点火系统为例，对系统及其主要部件的检修方法进行分析。

（1）点火系统的检查 怀疑点火系统有故障时，可拔出分电器中央高压线，使其端部离气缸体 5 ~ 7mm，接通点火开关，起动发动机，观察高压线端部是否跳火，如果无强烈火花，说明点火系统有故障。

（2）点火线圈、高压导线和分火头的检查 测量点火线圈一、二次绕组的电阻值，测量前，先断开点火开关，拆除点火线圈上的导线。测一次绕组的电阻值，即点火线圈接线柱“+”（即接线柱 15）与接线柱“-”（即接线柱 1）之间的电阻值，应为 0.52 ~ 0.76Ω；测二次绕组的电阻值，即点火线圈接线柱“-”（即接线柱 1）与高压插孔（即接线柱 4）之间的电阻值，应为 2.4 ~ 3.5kΩ。如果电阻值符合规定，说明点火线圈良好，应及时装上点火线圈上的所有导线。每根高压导线的电阻值应为 1kΩ 左右，分火头电阻值应为 1kΩ 左右。

(3) 点火控制器的检查

1) 确认点火控制器电源电路是否正常。关断点火开关，拔下点火控制器的插接件，将万用表（电压档）的触针接在线束插头的接线柱 4 和接线柱 2 上，接通点火开关，用电压表测得的电压值应约为蓄电池电压。否则，应找出电源断路故障并予以排除。

2) 确认点火控制器工作性能。关断点火开关，连接好点火控制器插接件，拔下分电器霍尔信号发生器插接件，将电压表两触针接在点火线圈的接线柱 15（+）和接线柱 1（-）上。当接通点火开关时，电压表的电压值应为 2~6V，并在 1~2s 后必须降为零值，否则，应更换点火控制器。

3) 确认点火控制器向霍尔信号发生器输出电压值是否正常。关断点火开关，将电压表的两触针接在霍尔信号发生器线束插头接线柱（+）和接线柱（-）上，接通点火开关时，用电压表测得的电压值应为 5~11V。如果低于 5V 或为 0V，再用同样方法对点火控制器插接件中的接线柱 5 和接线柱 3 进行测试，若电压值为 5V 以上，则说明点火控制器与信号发生器之间的线束有断路故障，应予以排除；若电压值仍为 5V 以下，则应更换点火控制器。

4) 采用旁路信号发生器的方法进行判断。实际工作中，常采用旁路霍尔信号发生器的方法检查点火控制器。其方法是：关断点火开关，拔下分电器盖上的中央高压线，使其端部离气缸体 5~7mm，拔下分电器信号发生器线束插接件，将跨接线一端按图 4-11 所示接在信号线插头上，另一端暂时悬空。接通点火开关，将跨接线悬空的一端反复搭铁，此时观察中央高压线端部是否跳火，如果跳火，说明点火器工作良好；如果不跳火，当点火线圈及连接导线正常时，说明点火控制器有问题。

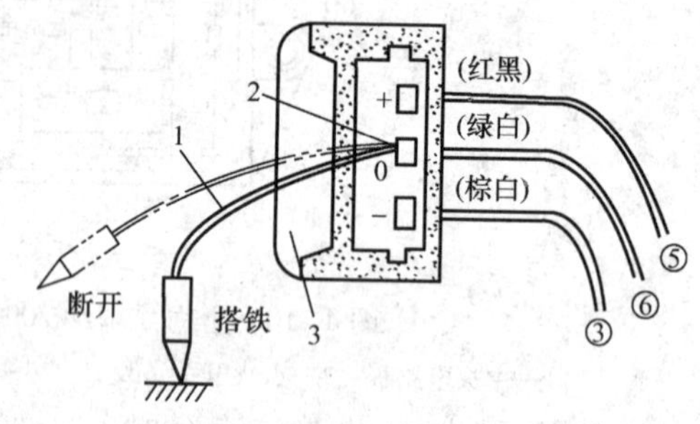

图 4-11 采用旁路信号发生器的方法进行判断
1—跨接线 2—信号线插头 3—插接器

(4) 霍尔信号发生器的检查

1) 为了排除干扰因素，一般该项检查应在点火线圈、点火控制器及连接导线检查正常的基础上进行。其方法是：测量信号发生器的输出电压，关断点火开关，打开分电器盖，拔出分电器盖上的中央高压线并搭铁，将电压表的两触针接在插接件信号输出线接线柱 0 和接地线接线柱“-”上，如图 4-12 所示；然后，按发动机转动方向转动发动机，同时观察电压表上的读数，其值一般在 0~9V 之间变化。当分电器触发叶轮的叶片在空气隙

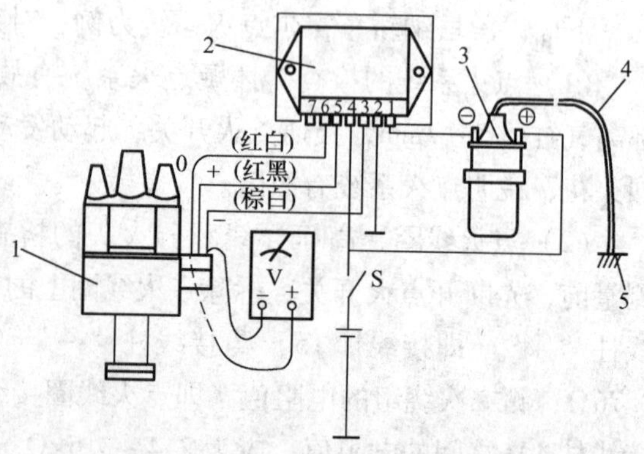

图 4-12 霍尔信号发生器的检查
1—分电器 2—点火控制器 3—点火线圈
4—中央高压线 5—机体

时，其电压值为2~9V；当触发叶轮的叶片不在空气隙时，其电压值为0.3~0.4V。若电压不在0~9V之间变化，则应更换霍尔信号发生器。上述电压表显示的数值，由于系统生产年代不同，内部电路参数不同，其电压值也有所不同，测试时应与同期生产的汽车进行对比判定。

2）模拟信号发生器动作。在实际工作中，常采用模拟信号发生器动作来判断其好坏，其方法如图4-13所示，关断点火开关，打开分电器盖，转动曲轴，使分电器触发叶轮的叶片不在气隙中。拔出分电器盖上的中央高压线，使其端部离气缸体5~7mm，然后接通点火开关，用小螺钉旋具（或薄铁板）在信号发生器的气隙中轻轻地插入和拔出，模拟触发叶轮叶片在空气隙动作，如果此时高压线端都跳火，说明霍尔信号发生器、点火控制器、点火线圈及连接导线性能良好；如果不跳火，在点火线圈、点火控制器及连接导线正常的情况下，说明信号发生器有问题，应予以更换。

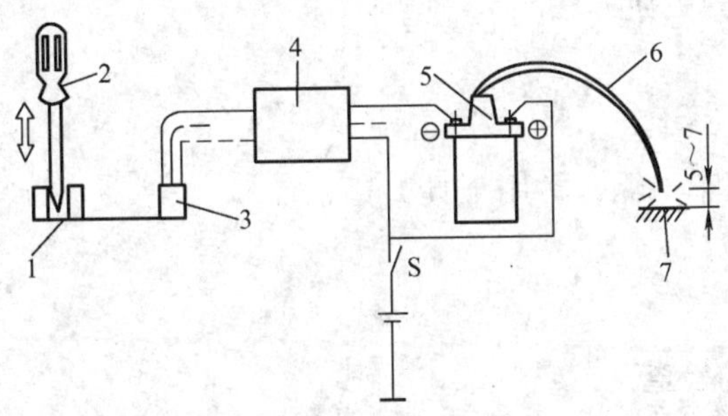

图4-13　模拟信号发生器动作

1—分电器霍尔触发器开关　2—小螺钉旋具或薄铁片　3—信号发生器插接器　4—点火控制器　5—点火线圈　6—高压线　7—机体

项目五　照明与信号装置

实训一　汽车灯具的更换与调整

一、实训目标

1）掌握汽车灯具的检查方法。

2）掌握前照灯的检验与调整方法。

3）掌握汽车灯具的更换方法。

二、实训器材

屏幕1张，实验用车1辆，常用工具1套。

三、实训内容

1. 掌握汽车灯具的检查

两个人配合检查前照灯、转向灯、示宽灯、制动灯等灯光装置。检查时，打开灯光开关，依次检查全车各部位的灯光；踩下制动踏板查看制动灯情况。若发现不亮故障，应予以排除。常见的灯光不亮故障的原因有灯泡烧毁或熔丝烧断，更换灯泡或熔丝即可排除故障。

2. 汽车前照灯的检验与调整

（1）检验前的准备

1）轮胎气压应符合规定；前照灯配光镜表面应清洁；汽车空载；驾驶室内只乘坐1名驾驶人；场地平整。

2）对装有远光、近光双丝灯泡的前照灯以调整近光光形为主。

（2）利用屏幕检验与调整前照灯　不同车型的调整方法和数据有所不同，现以东风EQ1090型汽车装用的ND170－I11型前照灯为例，其检验方法如图5-1所示。

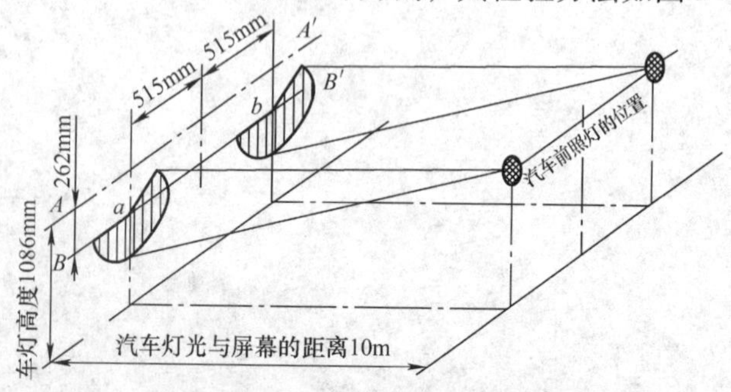

图5-1　利用屏幕检验与调整前照灯

1）将轮胎气压正常的空车停放在平坦的场地上，在驾驶室内乘坐1名驾驶人或将60kg的重物放在驾驶人位置上，使车前部与屏幕保持一定的距离（正面相对10m），如图5-1所示。

2）接通灯光开关，调整其光束。调灯时以一只灯为单位调整，首先遮蔽其他前照灯；然后拧动上、下、左、右光束调整螺钉，使主光束（光度最高点）处于规定高度。对前照灯进行上、下、左、右调整时，必须拧入调整；若需拧松调节时，应完全拧松后拧入调整。前照灯的调整部位如图5-2所示。

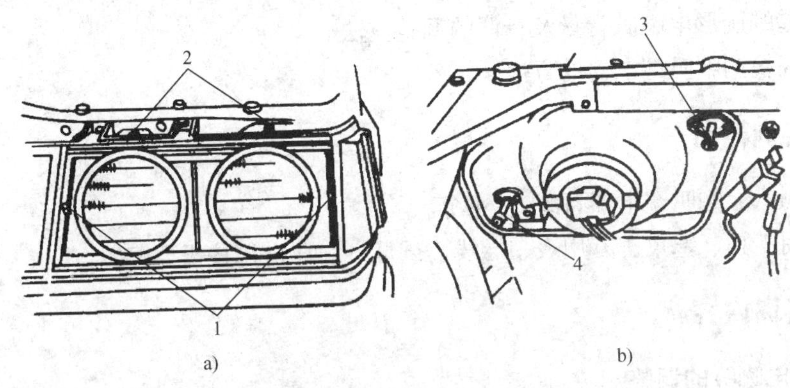

图5-2 前照灯的调整部位

a）外侧调整式 b）内侧调整式

1、3—左、右调整螺钉 2、4—上、下调整螺钉

3. 汽车灯具的更换

（1）前照灯的更换

1）打开发动机舱盖，观察前照灯背部的汽车部件布局情况，确定车辆的前照灯型号，注意前照灯外玻璃下部的车灯标志型号。

2）拧下车灯盖。注意因车型的不同拆除车灯盖的方法会有细微差别。

3）用力拔下带电源线的灯座，拔的时候注意用手按住车灯以免损坏。

4）松开灯座卡簧即可将车灯取出，而后重新装上新灯泡。装复的过程为拆卸的反序，重新装上防尘盖时一定要拧好，以免前照灯受到雨水和灰尘的侵扰。

（2）尾灯的更换

1）打开行李箱盖，切断车辆电源，清理行李箱，留出能够进行更换的空间。

2）拆下车灯背部的防尘板。大多数车灯分为两种形式：灯泡与灯座一体式和灯泡与灯座分开式。

3）确定需要更换的车灯，按住车灯后部的旋转手柄，将其拧下；更换上新的车灯，注意车灯的型号及颜色；装复车灯及防尘板。

（3）注意事项

1）安装前照灯时，应根据标志进行，不得倾斜侧置。

2）散光玻璃应保持清洁，有灰尘时应及时清理干净。

3）聚光镜和反射镜之间的密封垫圈应固定良好，密封可靠。

4）更换灯泡时，应首先断开电源；接线时应注意远光、近光灯泡的引脚位置。

实训二　电喇叭的调整

一、实训目标

1）掌握盆形电喇叭音量及音调的调整方法。

2）掌握螺旋形电喇叭音量及音调的调整方法。

3）掌握检测喇叭继电器的方法。

二、实训器材

1）电喇叭、喇叭继电器每组2～4个。

2）常用工具、塞尺、万用表、导线、试灯、稳压电源按需要配置。

三、实训内容

1. 盆形电喇叭的调整

（1）音调的调整

1）减小衔铁与铁心间的间隙，可以提高音调；反之，可以降低单调。

2）如图5-3所示，松开锁紧螺母，调整音调调整螺钉。调整合适后，紧固锁紧螺母。

3）每次只需调整1/10圈，边听边调，至合适为止。

（2）音量的调整

1）电喇叭音量的大小与通过喇叭线圈的电流大小有关，可通过改变触点的压力的方法进行调整。

2）如图5-3所示，松开锁紧螺母，调整音量调整螺钉。调整合适后，紧固锁紧螺母。

3）每次只需调整1/10圈，边听边调，至合适为止。

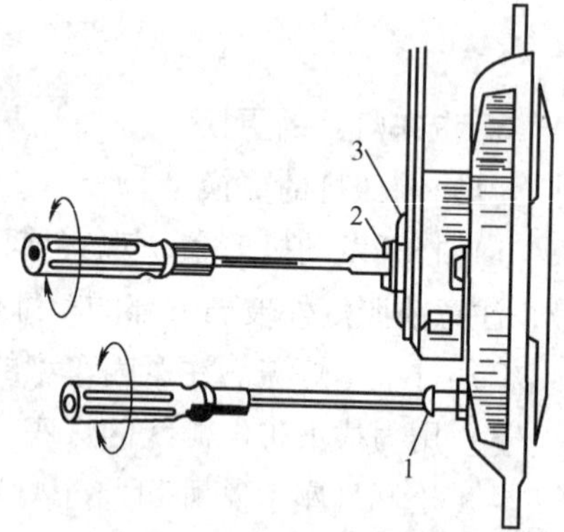

图5-3　盆形电喇叭的调整
1—音量调整螺钉　2—音调调整螺钉
3—锁紧螺母

2. 电喇叭的维护

电喇叭触点应保持清洁，其接触面积不应低于80%。如果有严重烧蚀，应及时进行检修。电喇叭的固定方法对其发音影响极大，为了使电喇叭的声音正常，电喇叭不能作刚性的装接，而应固定在缓冲支架上，即在电喇叭与固定支架之间装有片状弹簧或橡胶垫。

3. 喇叭继电器的检测

（1）喇叭继电器线圈的检测　用万用表的$R\times1\Omega$档检测喇叭继电器“电池”接线柱与“搭铁”接线柱之间的电阻值，正常情况下，应有一定阻值。

（2）喇叭继电器触点的检测　用万用表的 $R\times10\text{k}\Omega$ 档检测喇叭继电器“电池”接线柱与“搭铁”接线柱之间的阻值，正常情况应为无穷大，否则为触点粘连故障。

实训三　照明信号电路故障检测

一、实训目标

1）熟悉照明信号系统的组成。

2）掌握照明信号系统线路分析方法。

3）掌握前照灯电路故障的检测方法。

二、实训器材

1）大众轿车 1 辆。

2）万用表、10W 以下的试灯每组 2 ~ 4 个。

3）十字螺钉旋具、一字螺钉旋具、扳手、带接线插连接导线按需要配置。

三、实训内容

1. 照明系统线路分析

图 5-4 所示为上海桑塔纳 2000 型轿车照明信号系统电路。下面以此电路为例，对其电路及故障进行分析。

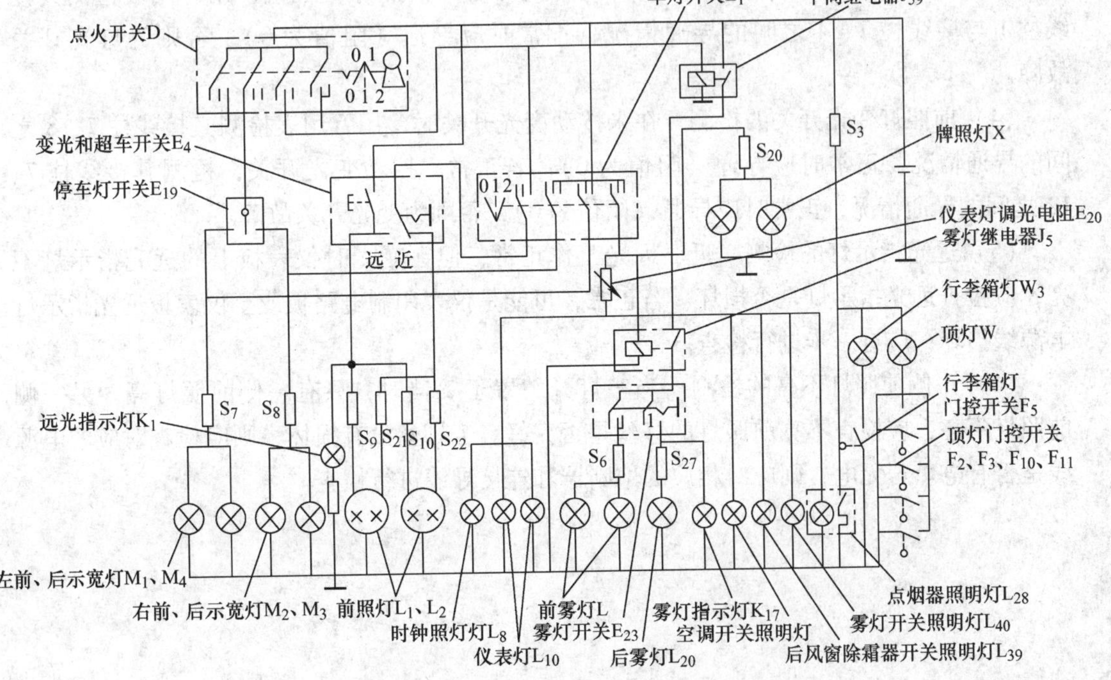

图 5-4　上海桑塔纳 2000 型轿车照明信号系统电路

当点火开关置于1档、车灯开关置于2档时，电流流经蓄电池正极→点火开关→车灯开关→变光开关→熔断器→前照灯→搭铁，前照灯亮，通过变光开关控制远光、近光的变换。此外，远光灯还由超车开关直接点动控制，在汽车超车时作超车信号灯用。

雾灯由点火开关、雾灯继电器、车灯开关控制，雾灯继电器由车灯开关控制，雾灯继电器触点由中间继电器控制，中间继电器由点火开关控制。若要使用雾灯，点火开关必须置于1档，使中间继电器接通，为雾灯继电器供电；车灯开关必须置于1档或2档，使雾灯继电器接通。这时，雾灯开关就可以控制雾灯了。雾灯开关置于1档时，接通前雾灯电路；雾灯开关置于2档时，同时接通前雾灯、后雾灯和雾灯指示灯电路。

牌照灯由车灯开关直接控制，在车灯开关置于1档或2档时亮。仪表板、时钟、点烟器、雾灯开关、后风窗除霜器开关、空调开关等的照明灯均由车灯开关直接控制，在车灯开关置于1档或2档时，上述照明灯均被接通，其亮度可通过仪表灯调光电阻进行调节。

顶灯由顶灯开关和门控开关共同控制。当顶灯开关接通时，顶灯亮。当顶灯开关拨至门控位置时，顶灯由4个门控开关控制，只要有一个门关闭不严，相应的门控开关就接通，顶灯亮。

2. 前照灯电路检测

（1）近光灯的检测　将点火开关置于“ON”位，并将灯光开关开至前照灯位，前照灯的近光灯应亮，否则，应用万用表或试灯检测其电源电路、灯光开关、接地情况及前照灯灯丝的好坏。

（2）远光灯的检测　在近光灯亮的情况下，按动前照灯变光开关，远光灯应亮，否则，应用万用表或试灯检测电源电路中变光开关的好坏、接地情况及远光灯灯丝的好坏。

（3）前照灯灯光开关的检测　将灯光开关开至“前照灯”位置，用万用表检测其接线柱1与接线柱7、4之间的导通情况，正常时应导通（阻值为0），否则为灯光开关故障。

（4）前照灯变光开关的检测　在未按动变光开关时，用万用表检测其接线柱7、8之间的导通情况，正常时应导通（阻值为0）；若正常，按动变光开关，检测其接线柱7、12之间的导通情况，正常时应导通（阻值为0），否则为变光开关故障。

（5）远光指示灯的检测　近、远光工作正常，但在变光时仪表板上的远光指示灯不亮，应检查远光指示灯是否损坏。若正常，可能是仪表印制电路板或至仪表板远光指示灯电源线损坏，应进一步进行检查。

（6）一侧前照灯不亮的检测　当车灯开关置于2档时，只有一侧前照灯亮，另一侧前照灯不亮，应检查不亮前照灯的灯丝是否完好。若灯丝没有损坏，则应检查对应的电源线是否有电。若无电，则应对相应的熔断器和连接导线进行检查。

项目六　仪表与报警装置

实训一　传统仪表的技术检验

一、实训目标

1）认识仪表板总成。

2）掌握传统仪表的检验方法。

二、实训器材

1）传统仪表板总成、数字式仪表板总成每组2~4个。

2）万用表、温度计、试灯每组2~4个。

3）油压机、标准机油压力表、加热槽每组1个。

4）十字螺钉旋具、一字螺钉旋具、扳手、带接线插连接导线按需要配置。

三、实训内容

1. 仪表板总成的认识

（1）组合仪表的认识　组合仪表将各种仪表、指示灯、警告灯及仪表照明灯组合在一个仪表板内，不同车型仪表板的布置形式有所不同，图6-1所示为采用指针式仪表的汽车仪表板；图6-2所示为采用杆图式仪表的汽车仪表板。

（2）警告灯的认识　在汽车仪表内，警告灯的灯泡前装有滤光片，使警告灯发出红光或黄光。滤光片上通常有标准图形符号，以显示其功能，其含义如图6-3所示。

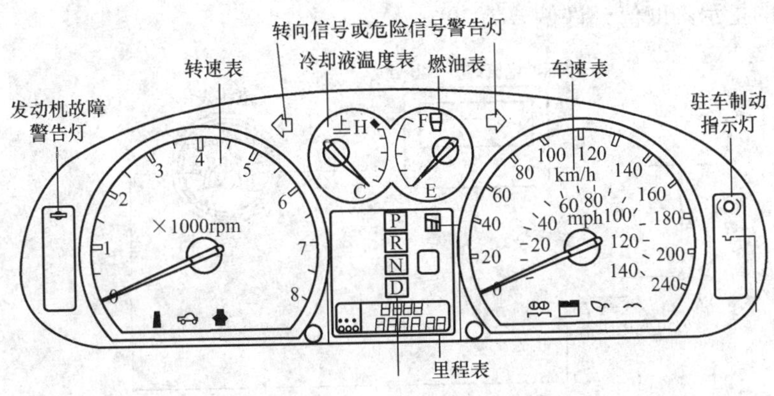

图6-1　指针式仪表板

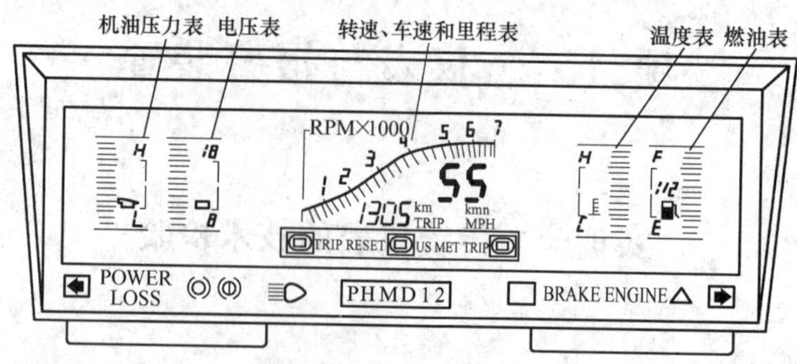

图6-2 杆图式仪表板

图6-3 常用警告灯图形符号

2. 传统仪表的检验

(1) 电流表的检验 将被检验的电流表与标准电流表连接在图6-4所示的电路中，调整可变电阻器有效电阻值的大小，比较两个电流表的读数。在正常温度（20℃ ±5℃）下，电流表的指示刻度值允许偏差为20%。

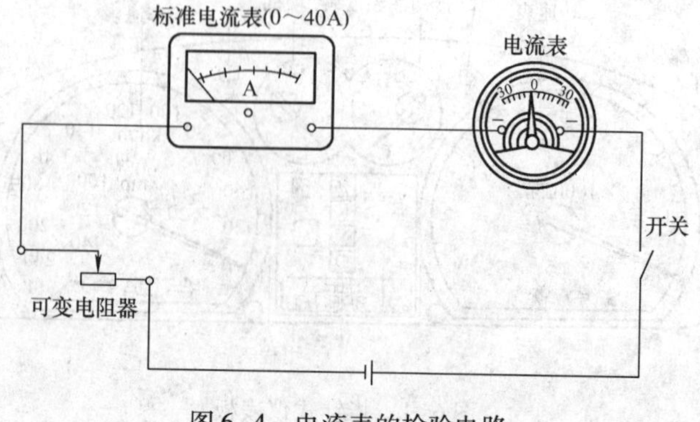

图6-4 电流表的检验电路

（2）机油压力表的检验

1）用万用表检测油压指示表线圈与传感器的电阻值，并作好记录，查看所测电阻值是否符合规定值，否则应更换。

2）按图6-5所示装好标准指示表（检验传感器时）或标准传感器（检验指示表时），闭合开关，摇动油压机手柄，观察油压表与标准（被检）读数是否一致。

3）如果读数基本一致，说明被检传感器或指示表工作正常；否则，应予以调整或更换。

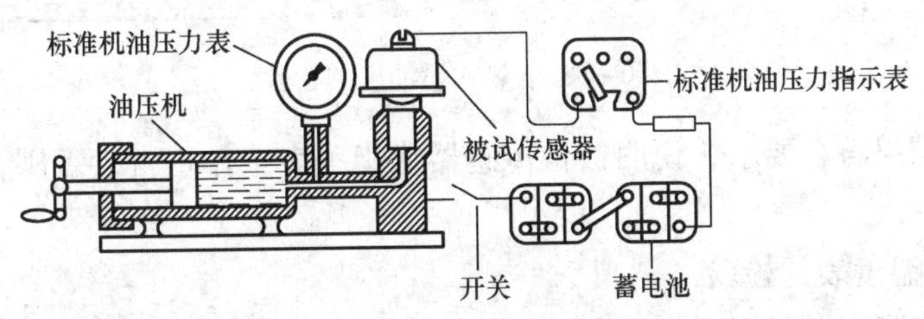

图6-5 机油压力表的检验

（3）电磁式燃油表的检验

1）用万用表检测燃油指示表线圈与传感器的电阻值，并作好记录，查看所测电阻值是否符合规定值，否则应更换。

2）按图6-6所示装好标准指示表（检验传感器时）或标准传感器（检验指示表时），将浮子杆与垂直轴线分别成31°和89°时，燃油指示表应对应指在“0”和“1”的位置上，其误差不得超过±10%。

3）若检验结果符合要求，说明被检传感器或指示表工作正常；否则，应予以调整或更换。

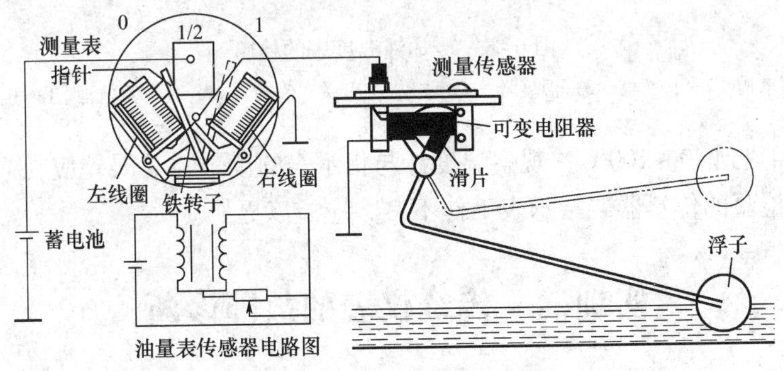

图6-6 电磁式燃油表的检验

（4）电热式燃油表的检验

1）用万用表检测燃油指示表线圈与传感器的电阻值，并作好记录，查看所测电阻值是否符合规定值，否则应更换。

2）按图6-7所示装好标准指示表（检验传感器时）或标准传感器（检验指示表时），将浮子杆分别摆到规定位置时，燃油指示表应对应指在“0”和“1”的位置上，其误差不得超过±10%。

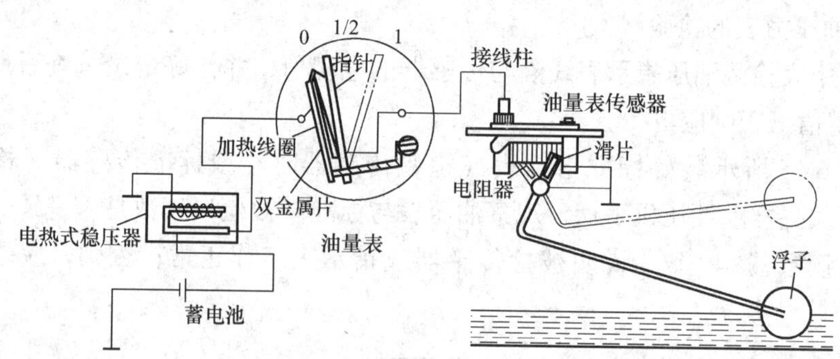

图6-7 电热式燃油表的检验

3）若检验结果符合要求，说明被检传感器或指示表工作正常；否则，应予以调整或更换。

（5）冷却液温度表的检验

1）按图6-8所示装好标准指示表（检验传感器时）或标准传感器（检验指示表时）。

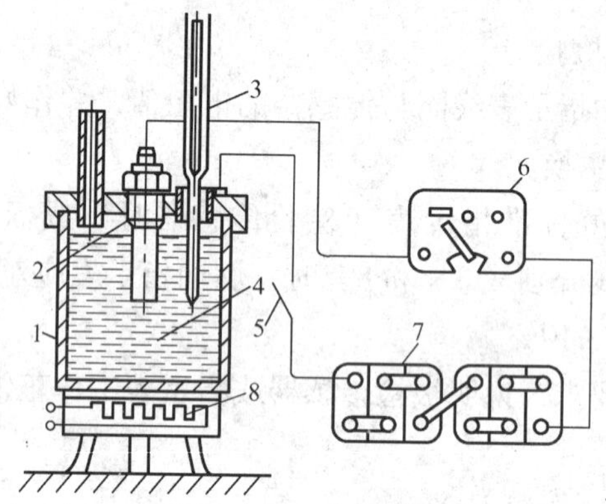

图6-8 冷却液温度表的检验

1—水槽 2—传感器 3—温度计 4—水 5—开关 6—指示表 7—蓄电池 8—电炉

2）将水加热到40～100℃，观察温度计与指示表的读数，其误差应在规定的范围内；否则，表明被检验的传感器或指示表工作不良，应予以更换。

实训二 传统仪表的故障诊断

一、实训目标

掌握传统仪表的故障检测方法。

二、实训器材

1）传统仪表板总成每组2～4个。

2）万用表、试灯每组2～4个。

3）十字螺钉旋具、一字螺钉旋具、扳手、带接线插连接导线按需要配置。

三、实训内容

1. 电热式机油压力表的故障诊断

（1）发动机在各种转速时，机油压力表均无指示值　故障原因：

① 机油压力表故障。

② 机油压力传感器故障。

③ 连接导线断路。

④ 发动机润滑系统有故障。

故障诊断步骤：

1）将一只12V、3～5W的试灯接在指示表的传感器接线柱与搭铁之间，点火开关置于“ON”，观察指针是否移动。

2）如果指针移动，说明机油压力表良好，故障在传感器或润滑油油路。拆下传感器，用平头小棍顶压传感器内的膜片，观察指针是否移动。

3）如果指针移动，说明故障在润滑油油路；如果指针不移动，说明故障在传感器。

4）将试灯接在指示表的传感器接线柱与搭铁之间，若指针不移动，说明故障在机油压力表或连接导线。将试灯接在机油压力表电源接线柱与搭铁间，观察试灯是否亮。

5）如果试灯不亮，说明电源线路断路。如果试灯亮，说明电源连线良好。

6）将试灯接在机油压力表的传感器接线柱与搭铁间，观察试灯是否亮。

7）如果试灯不亮，说明故障在机油压力表；如果试灯亮，说明压力表至传感器间的导线断路。

（2）接通点火开关，发动机未起动，机油压力表指针即开始移动　故障原因：

① 机油压力表故障。

② 机油压力传感器故障。

③ 压力表至传感器间的导线搭铁。

故障诊断步骤：

1）将点火开关置于“OFF”位置，拆下传感器端导线；将点火开关置于“ON”位置，观察指针是否移动。

2）如果指针不移动，说明传感器搭铁。如果指针移动，说明机油压力表或压力表到传感器间导线搭铁。

3）从机油压力表接线柱上断开到传感器间的导线再试，指针是否移动。

4）如果指针移动，说明压力表内部搭铁；如果指针不移动，说明压力表至传感器间的导线搭铁。

2. 电磁式冷却液温度表的故障诊断

（1）点火开关置于“ON”位置，指针不动　故障原因：

① 冷却液温度表电源线断路。

② 冷却液温度表故障。

③ 传感器故障。

④ 温度表至传感器的导线断路。

故障诊断步骤：

1）将一只12V、3～5W的试灯接在指示表的传感器接线柱与搭铁之间，点火开关置于“ON”位置，观察指针是否移动。

2）如果指针移动，说明指示表良好，故障在传感器。

3）如果指针不移动，将试灯接于温度表电源接线柱与搭铁间，点火开关置于“ON”位置，观察试灯是否亮。

4）如果试灯不亮，说明电源线路断路。如果试灯亮，说明电源连线良好。

5）将试灯接在温度表的传感器接线柱与搭铁间，观察指针是否移动。

6）如果指针不移动，说明故障在温度表；如果指针移动，说明温度表至传感器间的导线断路。

（2）接通点火开关后，温度表指针即指向最高温度　故障原因：

① 温度表至传感器导线搭铁。

② 传感器内部搭铁。

故障诊断步骤：

1）将点火开关置于“OFF”位置，拆下传感器端导线；将点火开关置于“ON”位置，观察指针是否移动。

2）如果指针不移动，说明传感器搭铁。

3）如果指针移动，说明温度表到传感器间导线搭铁。

3. 燃油表的故障诊断

（1）点火开关置“ON”位置时，不论燃油量为多少，燃油表指针总是指示“1”（油满）　故障原因：

① 燃油表至传感器导线断路。

② 传感器内部断路。

故障诊断步骤：

1）从传感器端拆下与燃油表的接线并搭铁，点火开关置于“ON”位置，观察指针是否移动。

2）如果指针移动，说明指示表良好，传感器内部断路。如果指针不移动，说明燃油表至传感器间的导线断路。

（2）点火开关置于“ON”位置，不论燃油量多少，燃油表指针总是指示“0”（无油）　故障原因：

① 传感器内部搭铁或浮子损坏。

② 燃油表至传感器的导线搭铁。

③ 燃油表电源线断路。

④ 燃油表内部故障。

故障诊断步骤：

1）将试灯接于燃油表电源接线柱与搭铁之间，观察试灯是否亮。

2）如果试灯不亮，说明电源线断路。

3）如果试灯亮，将点火开关置于“OFF”位置，拆下传感器端导线；将点火开关置于“ON”位置，观察指针是否移动。

4）如果指针移动，说明传感器内部搭铁或浮子损坏。如果指针不移动，说明燃油表到传感器间导线搭铁。

项目七　汽车辅助电器装置

实训一　刮水器和洗涤器的故障诊断与排除

一、实训目标

1）掌握刮水器故障诊断与检测的步骤与方法。

2）掌握洗涤器故障诊断与检测的步骤与方法。

二、实训器材

1）汽车风窗刮水装置2~4套。

2）汽车风窗洗涤装置2~4套。

3）汽车风窗刮水和洗涤装置电路图。

4）十字螺钉旋具、一字螺钉旋具、扳手、万用表、带接线插连接导线按需要配置。

三、实训内容

1. 刮水器各档都不工作的故障诊断与排除

（1）故障现象　接通点火开关后，刮水器开关无论置于哪一档，刮水器均不工作。

（2）主要原因　熔断器烧断；刮水电动机或刮水器开关有故障；机械传动部分故障；线路断路或插接件松脱。

（3）诊断与排除　首先，检查熔断器是否熔断、插接件是否松脱、线路有无断路；然后，检查开关是否正常；最后，检查电动机及机械传动部分是否故障。

2. 个别档位不工作的故障诊断与排除

（1）故障现象　接通点火开关后，刮水器个别档位（低速、高速或间歇档）不工作，其余正常。

（2）主要原因　刮水电动机或开关有故障；间歇继电器有故障；线路断路或插接件松脱。

（3）诊断与排除　如果是高速或低速档不工作，可先检查该档位对应的线路是否正常、开关是否正常，最后检查电动机电刷；如果是间歇档不工作，应检查刮水器开关的间歇档、所在线路及间歇继电器是否正常。

3. 刮片不能停在正确位置的故障诊断与排除

（1）故障现象　开关断开或间歇工作时，刮片不能停在风窗底部。

（2）主要原因　自动停位装置损坏；刮水器开关损坏；刮水臂调整不当；线路连接错误。

(3) 诊断与排除　首先检查刮水臂的安装是否正确、开关线路连接是否正确，最后检查自动停位机构的触片和滑片接触是否良好。

4. 喷嘴不工作的故障诊断与排除

(1) 故障现象　所有喷嘴都不工作或个别喷嘴不工作。

(2) 故障原因　清洗电动机或开关损坏；线路断路或插接件松脱；清洗液液面过低或连接管脱落；喷嘴堵塞。

(3) 诊断与排除　如果所有喷嘴都不工作，先检查清洗液液面和连接管是否正常，然后检查清洗电动机电路及插接件是否有断路及松脱处，再检查开关和电动机是否正常。如果个别喷嘴不工作，则是喷嘴堵塞或输液支管出现问题。

5. 刮水器电动机及其电路的检测

(1) 电动机的检测　将电动机从总成上拆下，把负电刷接蓄电池负极，正电刷和偏置电刷各接蓄电池正极一次。如果两次电动机都平稳转动，且接偏置电刷时转速较高，则说明电动机正常，否则，应检修或更换电动机。

(2) 刮水电路的检测　拔下刮水器电动机的插接器（五芯插头），将点火开关转至“RUN”位置，然后检测刮水器电动机的线路及其插接器。如果电动机正常，线路及插接器也正常，而电动机不能按要求正常运转，则应更换刮水器电动机盖（刮水器电路板）。

实训二　电动车窗的故障诊断与排除

一、实训目标

掌握汽车电动车窗故障诊断与检测的步骤与方法。

二、实训器材

1) 汽车电动车窗装置2~4套。

2) 汽车电动车窗装置电路图。

3) 十字螺钉旋具、一字螺钉旋具、扳手、万用表、带接线插连接导线按需要配置。

三、实训内容

1. 玻璃升降器不工作的故障诊断与排除

(1) 故障原因　熔断器断路；连接导线断路或相关插接件松脱；有关继电器、开关损坏；电动机损坏；搭铁线锈蚀、松动。

(2) 诊断与排除　首先检查熔断器是否断路，然后检查各插接件连接是否紧固可靠；检查电源线是否有电，电压是否正常；检查搭铁线及搭铁是否良好可靠；最后检查开关、继电器及电动机是否损坏，如果确属零部件损坏，则应更换为新件。

2. 某车窗不能升降或只能一个方向运动的故障诊断与排除

(1) 故障原因　该车窗开关或电动机损坏；该处导线断路或插接件松脱；安全开关

故障。

（2）诊断与排除　首先检查安全开关是否正常、该窗的开关是否正常；再通电检查该窗电动机是否正常，如果有故障应检修或更换为新件。若正常，应检修连接导线是否有断路处。如果车窗只能朝一个方向运动，一般是开关故障或相关导线断路，可先检查线路，再检查开关。

3. 升降器工作时有异响的故障诊断与排除

（1）故障原因　安装时未调整好；卷丝筒内钢丝跳槽；滑动支架内传动钢丝夹转动；电动机盖板或固定架与玻璃碰擦等机械故障。

（2）诊断与排除　这类机械故障一般是安装位置或精度偏差所致，只需对所在位置的螺钉进行重新调整或紧固、矫正即可。

实训三　电动后视镜的故障诊断与排除

一、实训目标

掌握汽车电动后视镜的故障诊断方法。

二、实训器材

1）汽车电动后视镜装置2～4套。

2）汽车电动后视镜装置电路图。

3）十字螺钉旋具、一字螺钉旋具、扳手、万用表、带接线插连接导线按需要配置。

三、实训内容

1. 两个后视镜都不工作的故障诊断与排除

（1）故障原因　熔断器熔断，线路断路或插接件松脱等，也可能是开关有故障。

（2）诊断与排除　如果两个后视镜都不工作，可先查熔断器，然后检查开关上的插接件是否松脱，相关各线有无断路或接触不良等；最后检查开关。

2. 后视镜部分功能不正常的故障诊断与排除

（1）故障原因　个别电动机及控制开关有故障，也可能是线路断路、接触不良等。

（2）诊断与排除　后视镜部分功能不正常时，应首先检查相应线路是否断路；若无问题，可检查开关及电动机是否正常。

实训四　电动座椅的故障诊断与排除

一、实训目标

掌握汽车电动座椅故障诊断与检测的步骤与方法。

二、实训器材

1）汽车电动座椅装置 2 ~4 套。

2）汽车电动座椅装置电路图。

3）十字螺钉旋具、一字螺钉旋具、扳手、万用表、带接线插连接导线按需要配置。

三、实训内容

1. 座椅完全不能动作的故障诊断与排除

（1）故障原因　熔断器熔断、线路断路、座椅开关故障等。

（2）诊断与排除　如果座椅完全不能动作，可以首先检查熔断器是否熔断；若熔断器良好，则应检查所在线路及其插接件是否正常，最后检查开关。对于有存储功能的电动座椅系统，还应检查其电控单元（ECU）的电源电路及其搭铁线是否正常。

2. 座椅某个方向不能动作的故障诊断与排除

（1）故障原因　该方向对应的电动机损坏、开关损坏、对应的线路断路等。

（2）诊断与排除　如果是某个方向不能动作，可以先检查所在线路是否正常，再检查开关和电动机。

实训五　中控门锁的故障诊断与检测

一、实训目标

掌握汽车中控门锁的故障诊断方法。

二、实训器材

1）汽车中控门锁装置 2 ~4 套。

2）汽车中控门锁装置电路图。

3）十字螺钉旋具、一字螺钉旋具、扳手、万用表、带接线插连接导线按需要配置。

三、实训内容

以上海桑塔纳 2000 型轿车为例，介绍遥控门锁的检查及故障诊断。

1. 桑塔纳 2000 型轿车中控门锁电路分析

桑塔纳 2000 型轿车中控门锁电路如图 7 - 1 所示。当压下左前门的门锁提钮或用钥匙闭锁左前门时，门锁操纵机构通过连动的杠杆带动集中控制开关动作，于是集中控制开关动作，集中控制开关第 Ⅰ 、Ⅱ 掷的触点①分开、触点②闭合。同时，门锁集中控制开关的附加触点 K 也短暂闭合，使门锁控制器工作，将控制器触点 2 吸合，接通门锁电动机的电路。蓄电池的电流经熔断器 FU、门锁控制器触点 2、门锁集中控制开关第 Ⅱ 掷的触点②，向门锁电动机 4、5、6 供电。

若将左前门的门锁提钮提起或用钥匙开左前门时，门锁集中控制开关 3 的触点②分开，触点①闭合。附加触点 K 又短暂闭合，接通门锁电动机的电路。蓄电池的电流经熔断器 FU、门锁集中控制开关 3 第 I 掷的触点①搭铁。由于电动机电源反向，门锁电动机 4、5、6 正转，带动各自车门门锁将车门打开。1 ~ 2s 后门锁控制器断电，控制器触点 2 分开，电动机停转。

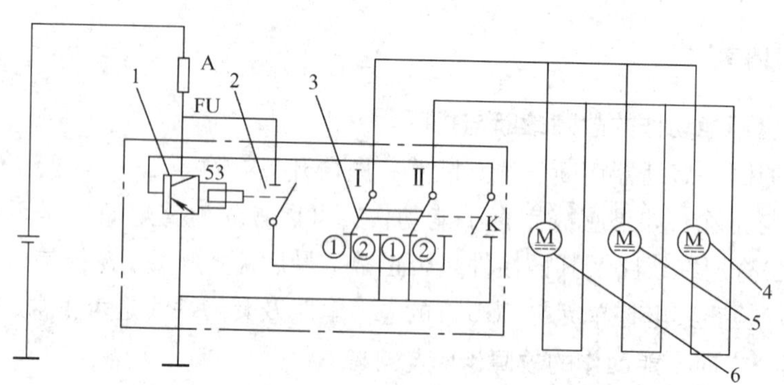

图 7 - 1　桑塔纳 2000 型轿车中控门锁电路

1—门锁控制器　2—控制器触点　3—门锁集中控制开关　4、5、6—右前、右后、左后门锁电动机

2. 故障诊断与检测

（1）部分车门不能打开　用车钥匙打开左侧驾驶人门锁时，若部分车门不能打开，可能的原因是线路断路，门锁控制器损坏，闭锁执行器损坏。可按照电路通断情况对电路进行检查，必要时更换损坏的元器件。

（2）车门全部不能打开　用车钥匙打开左侧驾驶人门锁时，若车门全部不能打开，可能的原因是继电器线路断路，熔断器熔断。可按照电路图对熔断器及继电器电路进行检查，必要时更换损坏的元器件。

（3）门锁继电器的检测　门锁继电器及其插接器如图 7 - 2 所示。将试灯接到端子 3 和搭铁之间，使端子 1 搭铁，端子 2、4 接蓄电池正极。此时试灯应亮，否则说明门锁继电器损坏。

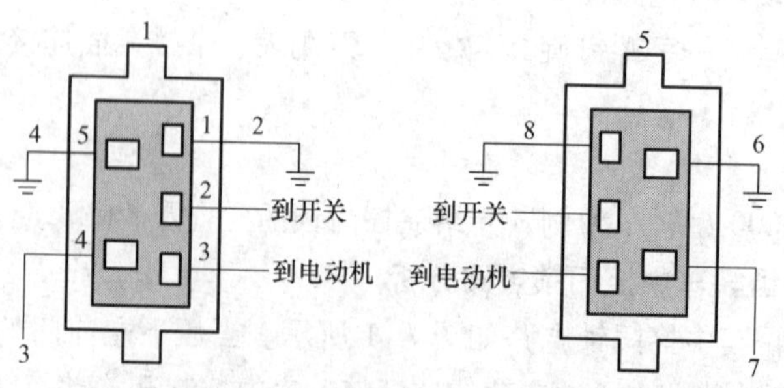

图 7 - 2　门锁继电器及其插接器

1—继电器　2、4、6、8—搭铁　3、7—蓄电池正极　5—插接器

项目八　汽车空调系统

实训一　专用工具与设备的使用方法

一、实训目标

掌握空调系统专用工具与设备的使用方法。

二、实训器材

1）歧管压力表组、制冷剂注入阀、卤素检漏灯、电子检漏仪各1套。

2）带空调系统的实训用车1辆。

三、实训内容

1. 认识歧管压力表组

（1）结构与作用　歧管压力表组是汽车空调系统维修中必不可少的设备，它由高压表、低压表、高压手动阀（HI）、低压手动阀（LO）、阀体及3个软管接头组成，如图8-1所示。歧管压力表组配有不同颜色的3根连接软管，一般规定蓝色软管用于低压侧（接低压工作阀），红色软管用于高压侧（接高压工作阀），黄色（也有绿色）软管用于中间，接真空泵或制冷剂罐。歧管压力表组与制冷系统相接，可以进行制冷剂排空、抽真空、加注制冷剂、添加冷冻机油操作及诊断制冷系统故障等。

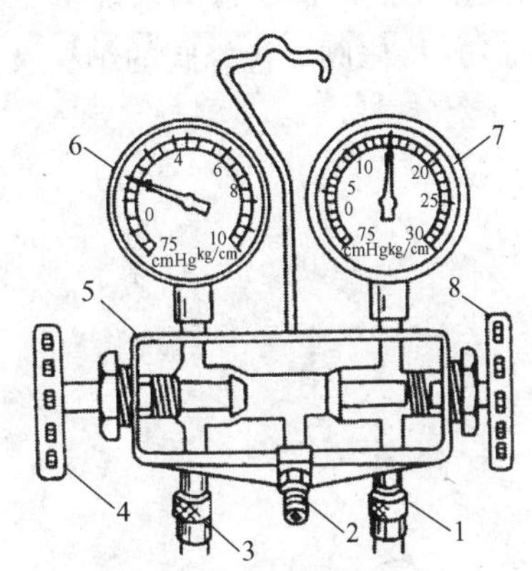

图8-1　歧管压力表组

1—高压工作阀接口　2—加注、抽真空接口　3—低压工作阀接口　4—低压手动阀　5—阀体　6—低压表　7—高压表　8—高压手动阀

（2）使用方法

歧管压力表组的使用方法如下：

1）高压手动阀（HI）和低压手动阀（LO）同时关闭，可对高、低压侧压力进行检测。

2）高压手动阀和低压手动阀同时打开，全部管道连通。此时接上真空泵即可对系统进行抽真空。

3）高压手动阀关闭、低压手动阀打开，即可由低压侧加注气态制冷剂。

4）高压手动阀打开、低压手动阀关闭，即可由高压侧加注液态制冷剂，也可排出制冷剂，使系统放空。

2. 认识制冷剂注入阀

（1）结构与作用　目前，为便于充注，市场上出现了罐装制冷剂，但它必须有一只注入阀配套才能开罐使用。制冷剂注入阀的结构如图 8-2 所示，它主要由手柄、软管接头、板状螺母和阀针组成。

（2）使用方法　制冷剂注入阀使用方法如下：

1）将注入阀手柄逆时针旋转，使阀针完全缩回，然后将板状螺母也旋至最高位置。

2）把注入阀装在罐的顶部，然后顺时针转动板状螺母，使其与罐顶上的螺纹联接，使注入阀固定在罐的顶部。

3）将歧管压力表中间的软管与注入阀的接头连接，拧紧。

4）顺时针方向旋转手柄，阀针将把罐顶刺破。

5）加注制冷剂时将手柄逆时针旋转，使阀针提起，同时打开歧管压力表相应的手动阀，开始向系统加注。

6）如果要停止加注，可再顺时针转动手柄，使阀针下落将被刺穿的小孔封闭，同时关闭歧管压力表的手动阀。

3. 认识检修阀门

对空调系统进行检测和维修时要用到检修阀门，通过检修阀门可对系统进行抽真空、加注或排出制冷剂、检测系统压力等操作。检修阀门有检修阀和气门阀两类。

（1）检修阀　检修阀的结构及工作位置如图 8-3 所示。

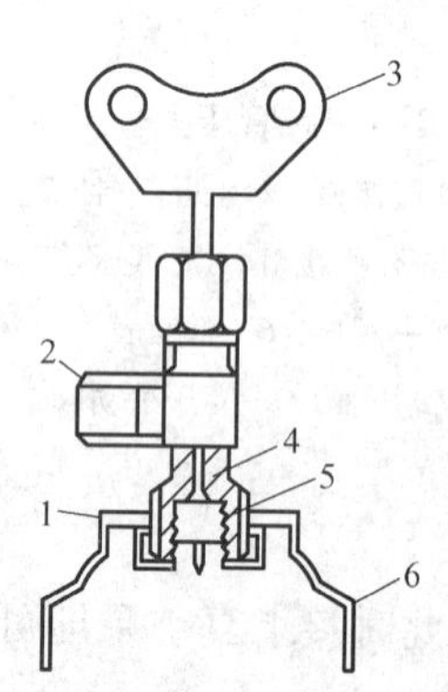

图 8-2　制冷剂注入阀的结构

1—板状螺母　2—软管接头　3—手柄　4—阀针　5—衬垫　6—制冷剂罐

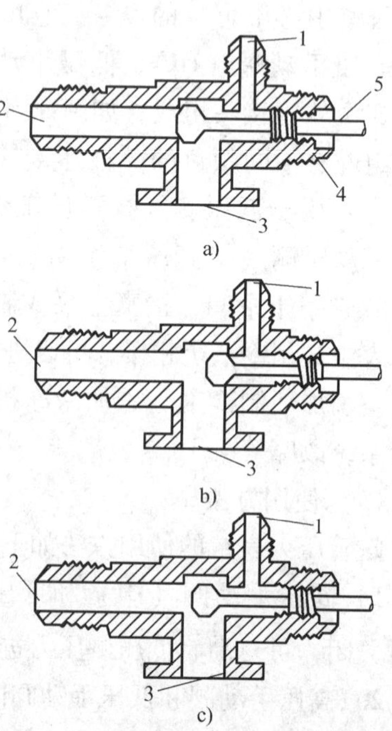

图 8-3　检修阀的结构及工作位置

a）前座位置　b）后座位置　c）中间位置

1—维修接口　2—软管接口　3—压缩机接口　4—阀体　5—阀杆

（2）气门阀　气门阀又称阀芯型检修阀，也称施拉德尔阀，它的结构如图 8 - 4 所示。汽车空调制冷系统所使用的制冷剂有 R134a 与 R12 两种，为防止加注时出现混淆，气门阀有两种形式：一种是螺纹接头，用于 R12 制冷剂系统；另一种是快速接头，专用于 R134a 制冷剂系统，如图 8 - 5 所示。

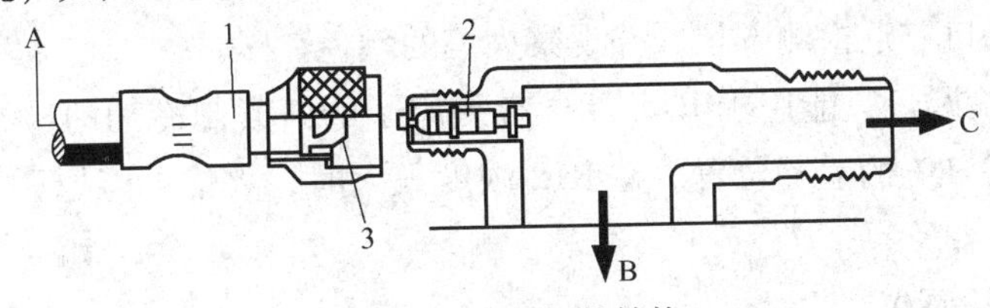

图 8 - 4　气门阀的结构

1—软管　2—顶阀杆　3—气门阀

4. 认识卤素检漏灯

（1）结构与作用　卤素检漏灯的结构如图 8 - 6 所示，它利用制冷剂气体进入安装在喷灯的吸入管内，会使喷灯的火焰颜色发生变化这一特性，来判断系统的泄漏部位和泄漏的程度。泄漏量少时，火焰呈浅绿色；泄漏量较多时，火焰呈浅蓝色；泄漏量很多时，火焰呈紫色。

（2）使用方法　卤素检漏灯使用方法如下：

1）检查储气瓶内液态丙烷是否装满。

2）将储气瓶与漏气检测器主体连接。

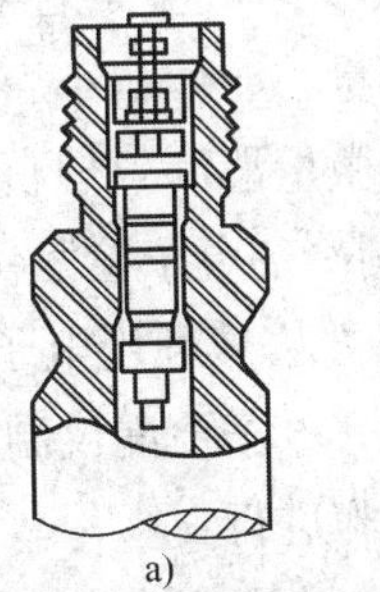

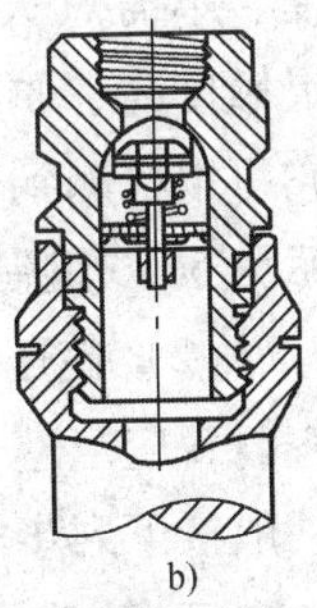

图 8 - 5　气门阀接头

a）用于 R12 系统　b）用于 R134a 系统

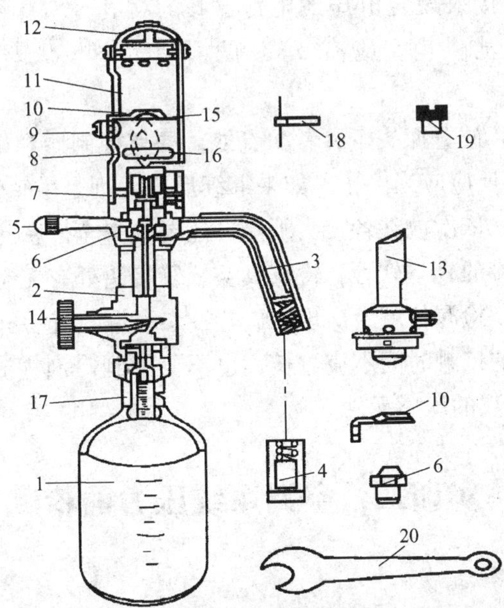

图 8 - 6　卤素检漏灯的结构

1—储气瓶　2—主体　3—吸气管　4—滤清器　5—燃烧筒支架　6—喷嘴　7—火焰分离器　8—点火孔　9—反应板螺钉　10—反应板　11—燃烧筒　12—燃烧筒盖　13—栓盖　14—调节阀门　15—火焰长度（上限）　16—火焰长度（下限）　17—丙烷气喷嘴　18—喷嘴清洁器　19、20—扳手

3）将燃烧的火柴插入检漏灯的点火孔里，同时朝逆时针方向缓慢转动调节把手，让储气瓶内的丙烷汽化成气体逸出，遇火焰即燃烧，将卤素检漏灯点燃。

4）在反应板加热到红热状态后，才可使用卤素检漏灯检漏。燃烧的火焰应调节到最小，火焰越小对制冷剂泄漏的反应越灵敏。

5）将吸入管口靠近检测部位，并观察火焰的颜色。

注意：卤素检漏灯只能用于R12等含有氯原子的卤素制冷剂的检漏，可测出空气中R12容积浓度为0.1%的泄漏位置。在R12浓度很大时，火焰可能熄灭。经燃烧后的R12蒸气有毒。

5. 认识电子检漏仪

（1）结构与作用　电子检漏仪具有使用方便、不需点火、不产生毒性物质、预热时间短、灵敏度高、质量小、体积小、检测范围广等特点，它可以探测到微量泄漏，但价格较贵。图8-7所示为5650型制冷剂电子检漏仪的结构。

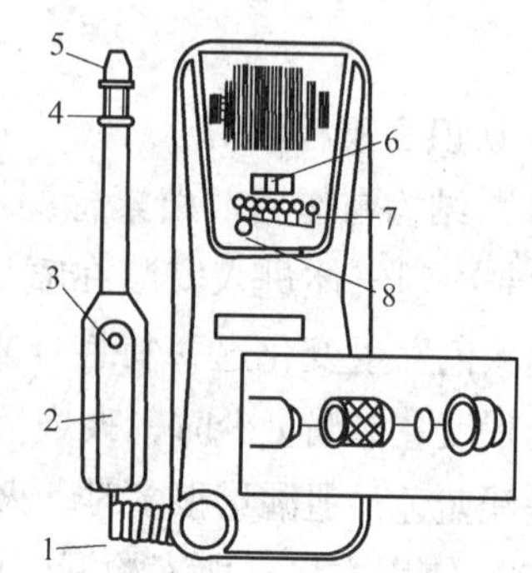

图8-7　5650型制冷剂电子检漏仪的结构
1—导线　2—手柄　3—复位键
4—传感器　5—保护套　6—选择开关
7—泄漏强度指示　8—电源指示

（2）使用方法　利用电子检漏仪进行泄漏检查时，应当遵守电子检漏仪制造厂家的有关规定。一般按下列步骤进行：

1）转动控制器或敏感性旋钮至断开（OFF）或0位置。

2）将电子检漏仪接入规定电压的电源，接通开关。如果不是电池供电，应有5min的升温期。

3）升温期结束后，放置探头于参考漏点处，调整控制器和敏感性旋钮至检漏仪有所反应为止。移动探头，反应应当停止。如果继续反应，则是敏感性调整得过高。

4）移动寻漏软管，依次放在各接头下侧，还要检查全部密封件和控制装置。

5）断开和系统连接的真空软管，检查真空软管接头处有无制冷剂蒸气。

6）如果发现漏点，检漏仪就会出现和放置在参考漏点处一样的反应状况。

7）探头和制冷剂的接触时间不应过长，也不要把制冷剂气流或严重泄漏的地方对准探头，否则会损坏探测仪的敏感元件。

实训二　空调系统压力的检测

一、实训目标

1）能将压力表组正确安装并连接到制冷系统，正确检测制冷系统高、低侧压力。

2）能根据检测的压力确定系统工作状况，分析系统可能存在的故障。

二、实训器材

1）歧管压力表组1套。

2）带空调系统的实训用车1辆。

三、实训内容

1. 连接压力表组

卸掉系统高、低压管路上的检修阀护帽；将压力表组高、低压侧手动阀都关闭，蓝色的低压侧软管接低压检修阀，红色的高压侧软管接高压检修阀。

2. 起动空调检测系统压力

起动发动机，调整发动机转速至1250r/min，起动空调器，将有关控制器调至最凉位置（风机亦应在最高速），按需要使发动机温度正常（运行5～10min）后，进行检测。

3. 技术标准

R134a空调系统压力正常范围：低压侧表读数为0.15～0.25MPa；高压侧表读数为1.37～1.57MPa。

R12空调系统正常工作压力范围：低压侧表读数为0.15～0.20MPa；高压侧表读数为1.45～1.50MPa。

4. 结果分析

1）高、低压侧压力均很低，如图8-8所示，说明制冷剂不足。如果空调系统工作一段时间出现此现象，可能系统内某处出现泄漏，必须找出漏点并加以排除。

2）高、低压侧压力均过高，很可能是制冷剂过多引起，如图8-9所示。应从低压侧放出一部分制冷剂，直到压力表显示规定压力为止。如果开始时正常，后来出现上述现象，这是由于冷凝器散热差造成的。可检查冷凝器散热片是否堵塞，风扇传动带是否过松，风扇转速是否正常，并予排除。

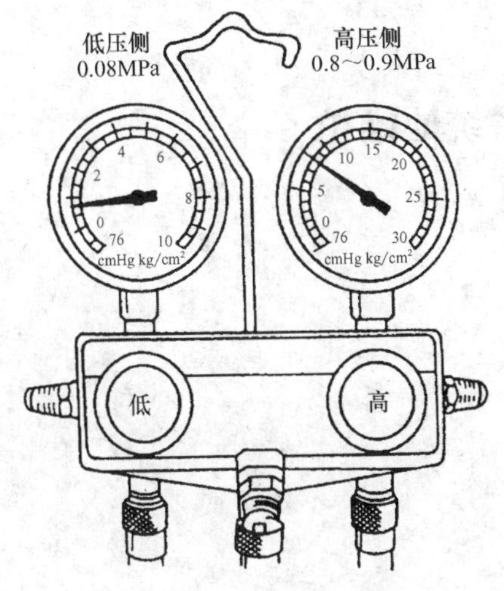

图8-8　高、低压侧压力均很低

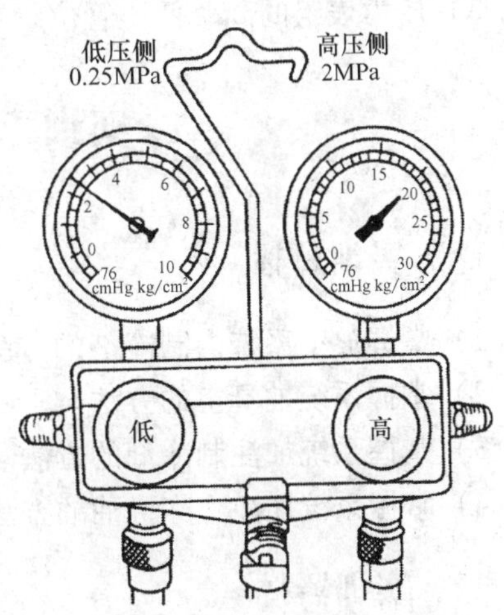

图8-9　高、低压侧压力均过高

经上述方法排除后，高、低压侧压力还是高，可能是加注制冷剂过程中没有将空气抽尽，系统内有空气，可更换干燥剂，清洁冷冻机油，重新加注制冷剂。

3）低压侧压力偏高，高压侧压力偏低，提高发动机转速时高、低压变化都不大，如图 8-10 所示。这种情况一般是压缩机工作不良造成的，应检查压缩机内阀片是否损坏、活塞及环是否磨损，并予以排除。

4）低压侧出现真空，高压侧压力过低，如图 8-11 所示。这种情况一般是膨胀阀感温包内的制冷剂完全泄漏，使膨胀阀打不开，制冷剂不流动，系统不能制冷。排除的办法是更换或拆修膨胀阀。

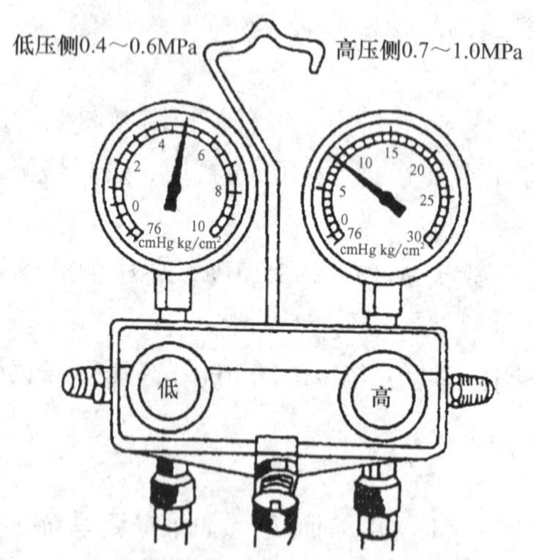

图 8-10　低压侧压力偏高，高压侧压力偏低

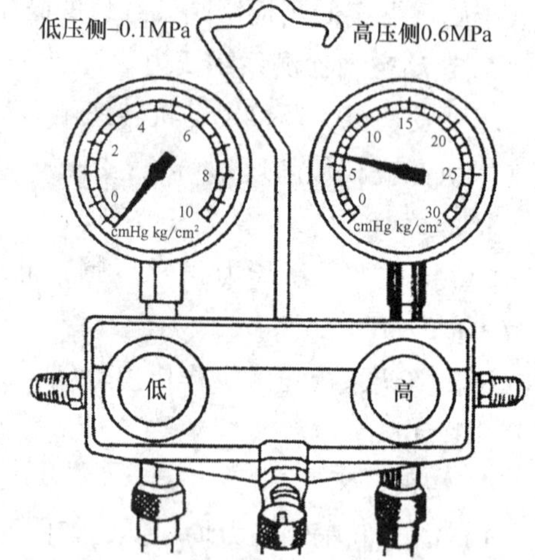

图 8-11　低压侧出现真空，高压侧压力过低

检测结束后，关闭发动机，卸掉压力表组，把检修阀的护帽旋回。

5. 注意事项

1）R12 与 R134a 制冷剂不可使用同一个压力表组。

2）检查过程中应注意旋转件，以免受伤。

3）压力表组的高、低压管位置不能接反。

实训三　空调系统的维护

一、实训目标

1）掌握放空系统内制冷剂的方法。

2）掌握系统抽真空的方法。

3）掌握系统加注制冷剂的方法。

4）掌握系统加注冷冻机油的方法。

二、实训器材

1）歧管压力表组 1 套，真空泵 1 个。

2）注入阀一个，制冷剂若干。

3）带空调系统的实训用车1辆。

三、实训内容

1. 放空制冷剂

（1）准备工作

1）将压力表组接入系统，调整控制器至最冷位置。

2）将发动机转速调至1000～1200r/min，并运行10～15min。

（2）放出制冷剂

1）恢复发动机正常转速，然后关闭发动机。

2）缓慢地开启高、低压侧手动阀，让制冷剂经过中间软管排出。

3）中间软管开口端应裹上白抹布，如果有冷冻油排出，必显示在抹布上。这时，应将手动阀关至刚好无冷冻机油排出。

4）表座上高、低压力表读数均为一个大气压时，说明系统已放空。

2. 系统抽真空

（1）准备工作

1）将压力表组上高、低压手阀打开，中间软管接在真空泵进口上。

2）拆除真空泵排气口护盖。

（2）抽真空

1）启动真空泵。

2）打开高、低压手动阀，观察压力表，指针应向下偏摆，略有真空显示。

3）真空泵运转10min之后，检查低压表读数是否大于79.8kPa（真空度）。如果真空度不到79.8kPa，应关闭高、低压手动阀，使真空泵停转，检查系统是否有泄漏，根据情况修理。如果没有找到泄漏，继续进行抽真空。

4）将系统压力抽真空至接近100kPa。关闭高、低压手动阀及真空泵，放置5～10min，如果压力上升大于3.4kPa，说明系统有泄漏，应检查排除后再进行抽真空工序。

5）如果低压表指针保持不动，继续进行抽真空30min以上。然后关闭高、低压手动阀，再关闭真空泵。

3. 加注制冷剂

（1）准备工作

1）按逆时针方向旋转注入阀手柄，直至阀针完全退回。

2）将注入阀装到制冷剂罐上，逆时针方向旋转板状螺母，直至最高位置，然后将制冷剂注入阀顺时针拧动，直到注入阀嵌入制冷剂密封塞。

3）将板状螺母顺时针方向旋转到底，再将压力表组上的中间软管接到注入阀接头上。用手拧紧板状螺母。

（2）高压端充注

1）如图8-12所示，将歧管压力表组与系统检修阀、制冷剂罐连接好。

2）用制冷剂排除连接软管内的空气，具体方法是：先关闭高、低压手动阀，拆开高压端检修阀和软管的连接，然后打开高压手动阀，最后打开制冷剂罐上的阀门。当软管排出制冷剂气体后，迅速将软管与检修阀连接，并关闭高压手动阀。用同样的方法清除低压端连接软管内的空气，然后关闭高、低压手动阀及制冷剂罐上的阀门。

3）将制冷剂罐倾斜倒置于磅秤上，并记录起始质量。

4）打开制冷剂罐上的阀门，然后缓慢打开高压手动阀，制冷剂注入系统内，当磅秤指示到达规定质量时，迅速关闭制冷剂阀门。

5）关闭高压手动阀，充注结束。

注意：高压端充注制冷剂时，严禁开启空调系统，也不可打开低压手动阀。

（3）低压端充注

1）如图 8-13 所示，将歧管压力表组与系统检修阀、制冷剂罐连接好。

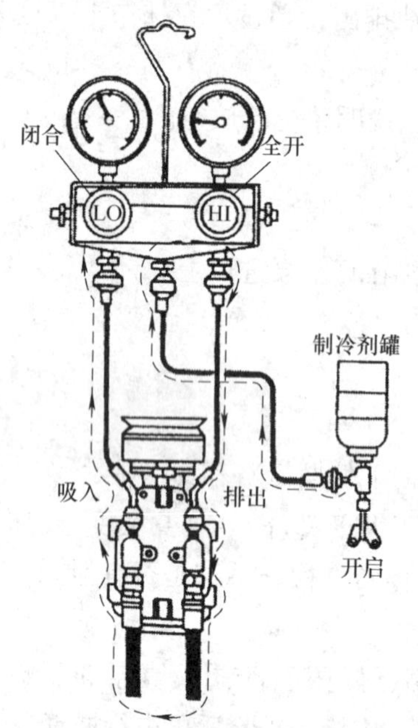

图 8-12　高压端充注法

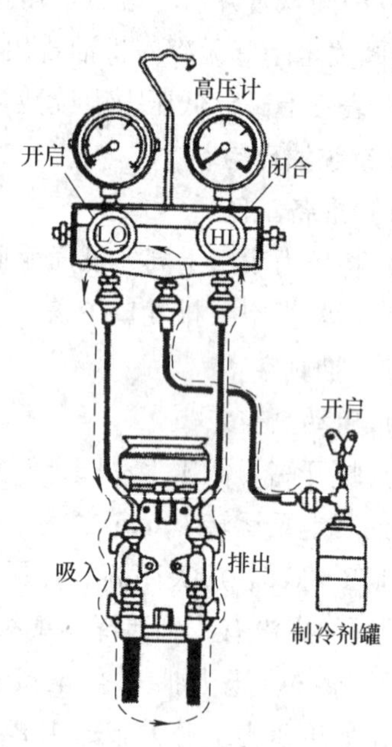

图 8-13　低压端充注法

2）用制冷剂排除连接软管内的空气。

3）将制冷剂罐直立于磅秤上，并记录起始质量。

4）打开制冷剂罐阀门，然后打开低压手动阀，向系统充注气态制冷剂。

5）起动发动机并将其转速调整在 1250～1500r/min，接通空调开关，把风机开关和温度控制开关开至最大。

6）当制冷剂充至规定质量时，先关闭低压手动阀，然后关闭制冷剂阀门。

7）关闭空调开关，停止发动机运转，迅速将高、低压软管从检修阀上拆下。

注意：低压端充注时，瓶罐为直立，高压手动阀处于关闭位置。

（4）观察制冷剂充注量　制冷剂充注量是否合适可从几方面观察：

1）压力表观察：对于 R12 制冷剂系统，发动机转速为 2000r/min，风机转速为最高档，

气温为 30 ~ 35℃时，系统内低压侧压力应为 0.15 ~ 0.19MPa，高压侧压力应为 1.37 ~ 1.67MPa。R134a 制冷剂系统压力稍低。

2）贮液干燥器上视液窗观察：系统工作时视液窗内清亮、无气泡，可观察到有液体流动。

3）参照厂方提供的手册加注。

（5）注意事项

1）由于目前汽车空调制冷系统所用制冷剂有 R12 和 R134a 两种，因此，加注前首先要查明系统所用制冷剂类型。

2）加注制冷剂前注意排空连接软管内的空气，特别是用小罐加注时，每次换罐后都要对连接软管内空气进行排空。

3）加注后，拆卸软管时应注意防止软管内残留的制冷剂损伤眼睛及皮肤。

4. 冷冻机油添加

（1）压缩机冷冻机油油量的检查　压缩机冷冻机油油量的检查方法一般有两种：

1）观察视镜。通过压缩机上安装的视镜玻璃，可观察冷冻机油油量。如果压缩机冷冻机油油面达到观察高度的 80% 位置，一般认为是合适的；如果油面在这个界限之下，则应添加冷冻机油；如果在这个位置之上，则应放出多余的冷冻机油。

2）观察油尺。未装视镜玻璃的压缩机，可用油尺检查其油量。这种压缩机有的只有一个油塞，油塞下面有的装有油尺，有的没有油尺，需要另外用专用油尺插入检查。观察油面的位置是否在油尺规定的上、下限之间。

（2）添加冷冻机油　添加冷冻机油一般可在系统抽真空之前进行，添加方法有：

1）直接加入法。将冷冻机油装入干净的量瓶里，从压缩机的旋塞口直接倒入即可，这种方法适合于更换蒸发器、冷凝器和贮液干燥器时采用。

2）真空吸入法。如图 8 - 14 所示，首先将系统抽真空到 100kPa；准备一个带刻度的量杯并装入稍多于所添加量的冷冻机油；关闭高压手动阀及辅助阀门，将高压软管一端从歧管压力表组上卸下，并插入量杯中；打开辅助阀门，冷冻机油从量杯内被吸入系统；当油面到达规定刻度时，立即关闭辅助阀门；将软管与歧管压力表组连接，打开高压手动阀，启动真空泵，先对高压软管抽真空，然后打开辅助阀门对系统抽真空。

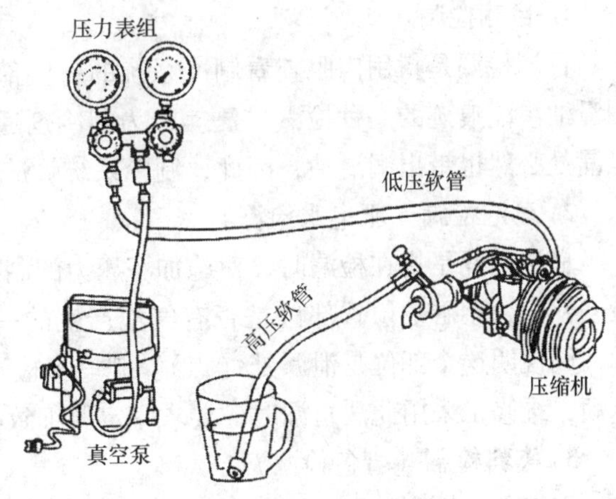

图 8 - 14　真空吸入法

（3）确定冷冻机油添加量

1）系统新加油量。新装汽车空调系统中，只有压缩机内装有冷冻机油，油量一般为 280 ~ 350g。不同型号的压缩机内充油量也不同，具体可查看供应商手册。

2）补充油量。维修当中，如果更换了系统部件或管路，由于这些部件中残存有冷冻机油，因此，更换的同时应当向系统内补充冷冻机油。如果更换压缩机，新压缩机内原有油量应减去上述部件残存油量上限之和。

（4）注意事项

1）R12 与 R134a 制冷剂所用冷冻机油牌号不同，因此，添加冷冻机油时应注意避免混淆。

2）添加时应保证容器的洁净，防止水分或杂物混入油中。

实训四　空调系统的检漏

一、实训目标

掌握常用的汽车空调系统检漏方法。

二、实训器材

1）装备有空调系统的实训用车 1 辆。

2）检漏灯、检漏仪、真空泵各 1 台。

3）肥皂水、染料按需要配置。

三、实训内容

1. 目测检漏

目测检漏是指用肉眼查看制冷系统的一些部位（特别是制冷系统的管接头）是否有润滑油渗漏痕迹的一种检漏方法。因为制冷剂通常与润滑油（冷冻机油）互溶，所以在泄漏处必然也带出润滑油，因此，制冷系统管道有油迹的部位就是泄漏处。

2. 皂泡检漏（肥皂水检漏）

皂泡检漏是指在检漏时，对施加了压力的制冷系统，用毛刷或棉纱蘸肥皂水涂抹在被检查部位，察看被检查部位是否有气泡产生的一种检漏方法。若被检查的部位有气泡产生，则说明这个部位是泄漏处（点）。肥皂水检漏法简便易行，而且很有效，但操作比较麻烦，维修工采用此法检漏时，要求一定要细致、认真。

3. 染料检漏（着色检漏）

把黄色或红色的染料溶液通过表座引入空调系统确定冷漏点或压力漏点，是个理想的方法。染料能指示出漏点的准确位置，因为漏点周围有红色和黄色两种染料积存，并且不会影响系统的正常运行。

有的制冷剂中含有染料，如杜邦公司生产的加有红色染料的制冷剂 R-12（名字叫 Dytel），其注入空调系统的方法和注入 R-12 的方法完全一样。

4. 检漏灯检漏

检漏灯（卤素灯）检漏是指在检漏时，利用卤素与吸入的制冷剂燃烧后产生的不同

颜色火焰进行检漏的一种方法。

5. 电子检漏仪检漏

检查时，应当遵照电子检漏仪制造厂家的有关规定，按使用步骤进行检查。

6. 抽真空检漏（负压检漏）

抽真空检漏即通过做气密性试验进行检漏，是对制冷系统抽真空以后，保持一段时间（至少60min），观察系统中的真空压力表指针是否移动（即真空度是否发生变化）的一种检漏方法。要指出的是，采用这种方法检漏只能检查制冷系统是否泄漏，而不能确定泄漏的具体部位。

7. 加压检漏（正压检漏）

加压检漏是将1.5～2MPa压力的氮气、二氧化碳或混有少量制冷剂的氮气、二氧化碳等介质加入制冷系统中，再用肥皂水或卤素检漏灯进行检漏的一种方法。这种方法常用于空调制冷系统中的制冷剂全部漏光时的检漏。要注意的是，在高压条件下操作时，尽量不要用空气压缩机加压或制冷系统本身的压缩机加压，因为这样会使制冷系统带入一部分水分。

实训五　空调系统的检查与故障诊断

一、实训目标

1）掌握空调系统技术状况的基本判断方法。

2）掌握空调系统常见故障的诊断方法。

二、实训器材

1）歧管压力表组1套，真空泵1个。

2）扳手、万用表、带接线插连接导线按需要配置。

3）带空调系统的实训用车1辆。

三、实训内容

1. 基本判断

基本方法是指根据看、听、摸等方式直观感觉故障的部位。

（1）看

1）查看仪表板上的压力、冷却液温度、油压及各性能指示灯是否显示正常。观察各条软管有无磨损、老化、鼓泡、裂纹和渗漏。

2）观察冷凝器、蒸发器及管路连接处是否有油污，如果有，则说明有制冷剂和冷冻机油泄漏。

3）观察系统部件和管路接头处是否有结霜、结冰现象。

4）从贮液干燥器视液窗观察制冷剂量。

（2）听

1）耳听压缩机、送风机、排风机是否有异常声音。作为维修人员，还应当仔细了解、听取驾驶人对故障现象的描述。

2）空调制冷系统正常的运转声应是：只能听到压缩机有清脆而均匀的阀片跳动声。如果有敲击声，一般是制冷剂的“液击”声或是敲缸声；如果有摩擦声，可能是压缩机负荷太大，润滑油不足或者断油以及离合器打滑等。

（3）摸

1）打开空调开关，使制冷压缩机运转15～20min。用手摸空调系统管路各部件的温度，正常情况下，高压端的管路为55～65℃，而低压端管路呈低温状态，低压端的部件和管路、连接部分都会出现结露。

2）用双手小心触摸高压区，特别是高压端金属部件，感觉较热而不烫手为正常；如果感觉烫手，首先检查冷凝器的冷却是否良好，冷凝器表面是否清洁而无杂物，风扇的风量是否过小；如果高压端感觉热度不够，则为制冷剂过少；如果没有温度，则为制冷剂漏光。

3）若储液器上出现霜冷或水露，说明干燥剂破碎并堵住制冷剂流动管道。

4）膨胀阀的手感温度是比较特殊的，它的制冷剂进口连接处较热，而出口连接处较凉，有水露，这些都是正常现象。如果发现膨胀阀出口处有霜冷现象，则说明膨胀阀的阀口已经堵塞，必须马上处理。

5）低压管的手感冰凉，有水露，但不应该有霜冷。若有霜冷则说明系统有问题，可能是膨胀阀感温包内的传感液体已经漏光，应更换一个新的；也可能是制冷剂太多需要放掉一些，或者是蒸发器的温度传感器、恒温器或压力开关出现故障。

6）用双手触摸压缩机的进气口和排气口，手感温度应该有明显的差别。如果没有温度差别，则说明制冷剂全部漏光；如果差别不大，则说明制冷剂量不足。

2. 检查观察孔

汽车空调大多数装配有观察孔来观察制冷系统内部工质的流动状况，通过观察孔检查制冷工质的方法是：起动发动机，转速稳定在1500～1750r/min，制冷压缩机运行5min。擦干净观察孔的玻璃，把空调功能键置于MAX（最大制冷）位置，吹风机（包括空调器和冷凝器风机）置于最高转速，这时可从观察孔中看到如图8-15所示的几种情况。

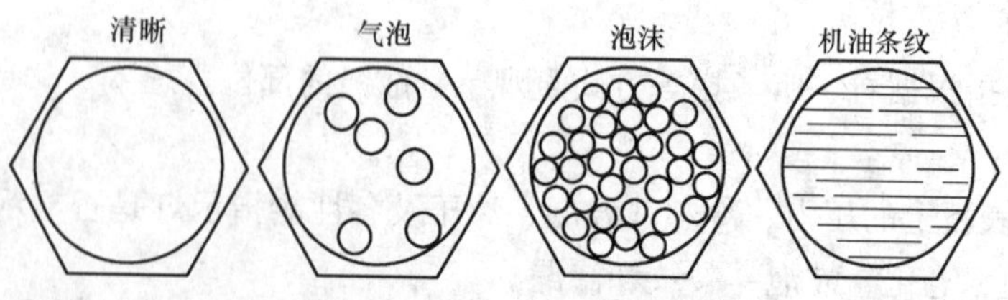

图8-15 检查观察孔

（1）清晰（孔内无气泡，也看不见液体流动） 这种状态可能是系统内制冷剂全部泄漏光，应立即关掉发动机，检查制冷系统制冷剂泄漏的原因；如果压缩机进气管和排气管温差明显，则可能是制冷剂量过多，必须把多余的制冷剂排除；若暂停压缩机工作，空

调系统其余部分仍然工作时，45s 后在观察孔上可以看到少许的气泡通过，则制冷剂适量。

（2）气泡（偶尔能看到少量气泡缓慢地流过） 说明制冷剂量稍有不足或制冷系统的干燥剂已经饱和，制冷剂内有水分混入。若膨胀阀有结霜现象，并且从观察孔有时可看到干燥剂变颜色，则系统制冷剂含有水分，应马上更换干燥剂。

（3）泡沫。说明系统内制冷剂量严重不足，并且有大量水分和空气进入系统。

（4）油斑（观察孔的玻璃上有条纹状的油渍或黑油状泡沫）。若进、排气口有明显温度差，停止压缩机后空调其余部分仍在工作，孔内玻璃的油渍干净，说明系统制冷剂量略少，冷冻机油油量过多，此时应想办法从系统内释放一些冷冻机油，再加入适量的制冷剂。若压缩机进、排气管有明显温差，当压缩机停止工作后空调其余部分仍在工作时，玻璃上留下的油渍是黑色或有其他杂物，则说明系统内的冷冻机油变质，必须清洗制冷系统；若压缩机进、排气阀门没有明显的温差，空调器出口也没有冷气出来，说明制冷剂全部漏光，观察孔玻璃镜上油斑是冷冻机油。

3. 压力表组检测

制冷系统工作时，内部压力变化与温度是密切相关的，这正是进行仪表诊断的依据。根据压力的变化情况，可进一步诊断出系统可能出现故障的原因及部位。

4. 故障诊断

制冷系统的故障经常用系统内各部位的压力进行分析，制冷效果、制冷剂泄漏也是分析事故的重要依据。电气系统方面的故障常表现为：电气元件损坏，熔丝烧断、触头接触不良、过载烧坏、电动机不工作等，这些故障使制冷循环停止工作，并且常伴有异味、过热等现象；机械元件出现异常一般为压缩机、风机、带轮、离合器、膨胀阀、轴封、换热器、轴承、阀片等出现故障。

汽车空调系统故障包括电气故障、功能部件的机械故障、制冷剂和冷冻机油引起的故障等。这些故障集中表现为系统制冷不足、不制冷或异响等。

（1）系统制冷不足 空调系统长时间运行，车厢内温度能够下降，但吹风口吹出的风不冷，没有清凉舒适的感觉，制冷量不足。故障原因主要有：

① 压缩机离合器打滑。

② 出风通道空气不足。

③ 鼓风机的电动机运转不顺畅。

④ 外面空气管道开着。

⑤ 冷凝器周围的空气流通不够，高压表读数过高。

⑥ 蒸发器被灰尘等异物堵住。

⑦ 蒸发器控制阀损坏或调节不当，低压表读数太高。

⑧ 制冷剂不足，观察玻璃处有气泡，高压表读数太低。

⑨ 膨胀阀工作不正常，高、低压表读数过高或过低。

⑩ 储液干燥器被细网堵住，高、低压表读数比正常高或低。

⑪ 系统有水汽，高压侧压力过高。

⑫ 系统有空气，高压表值过高，观察玻璃处有气泡或呈云雾状态。

故障排除方法有：

① 拆下电磁离合器总成，修理或更换。

② 清洗或更换空调空气滤清器，清除通道中的阻碍物，排顺绕住的空气管。

③ 更换鼓风机电动机。

④ 关闭外循环空气通道。

⑤ 清洁发动机散热器和冷凝器，安装强力风扇、风扇挡板，或重新摆好散热器和冷凝器的位置。

⑥ 清洗蒸发器管道和散热片。

⑦ 向系统充注制冷剂，直至气泡消失，压力读数稳定为止。

⑧ 清洗或更换储液干燥器、膨胀阀。

⑨ 按需要更换或调节阀门。

⑩ 放空制冷剂，对空调系统抽真空，重新加注制冷剂。

（2）系统不制冷　起动发动机并将转速稳定在1500r/min左右运行2min，打开空调开关及鼓风机开关，冷气口无冷风吹出。制冷系统不能产生冷空气，失去制冷作用。故障原因主要有：

① 传动带太松或断裂。

② 压缩机不工作，传动带在带轮上打滑，或者离合器接合后带轮不转。

③ 压缩机阀门不工作，发动机不同转速时，高、低压表读数仅有轻微变动。

④ 膨胀阀不能关闭，低压表读数太高，蒸发器流出液体制冷剂。

⑤ 熔断器熔断，接线脱开或断线，开关或鼓风机的电动机不工作。

⑥ 制冷剂管道破裂或泄漏，高、低压表读数为零。

⑦ 储液干燥器或膨胀阀中的细网堵死，软管堵死，通常在限制点起霜。

故障排除方法有：

① 拉紧传动带或更换传动带。

② 拆下压缩机，修理或更换。

③ 修理或更换压缩机阀门。

④ 更换膨胀阀。

⑤ 更换熔断器、导线，修理开关或鼓风机的电动机。

⑥ 换管道，进行系统检漏，修理或更换储液干燥器。

⑦ 修理或更换储液干燥器。

项目九　汽车整车电路

实训一　电路常用检测工具的使用

一、实训目标

掌握汽车电器常用检测工具：跨接线、试灯、万用表（指针式和数字式）、示波器、故障诊断仪等的正确使用方法。

二、实训器材

跨接线、试灯、万用表（指针式和数字式）、示波器、故障诊断仪等。

三、实训内容

1. 认识跨接线

简单的跨接线就是一段多股导线，它的两端分别接有鳄鱼夹或不同形式的插头，如图 9 - 1 所示。

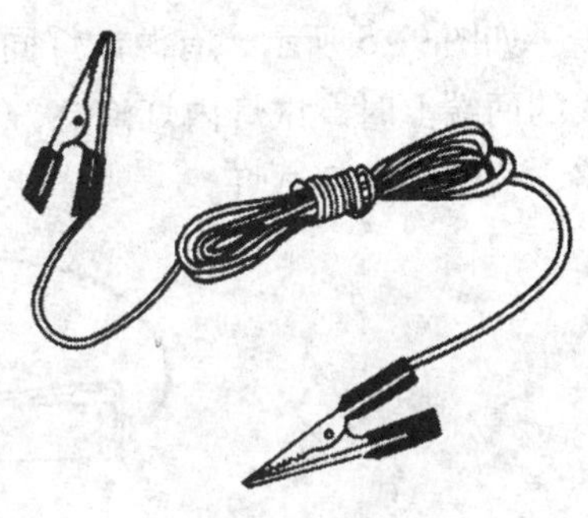

图 9 - 1　跨接线

跨接线虽然比较简单，但却是非常实用的工具，怀疑电路存在故障时，它可用来检查熔断器是否熔断；也可用于短接插接器，以确定插接器是否接触不良；或是用于检验电路搭铁线是否可靠。但在使用跨接线检查电路时应注意，切勿将跨接线直接跨接在蓄电池的两端或蓄电池正极和搭铁之间。跨接线的使用方法如图 9 - 2 所示。

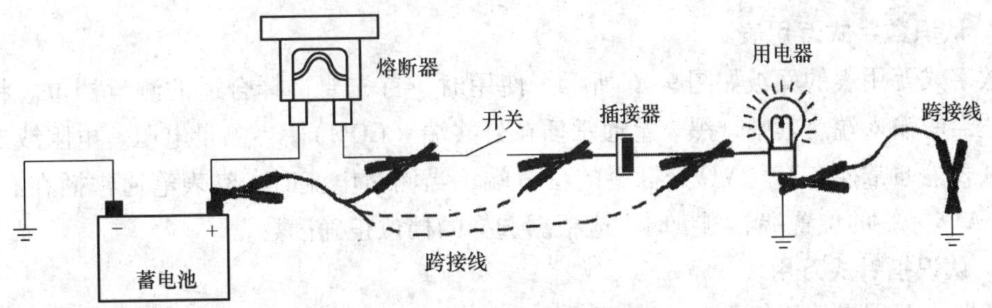

图 9 - 2　跨接线的使用方法

2. 认识试灯

（1）无源试灯　无源试灯由试灯、导线和各种型号端头组成，如图 9 - 3 所示，它主要用来检查电路各部位是否有电。

使用无源试灯时，可如图9-4所示，将其一端搭铁，另一端接被测电路。如果试灯亮，说明所测部位有电；如果试灯不亮，可继续检测下一个接点；如果下一个接点亮，则表明前、后两个接点之间存在断路故障。

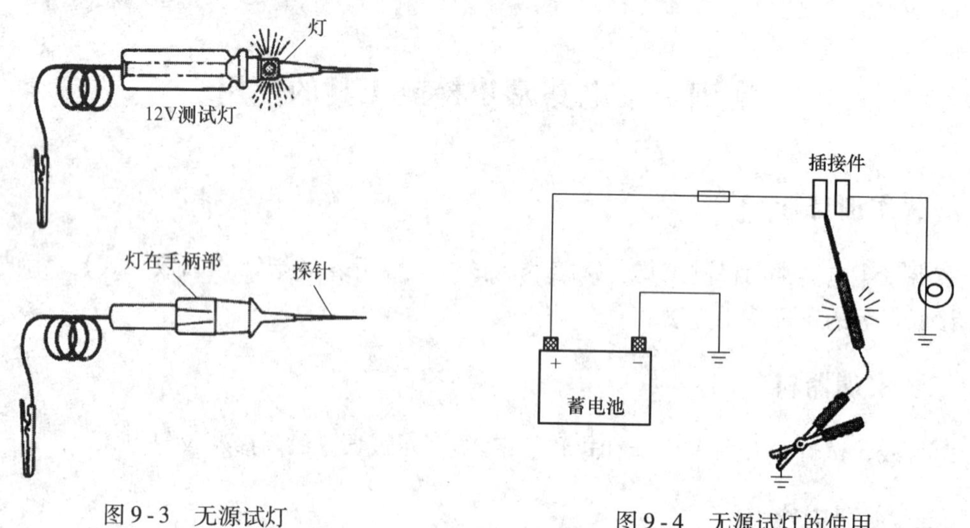

图9-3　无源试灯

图9-4　无源试灯的使用

（2）有源试灯

如图9-5所示，有源试灯同无源示灯类似，只是自带一个电池电源，连接到一条导线的两端上时，试灯内灯泡亮，可用于测试线路的通、断。不能用有源示灯测试带电电路，否则会损坏试灯。

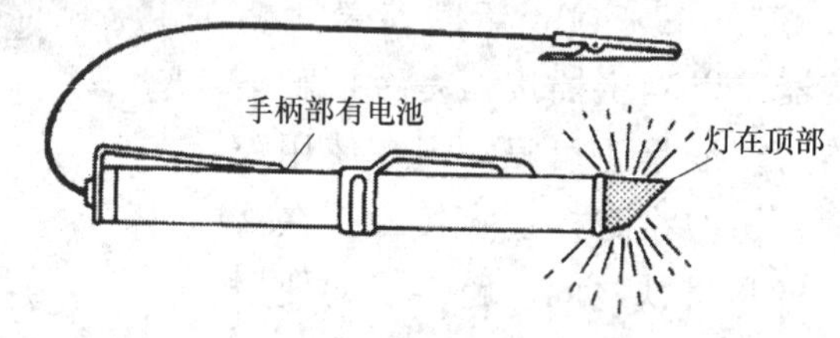

图9-5　有源试灯

3. 认识数字式万用表

数字式万用表的面板如图9-6所示。使用时，首先要选择合适的测量档位。将表笔放在适当的输入端。其中，黑表笔通常插在公共端（COM）。当测量电压、电阻或二极管时，红表笔通常插在有“VΩ”标签的位置端；当测量电流时，红表笔通常插在有“A”或“mA”标签的位置端。测量时，应根据选择的档位正确读数。

4. 认识指针式万用表

指针式万用表的面板如图9-7所示。由于指针式万用表比高阻抗的数字式万用表有更高的输出，在测量二极管和电子元器件的电阻值时比数字式万用表更精确。检测时要注意，车辆上的电路极大部分是晶体管电路，当检查这些电路电阻时，要用10MΩ或更大阻抗的万用表。另外，要确认被测电路的电源已经断开。否则，由汽车电气系统供电的电路会损坏设备或提供虚假读数。

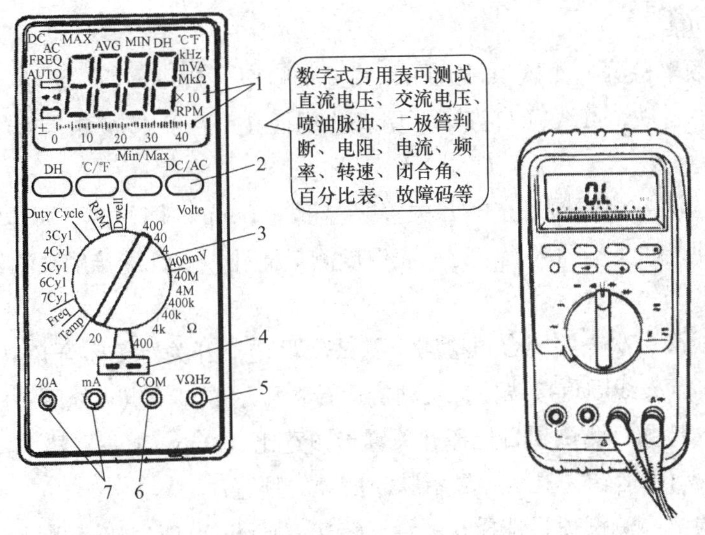

图 9-6　数字式万用表

1—LCD 显示器　2—交/直流选择开关　3—功能开关　4—晶体管测试插座　5、6、7—表笔插孔

5. 认识汽车万用表

汽车万用表具有数字式万用表的一切优点，并使其扩展至汽车检测领域，其面板形式不尽相同，但功能相近。图 9-8 所示为汽车万用表外形。

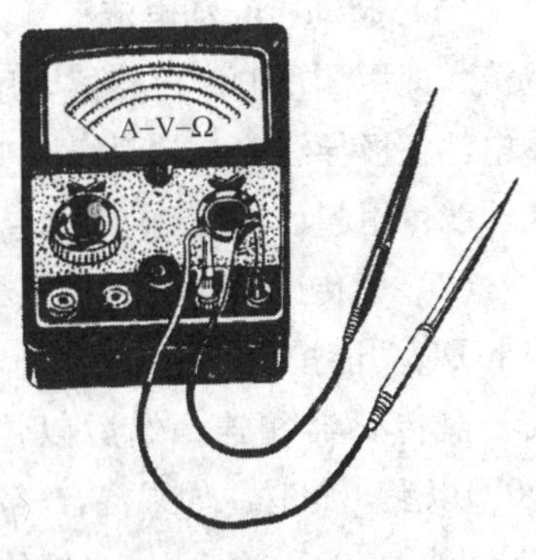

图 9-7　指针式万用表

汽车万用表可测量交、直流电压与电流、电阻、频率、电容、占空比、温度、闭合角、转速，也有一些新功能，如自动断电、自动变换量程、模拟条图显示、峰值保持、数据锁定、电池测试等。为实现某些功能，汽车万用表还配有一套配件，如热电偶适配器、热电偶探头、电感式拾取器及 AC/DC 感应式电流钳等。

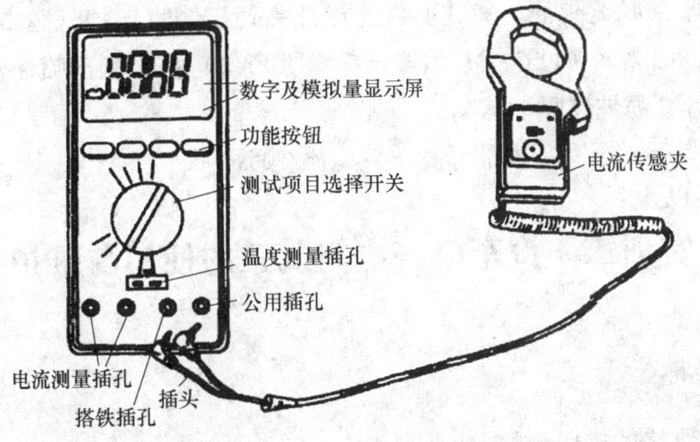

图 9-8　汽车万用表外形

汽车万用表已成为汽车修理技术人员必备的工具之一。它除具备一般常规功能外，还

具有以下特殊功能：

（1）信号频率检测　测试项目选择开关置于频率（Fred）档，黑线（自汽车万用表搭铁插孔引出）搭铁，红线（自汽车万用表公用插孔引出）接被测信号线，显示屏显示被测频率。

（2）温度检测　测试项目选择开关置于温度（Temp）档，按下功能按钮（℃/℉），黑线搭铁，探针线插头端插入汽车万用表温度测量插孔，探针端接触被测物体，显示屏显示被测温度。

（3）点火线圈一次电路闭合角检测　测试项目选择开关置于闭合角（Dwell）档，黑线搭铁，红线接点火线圈负接线柱，发动机运转，显示屏显示点火线圈一次电路闭合角。

（4）频宽比检测　测试项目选择开关置于频宽比（Duty Cycle）档，黑线搭铁，红线接电路信号，发动机运转，显示屏显示脉冲信号的频宽比。

（5）转速检测　测试项目选择开关置于转速（r/min）档，转速测量专用插头插入搭铁插孔与公用插孔中，感应式转速传感器（汽车万用表附件）夹在某一缸的点火高压线上，发动机运转，显示屏显示发动机转速。

（6）起动机起动电流检测　测试项目选择开关置于“400V”档（1mV 相当于 1A 的电流，即用测量电流传感器电压的方法来测量起动机起动电流），把霍尔电流传感器夹在蓄电池正极导线上，其引线插头插入电流测量插孔，按下最小/最大功能按钮，拆下点火高压线，用起动机转动曲轴 2 ~ 3s，显示屏显示起动电流。

（7）氧传感器检测　拆下氧传感器线束插接器，测试项目选择开关置于“4V”档，按下 DC 功能按钮，使显示屏显示“DC”，再按下最小/最大功能按钮，将黑线搭铁，红线与氧传感器相连；然后以快怠速（2000r/min）运转发动机，使氧传感器温度达到360℃以上。此时，如果混合气浓，氧传感器输出电压为 0.8V；如果混合气稀，氧传感器输出电压为 0.1 ~ 0.2V。当氧传感器温度低于 360℃时（发动机处于开环工作状态），氧传感器无电压输出。

（8）喷油器喷油脉宽测量　测试项目选择开关置于频宽比档，测出喷油器工作脉冲频率的频宽比后，把测试项目选择开关置于频率（Fred）档，测出喷油器工作脉冲频率，然后按下面公式计算喷油器喷油脉宽：

喷油脉宽 = 频宽比/喷油频率

实训二　汽车电路中间装置的使用与维护

一、实训目标

1）掌握导线维修的操作步骤。

2）掌握汽车开关、熔断器、继电器等中间部件的检测。

3）掌握汽车插接器的拆装与检测。

二、实训器材

1）汽车线束、开关、熔断器、继电器、插接器 2～4 个。

2）试灯、万用表、带接线插连接导线按需要配置。

三、实训内容

1. 导线维修

大多数制造商推荐所有导线应用焊接方式进行维修。维修导线时，重要的是要根据电路图进行正确的操作。

1）从每 1 根需要维修绞接的导线去掉 12. 7mm（约 1/2in）的绝缘层。

2）准备 1 根具有黏性衬的热装管置于导线一侧。要确保管子足够长以覆盖并封住整个修理区。

3）将导线的多股线相互搭叠放在插接器夹内，如图 9 - 9 所示。

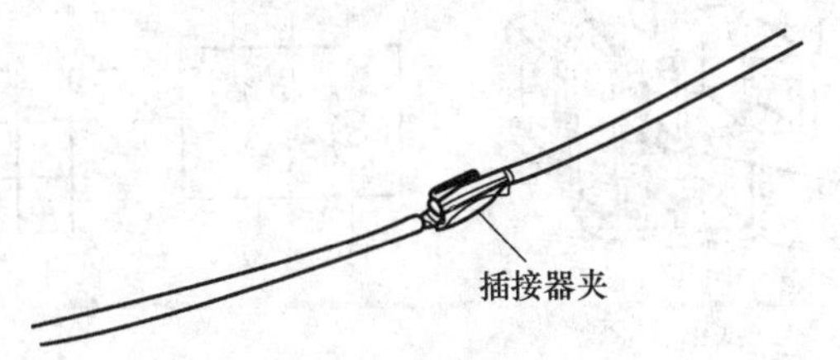

图 9 - 9　插接器夹

4）用压接工具将插接器夹和导线卷缩在一起，如图 9 - 10 所示。

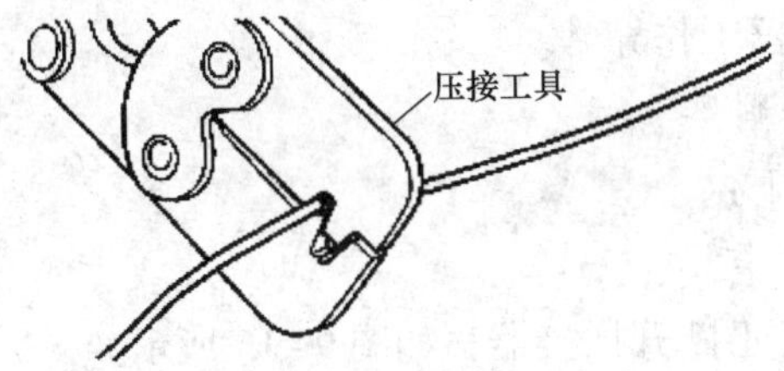

图 9 - 10　压接工具

5）用松香心型焊锡丝将连接处焊接在一起，如图 9 - 11 所示。

6）热缩管的连接用喷枪加热并使连接点处于热缩管的中央位置。加热连接处直到管子紧紧封住并使焊液从管子两端流出，如图 9 - 12 所示。

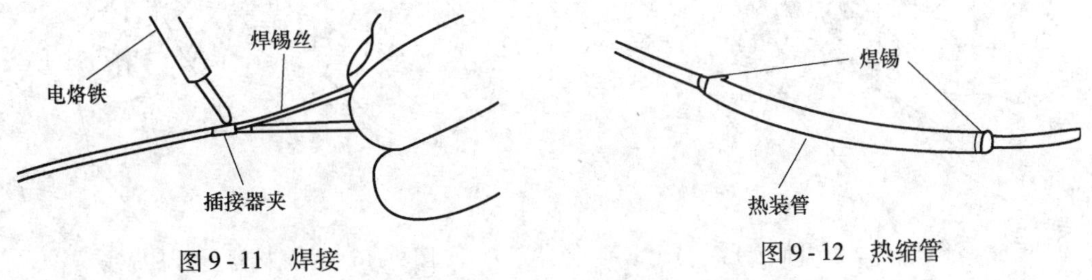

图 9 - 11　焊接

图 9 - 12　热缩管

2. 开关的检测

将开关拨到相应的位置，用万用表电阻档检测对应的端子间电阻，接触电阻不能超出范围。

3. 熔断器的检查

可用观察法检查，也可用万用表电阻档测量熔断器是否熔断，如图 9-13 所示。

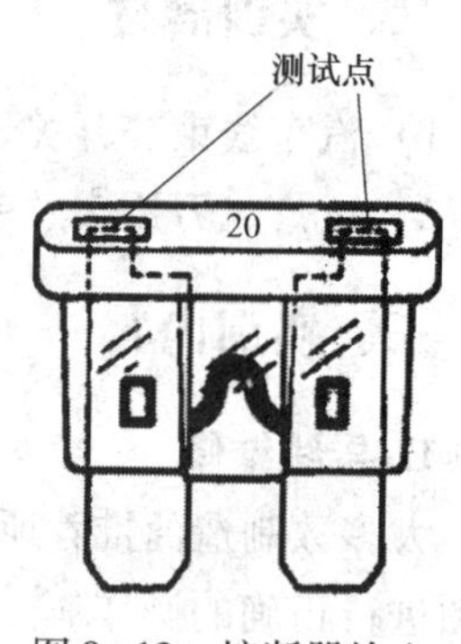

图 9-13　熔断器检查

4. 继电器的检测

（1）开路检测　采用万用表测阻法，以图 9-14 所示的继电器为例，用万用表 R×100Ω 档检查：如果①脚—②脚、③脚—④脚通，③脚—⑤脚电阻为∞，则正常；否则，说明继电器工作异常。

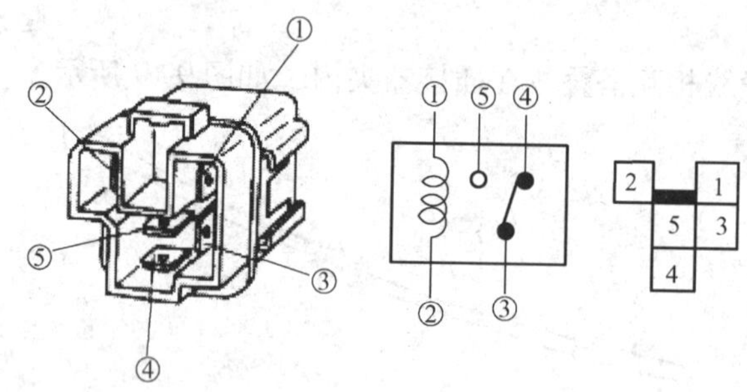

图 9-14　继电器的检测

（2）加电检测　在①脚和②脚之间加 12V 电压，则③脚—④脚不通、③脚—⑤脚通为正常；否则，说明继电器工作异常。

5. 插接器的拆装与检测

插接器的拆卸方法如下：

1）断开蓄电池电缆。

2）从其配对的元器件上断开插接器，如图 9-15 所示。

3）压下黄色接头上的锁止凸舌，以松开端子。

4）用专用工具压端子并将导线从插接器上拆下，如图 9-16 所示。

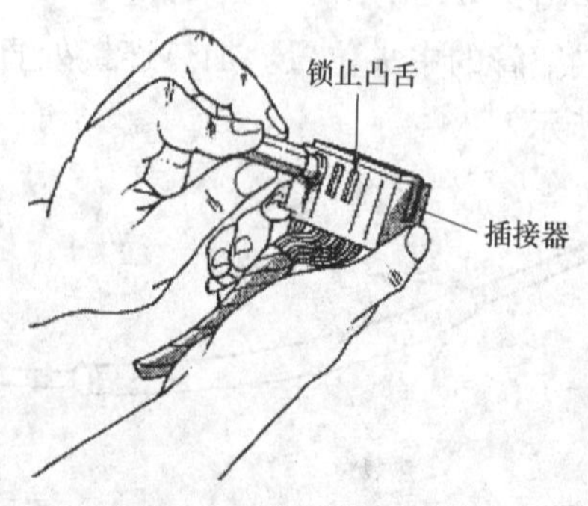

图 9-15　断开插接器

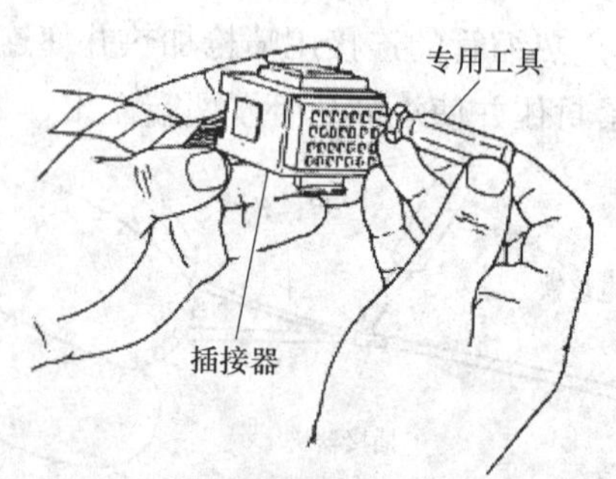

图 9-16　从插接器上拆下导线

5）修理或更换端子。

插接器的安装方法如下：

1）使锁止凸舌复位。

2）将拆下的导线插入修理插头原来的插孔中。

3）重复插入插接器上的每根导线，确保所有导线都插入正确的插孔中。

4）在重新组装插接器时，锁止凸舌必须放到锁定位置，以防端子脱出。

5）将插接器连接到其配对的一半/元件中。

6）连接蓄电池并测试所有受影响的系统。

线路的检测：在检查线路的电压或导通情况时，不必脱开插接器，只用万用表两探针插入插接器尾部的线孔内进行检查即可。

实训三　典型汽车电路图的识读

一、实训目标

1）掌握典型轿车电路图的识读方法。

2）能够根据汽车电路图分析电路工作过程。

二、实训器材

桑塔纳2000GSi 型轿车电路图，别克君威轿车电路图，日产天籁轿车电路图。

三、实训内容

1. 大众车系电路图的识读

（1）电路图的特点　如图9-17所示，在大众轿车电路图中，中央接线盒位于最上方，其上各横线的含义为：

30 号线——常火线，直接与蓄电池正极相连，不受点火开关控制。

15 号线——点火线，从点火开关15 号接线柱引出，受点火开关控制。

X 号线——卸荷继电器控制线，受点火开关控制，除了起动瞬间必须断开卸荷外，平时与15 号线通电情况相同。

31 号线——中央接线盒内的搭铁线，通过继电器盒内的搭铁铜片后，与车身相连，即接蓄电池的搭铁线。

50 号线——起动机控制线，仅在起动时有电。

搭铁线——电路图中最下部的横线。

电路图最下端通过编号坐标标注图中各线路的位置，各线路平行排列，每条线路对准下框线上的一个编号。图中一般不允许横向交叉跨度较大的走线，横向连接的走线采用断口标注的方式表示，即线路断口处标注为与之相连的另一段线路所在图中的位置编号。

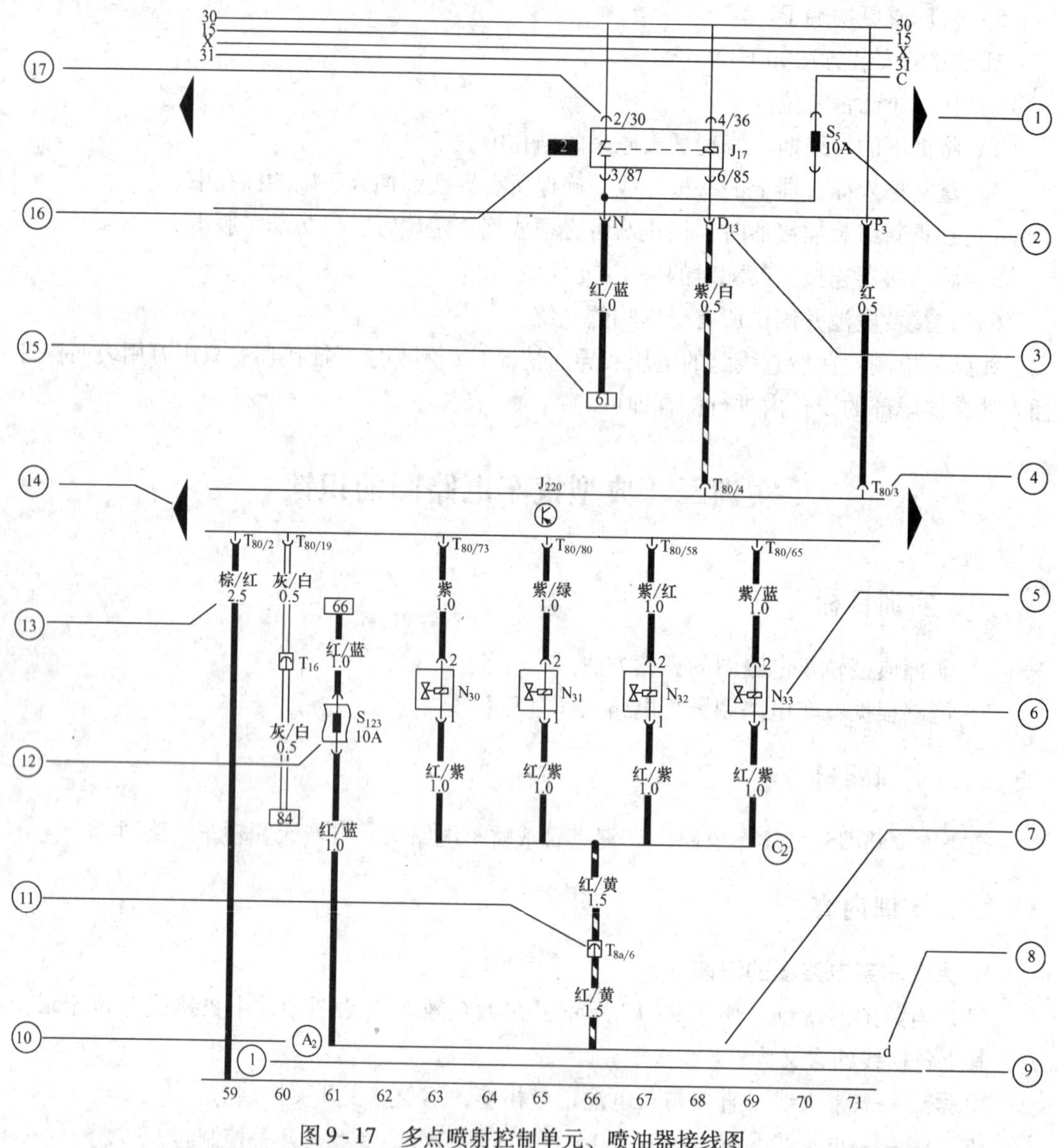

图 9-17 多点喷射控制单元、喷油器接线图

（2）中央接线盒的布置 桑塔纳2000GSi 型轿车所有的电路都经过中央接线盒。图 9-18 为中央接线盒正面继电器位置布置图，图 9-19 为中央接线盒正面熔断器位置布置图，图 9-20 为中央接线盒反面布置图。在中央接线盒上除了有各系统线路的插接器外，还布置了各继电器和熔断器。

（3）电路图中符号的含义 以图 9-17 为例，在大众轿车电路图中，各符号的含义如下：

① 为三角箭头，表示下接下一页电路图。

② 为熔断器代号，图中 S_5 表示该熔丝位于熔断器座第 5 号位，10A。

③ 为继电器板上插头连接代号，表示多针或单针插头连接和导线的位置，例如 D_{13} 表示多针插头连接，D 位置触点 13。

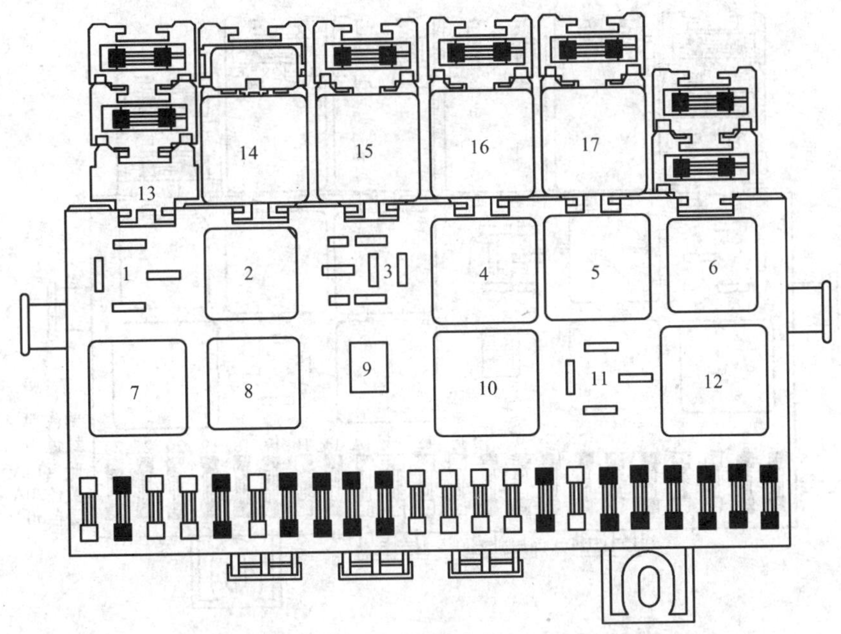

图9-18　中央接线盒正面继电器位置布置图

1、3、9、11—空位　2—燃油泵继电器　4—冷却液风扇继电器　5—空调组合继电器　6—双音喇叭继电器　7—雾灯继电器　8—X-接触继电器　10—刮水继电器　12—转向灯继电器　13—诊断线插座　14—电动门窗自动下降继电器　15—摇窗机延时继电器　16—内顶灯延时继电器　17—压缩机切断继电器

④ 为接线端子代号，表示电器元件上接线端子数/多针插头连接触点号码。

⑤ 为元件代号，在电路图下方可以查到元件的名称。

⑥ 为元件的符号，可参见电路图符号说明。

⑦ 为内部接线（细实线），该接线并不是作为导线设置的，而是表示元件或导线束内部的电路。

⑧ 为指示内部接线的去向，字母表示内部接线在下一页电路图中与标有相同字母的内部接线相连。

⑨ 为接地点的代号，在电路图下方可查到该代号接地点在汽车上的位置。

⑩ 为线束内连接线的代号，在电路图下方可查到该不可拆式连接位于哪个导线束内。

⑪ 为插头连接，例如 $T_{8a/6}$ 表示8针a插头触点6。

⑫ 为附加熔丝符号，例如 S_{123} 表示在中央电器附加继电器板上的第23号位熔丝，10A。

⑬ 为导线的颜色和截面积（单位：mm^2）。

⑭ 为三角箭头，指示元件接续上一页电路图。

⑮ 为指示导线的去向，框内的数字指示导线连接到哪个接点编号。

⑯ 为继电器位置编号，表示继电器板上的继电器位置编号。

⑰ 为继电器板上的继电器或控制器接线代号，该代号表示继电器多针插头的各个触点。例如2/30中，2表示继电器板上2号位插口的触点2，30表示继电器/控制器上的触点30。

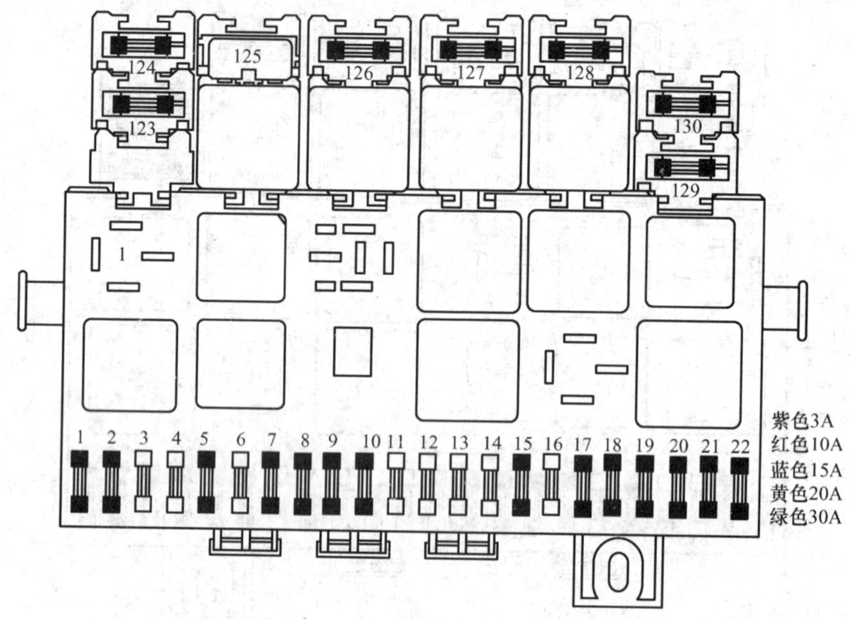

图 9-19 中央接线盒正面熔断器位置布置图

1—散热风扇熔断器 2—制动灯熔断器

3—点烟器、集控门锁、数字钟、内顶灯、后阅读灯、遮阳板灯、行李箱灯熔断器

4—警告灯熔断器 5—燃油泵熔断器 6—前雾灯熔断器 7—左尾灯、左前停车灯熔断器

8—右尾灯、右前停车灯、发动机舱照明灯熔断器 9—右前照灯熔断器（远光）

10—左前照灯熔断器（远光） 11—前风窗刮水器、洗涤泵熔断器

12—电动摇窗机、ABS 控制单元熔断器 13—后窗除霜器熔断器 14—空调继电器熔断器

15—倒车灯、车速传感器熔断器 16—喇叭熔断器 17—发动机控制单元熔断器

18—喇叭继电器、灯光开关、ABS 警告灯熔断器

19—收放机、转向灯、防盗器控制单元熔断器 20—牌照灯、杂物箱照明灯熔断器

21—左前照灯熔断器（近光） 22—右前照灯熔断器（近光）

123—喷油器、空气流量传感器、AKF 电磁阀、氧传感器加热丝熔断器 124—后雾灯熔断器

125—电动摇窗机热保护器熔断器 126—空调鼓风电动机熔断器 127—自动天线熔断器

128—电动后视镜熔断器 129—ABS 液压泵熔断器 130—ABS 电磁阀熔断器

（4）典型电路分析 桑塔纳 2000GSi 型轿车的刮水、洗涤电路如图 9-21 所示。当刮水器开关 E_{22} 在“0”位置时，其上接线柱 53a 有电。当刮水器开关 E_{22} 在“1”位置时，其上接线柱 53 接通并带电。电流此时的流向为：刮水器开关 E_{22} 的接线柱 53→端子 A_2→J_{31} 的接线柱 6→J_{31} 的接线柱 2→电动机 M 的接线柱 4→电动机 M 的接线柱 5→搭铁。此时，电动机低速运转。

当刮水器开关 E_{22} 在“2”位置时，其上接线柱 53b 接通并带电。电流此时的流向为：刮水器开关 E_{22} 的接线柱 53b→A_5→D_9→电动机 M 的接线柱 2→电动机 M 的接线柱5→搭铁。此时，电动机高速运转。

当刮水器开关 E_{22} 在“J”位置时，其上接线柱 53 和接线柱 J 都接通并带电。电流此时分为两个支路。一个支路的电流从刮水器开关 E_{22} 的接线柱 53→J_{31} 的动断触点→电动

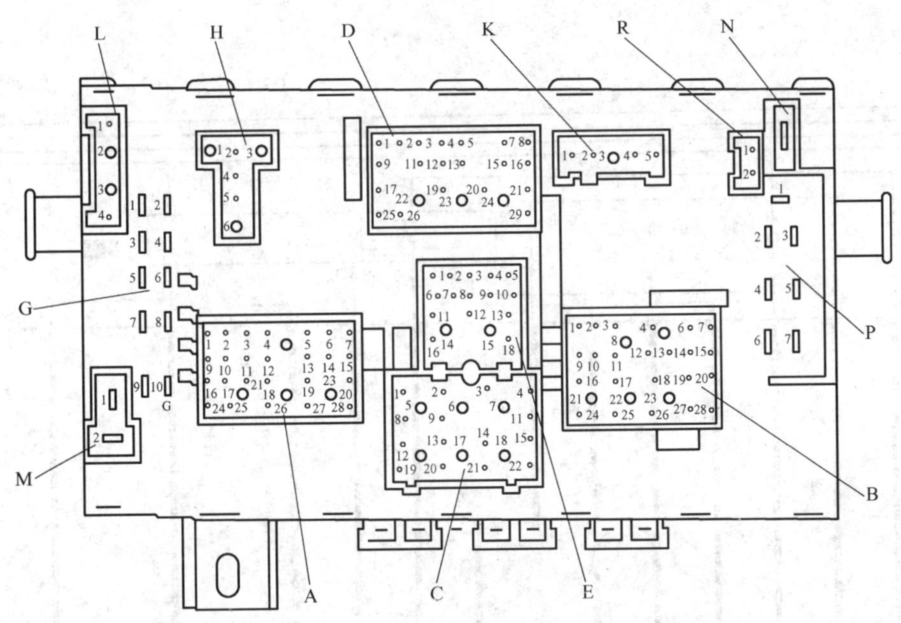

图 9-20　中央接线盒反面布置图

A—仪表板线束　B—连接仪表板线束　C—前照灯线束　D—发动机线束　E—尾部线束　G—连接单个插头　H—连接空调线束　K—空位　L—双音喇叭线束　M—空位　N—连接单个插头　P—连接单个插头　R—空位

机，电动机低速运转；另一个支路的电流从接线柱 J→端子 A_{12}→J_{31} 的接线柱 1→J_{31}，J_{31} 得到该电信号后，便会令其线圈间歇带电，这样其动断触点就间歇闭合。此时，电动机做间歇运动。

当刮水器开关 E_{22} 在“T”位置时，其上接线柱 53 和接线柱 T 都接通并带电。电流此时分为两个支路。一个支路的电流从刮水器开关 E_{22} 的接线柱 53→J_{31} 的动断触点→电动机，电动机低速运转。另一个支路的电流从接线柱 T→端子 A_{10} 后分两路：一路经端子 C_9→前风窗洗涤泵电动机→搭铁线形成回路，使喷水电动机运转；另一路由 J_{31} 的接线柱 5 进入间歇继电器 J_{31}，间歇继电器 J_{31} 得到该信号后，便会令其线圈带电 5 ~ 12s，使刮水器摆 3 ~ 5 次后停止。

无论电动机处在哪个档位，当刮水器开关 E_{22} 复位至“0”位置时，如果电动机 M 的动合触点闭合，则电动机会迅速停止转动，此时刮水器的刮片恰好处在风窗玻璃的底部。如果电动机 M 中的动断触点未闭合，而动合触点闭合，则电路的流向为：熔断器 S_{11}→D_{20}→电动机 M 接线柱 1→电动机 M 动合触点（已闭合）→电动机 M 接线柱 3→D_{17}→A_6→刮水器开关 E_{22} 的接线柱 53→刮水器开关 E_{22} 的接线柱 53e→A_2→J_{31} 的接线柱 6→J_{31} 的接线柱 2→D_{12}→电动机 M 接线柱 4→电动机 M 接线柱 5→搭铁线。此时，电动机继续转动，直到电动机 M 中的动断触点闭合，才迅速停止转动，使刮水器的刮片恰好处在风窗玻璃的底部。

（5）桑塔纳 2000GSi 型轿车电路图（见图 9-21 ~ 图 9-45）。

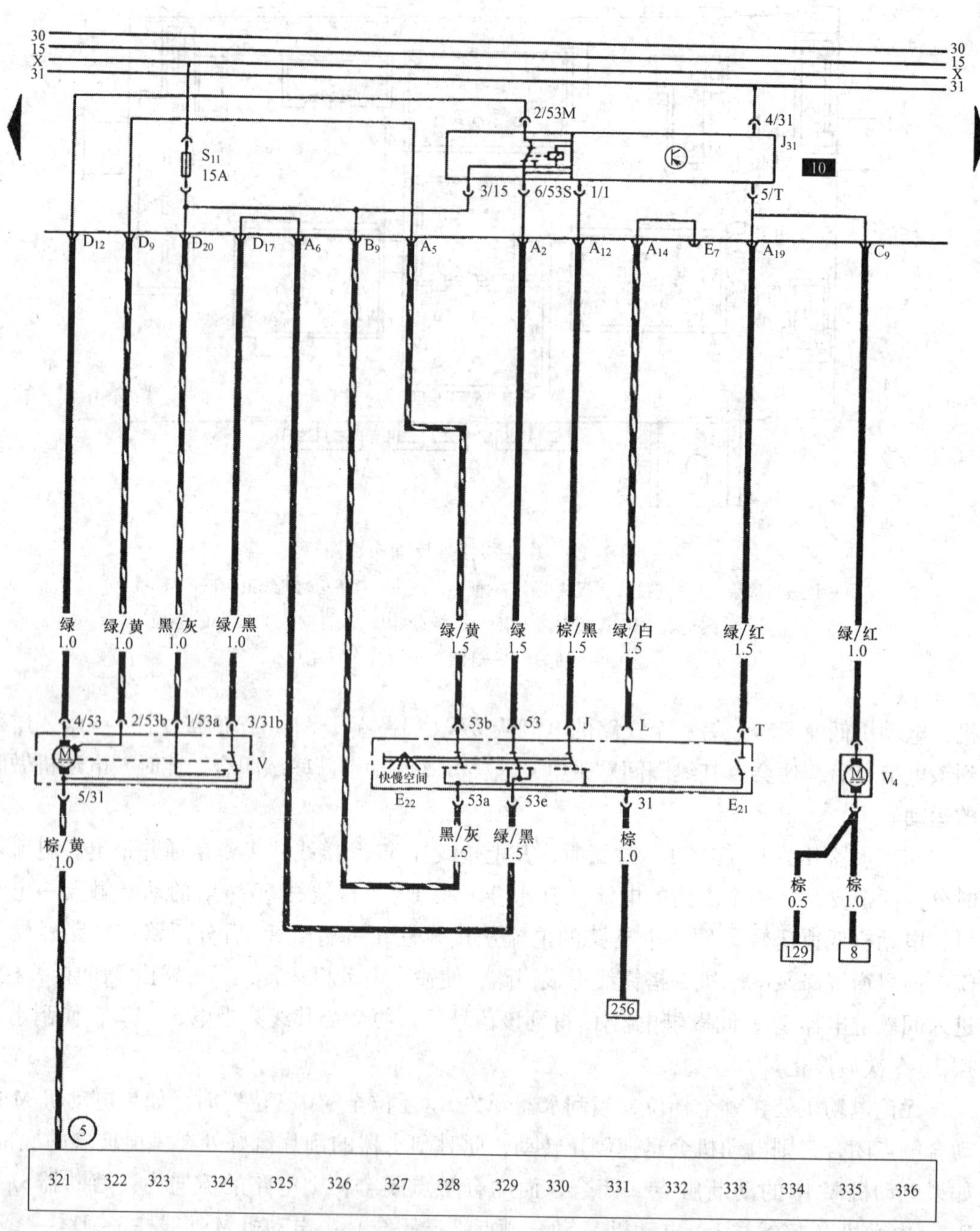

图 9-21 前风窗刮水器、洗涤器

E_{21}—前风窗洗涤泵开关 E_{22}—前风窗刮水器开关 J_{31}—刮水继电器

S_{11}—前风窗刮水器、洗涤泵熔断器 V—前风窗刮水电动机 V_4—前风窗洗涤泵 ⑤—搭铁点

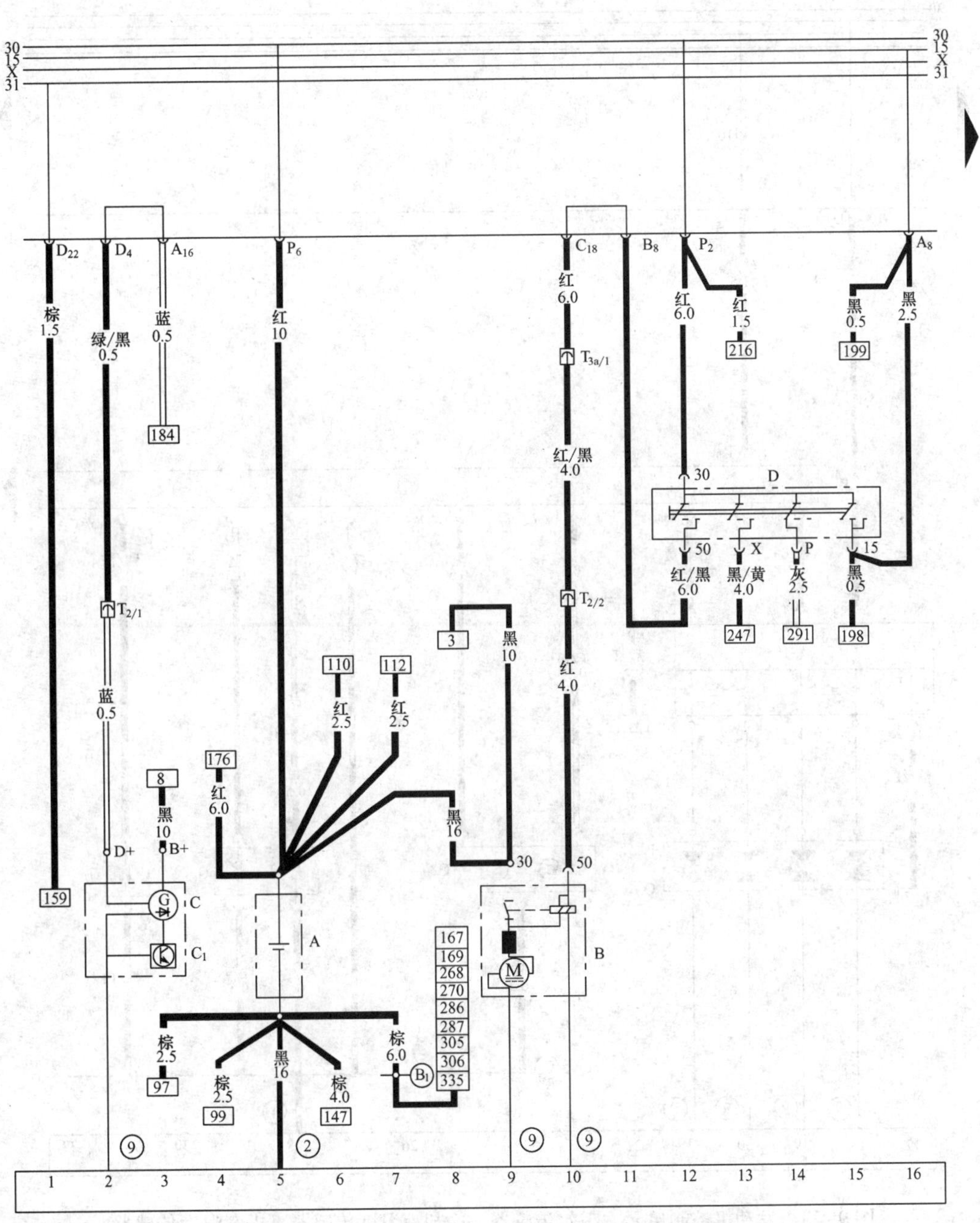

图9-22　交流发电机、蓄电池、起动机、点火开关电路

A—蓄电池　B—起动机　C—交流发电机　C_1—电压调节器

D—点火开关　②、⑨—搭铁点

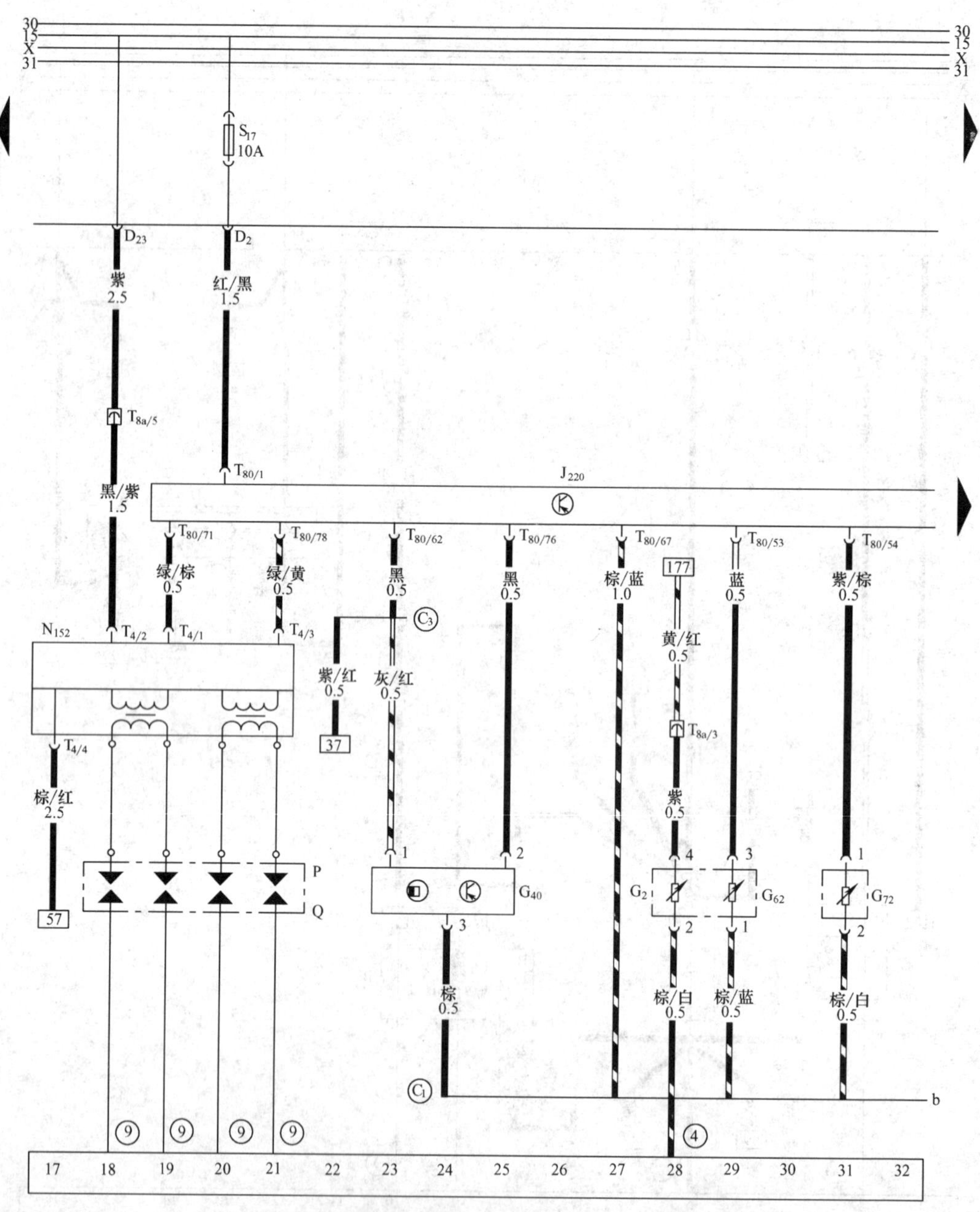

图 9-23 发动机控制单元、霍尔传感器、冷却液温度传感器、进气温度传感器

G_2—冷却液温度表传感器 G_{40}—霍尔传感器 G_{62}—冷却液温度传感器

G_{72}—进气温度传感器 J_{220}—发动机控制单元 N_{152}—点火线圈

P—火花塞插头 Q—火花塞 S_{17}—发动机控制单元熔断器 ④、⑨—搭铁点

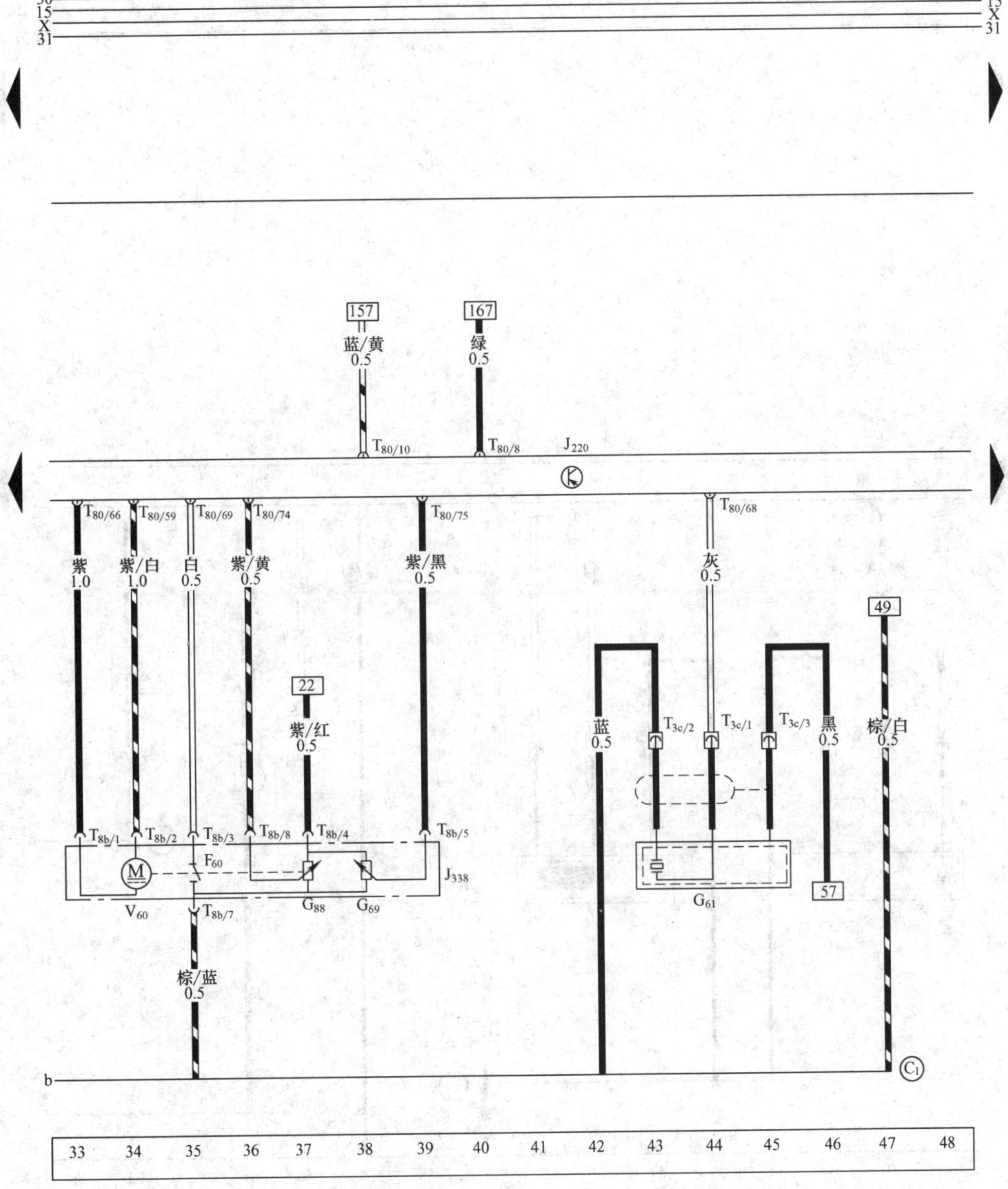

图 9-24　发动机控制单元、节气门控制部件、爆燃传感器

F_{60}—怠速开关　G_{61}—爆燃传感器　G_{69}—节气门电位计　G_{88}—节气门定位电位计

J_{220}—发动机控制单元　J_{338}—节气门控制部件　V_{60}—节气门定位器

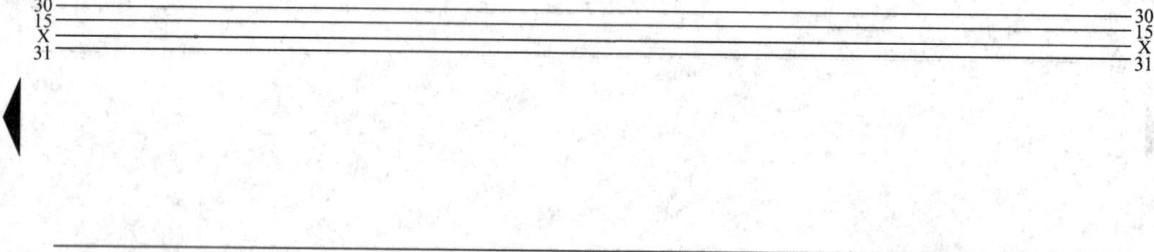

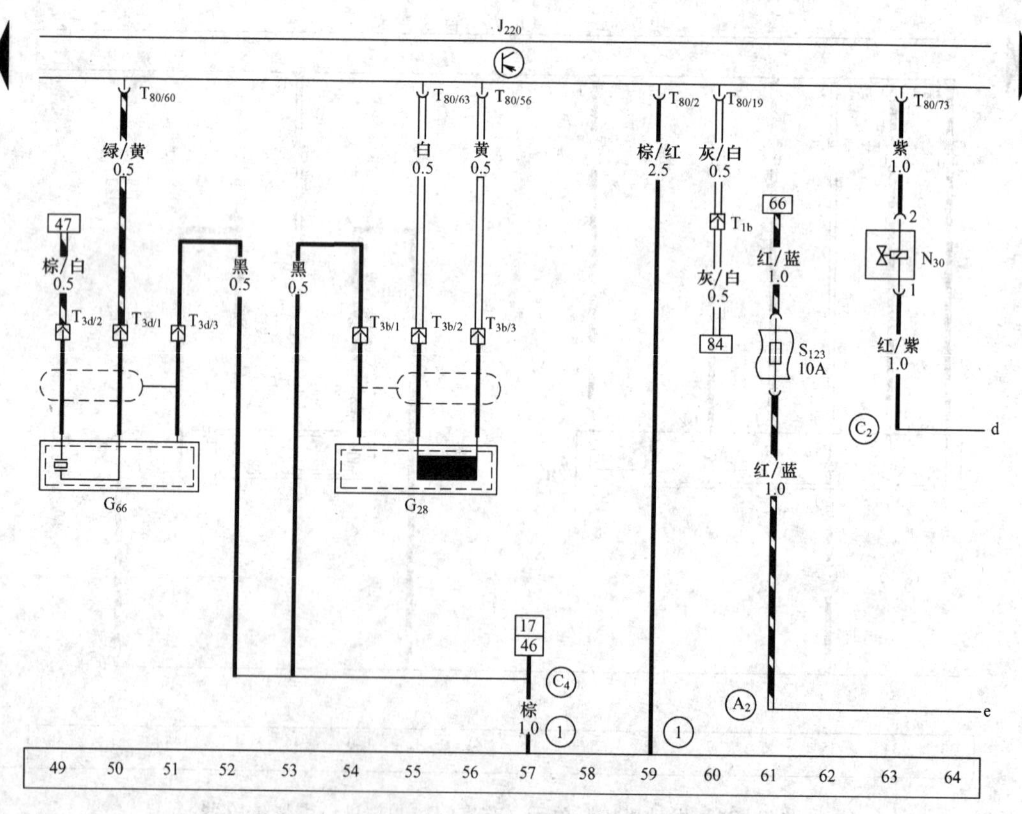

图 9-25 发动机控制单元、转速传感器、爆燃传感器

G_{28}—发动机转速传感器 G_{66}—3、4 缸爆燃传感器 J_{220}—发动机控制单元 N_{30}—第 1 缸喷油器 S_{123}—喷油器、空气流量传感器、AKF 阀、氧传感器熔断器 ①—搭铁点

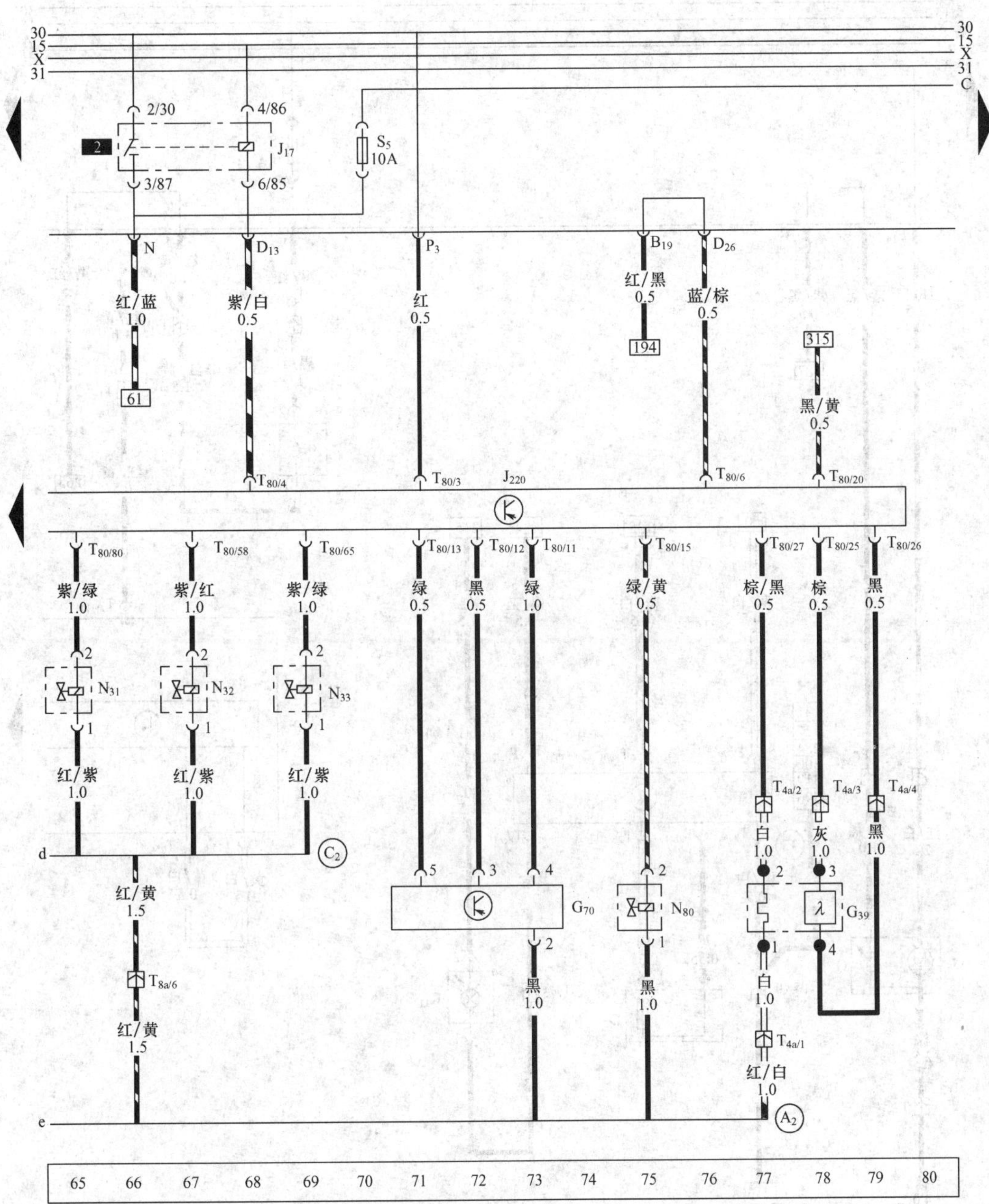

图 9-26 发动机控制单元、喷油器、燃油泵继电器、空气流量传感器、氧传感器、AKF 阀

G_{39}—氧传感器 G_{70}—空气流量传感器 J_{17}—燃油泵继电器

J_{220}—发动机控制单元 N_{31}—第 2 缸喷油器 N_{32}—第 3 缸喷油器

N_{33}—第 4 缸喷油器 N_{80}—AKF 阀 S_5—燃油泵熔断器

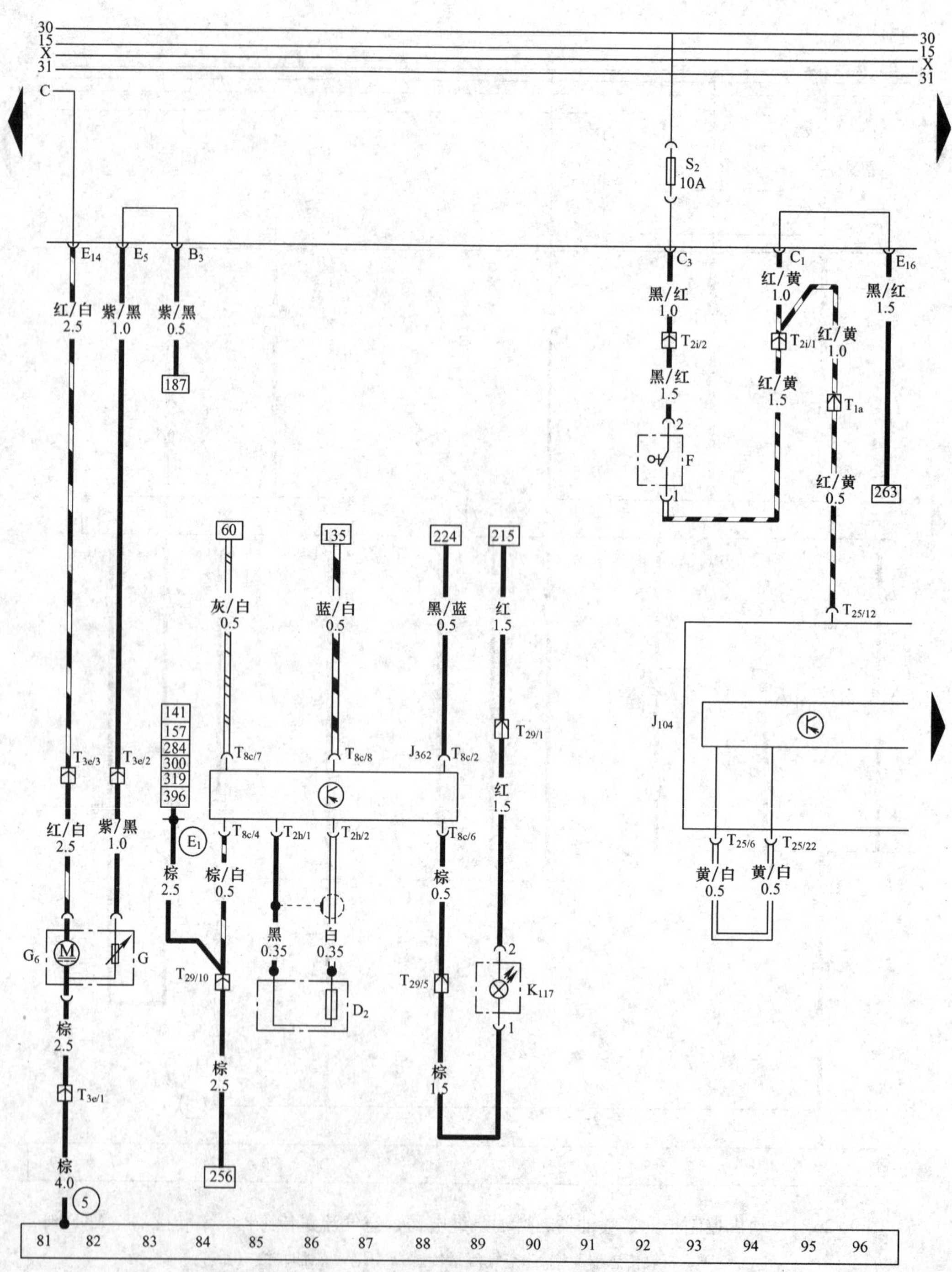

图 9-27 燃油泵、电子防盗器、ABS 控制器、制动灯开关

D_2—识读线圈 F—制动灯开关 G—燃油表传感器 G_6—燃油泵 J_{104}—ABS 控制器

J_{362}—防盗器控制单元 S_2—制动灯熔断器 ⑤—搭铁点

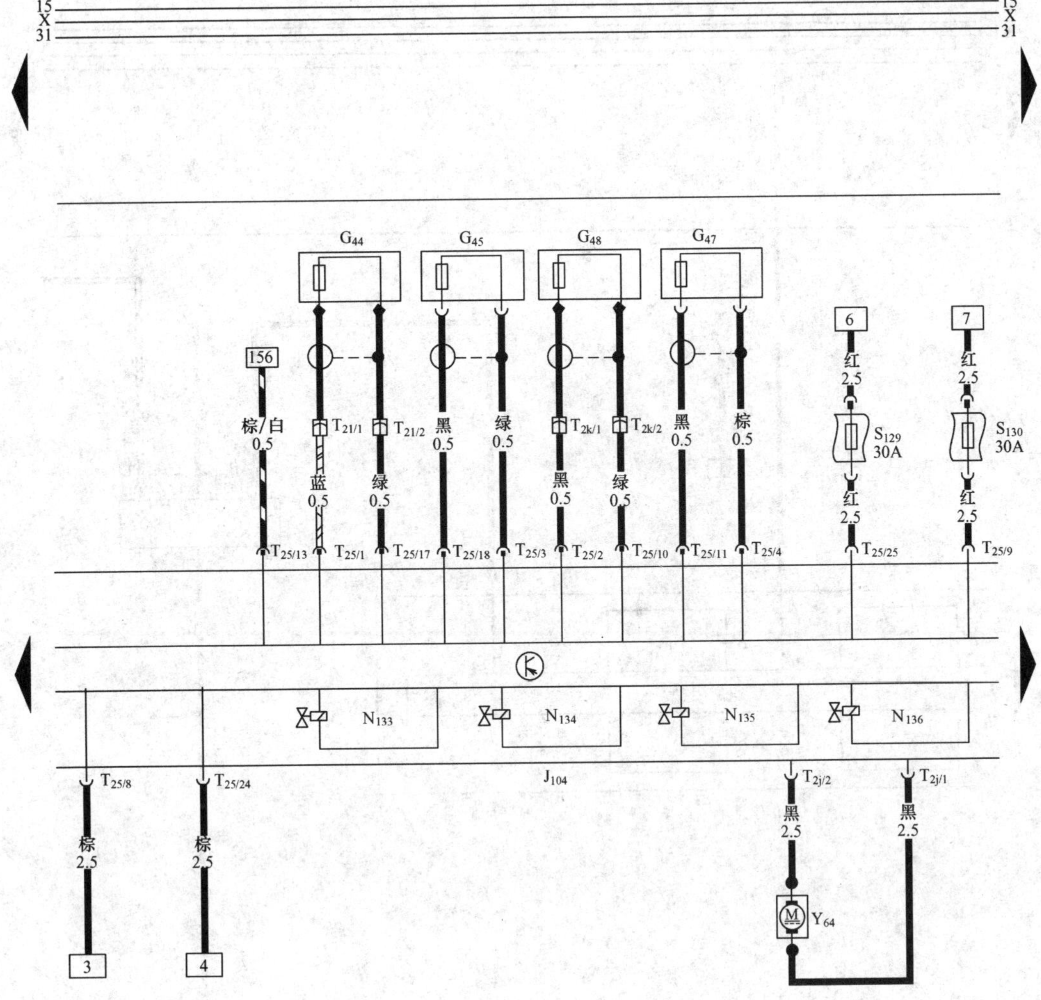

97 98 99 100 101 102 103 104 105 106 107 108 109 110 111 112

图 9-28 ABS 控制器、车轮转速传感器、ABS 液压泵

G_{44}—右后轮转速传感器 G_{45}—右前轮转速传感器 G_{46}—左后轮转速传感器

G_{47}—左前轮转速传感器 J_{104}—ABS 控制器 N_{133}—ABS 右后进油电磁阀

N_{134}—ABS 右后出油电磁阀 N_{135}—ABS 左后进油电磁阀 N_{136}—ABS 左后出油电磁阀

S_{129}—ABS 液压泵熔断器 S_{130}—ABS 电磁阀熔断器 Y_{64}—液压泵

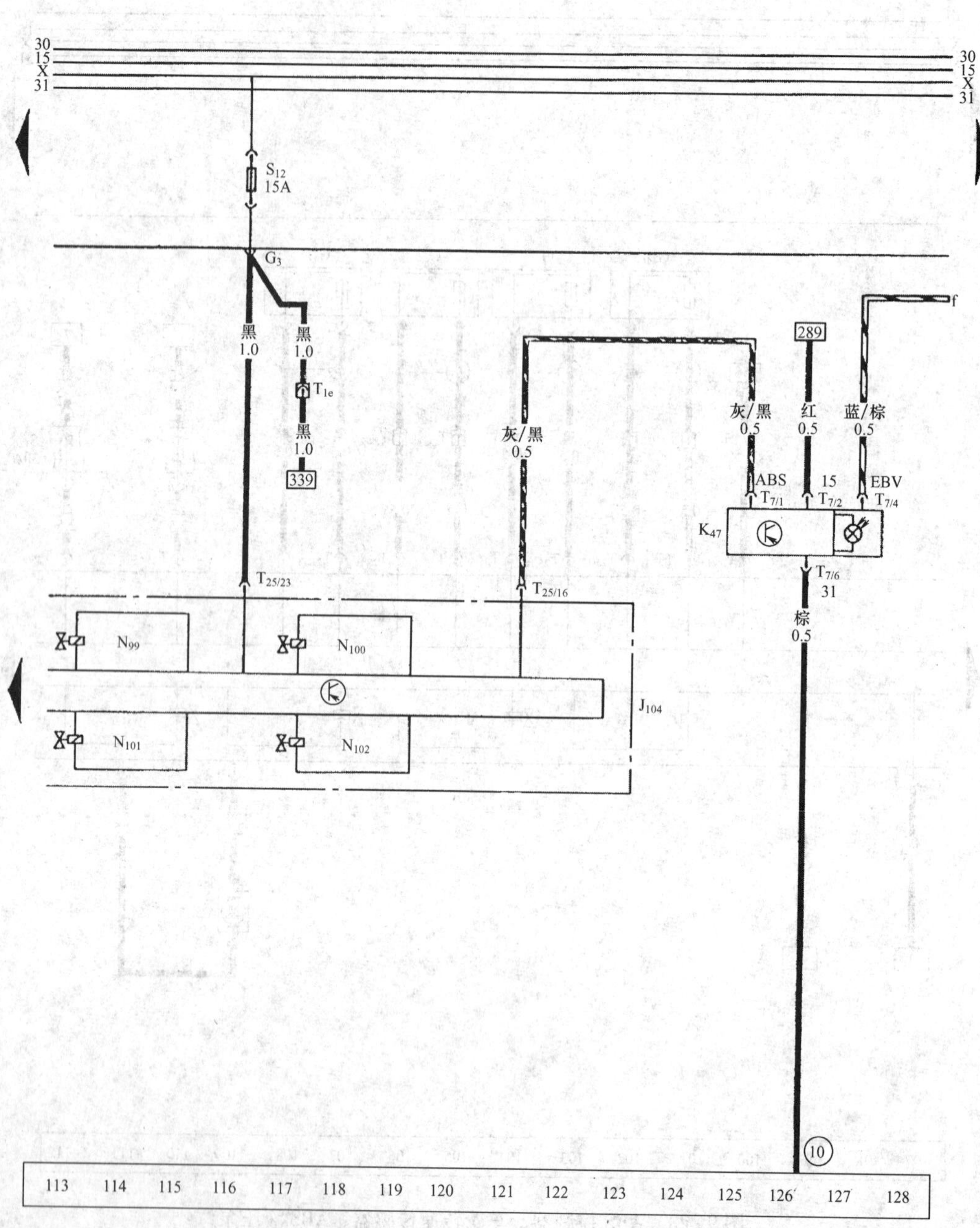

图 9-29 ABS 控制器、ABS 警告灯

J_{104}—ABS 控制器 K_{47}—ABS 警告灯 N_{99}—ABS 右前进油电磁阀

N_{100}—ABS 右前出油电磁阀 N_{101}—ABS 左前进油电磁阀 N_{102}—ABS 左前出油电磁阀

S_{12}—电动摇窗机、ABS 控制单元熔断器 ⑩—搭铁点

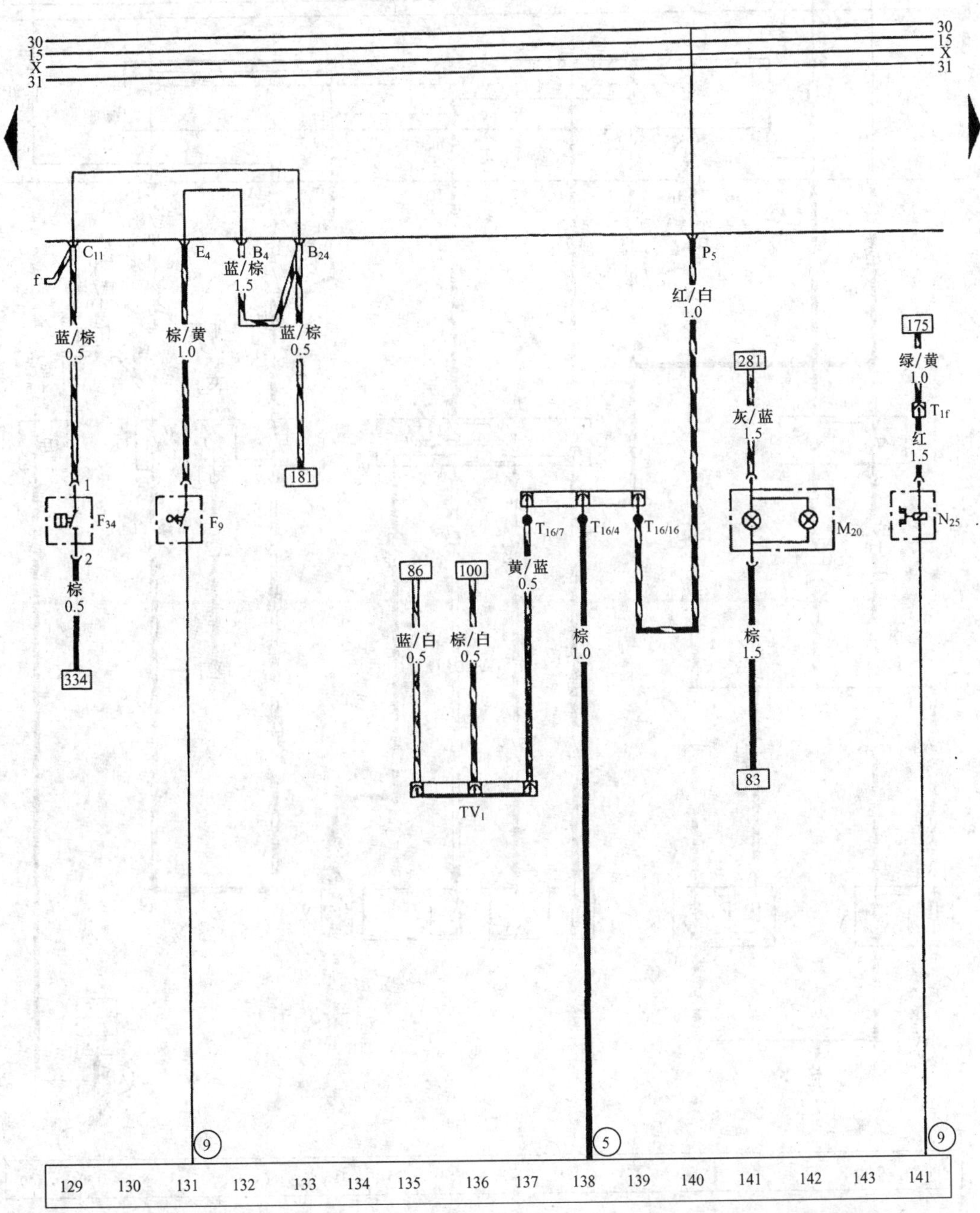

图 9-30　制动液位报警开关、手动指示灯开关、自诊断插座、空调电磁离合器

F_9—手制动指示灯开关　F_{34}—制动液位报警开关　M_{20}—空调控制面板照明灯

N_{25}—电磁离合器　TV_1—诊断线插座　⑤、⑨—搭铁点

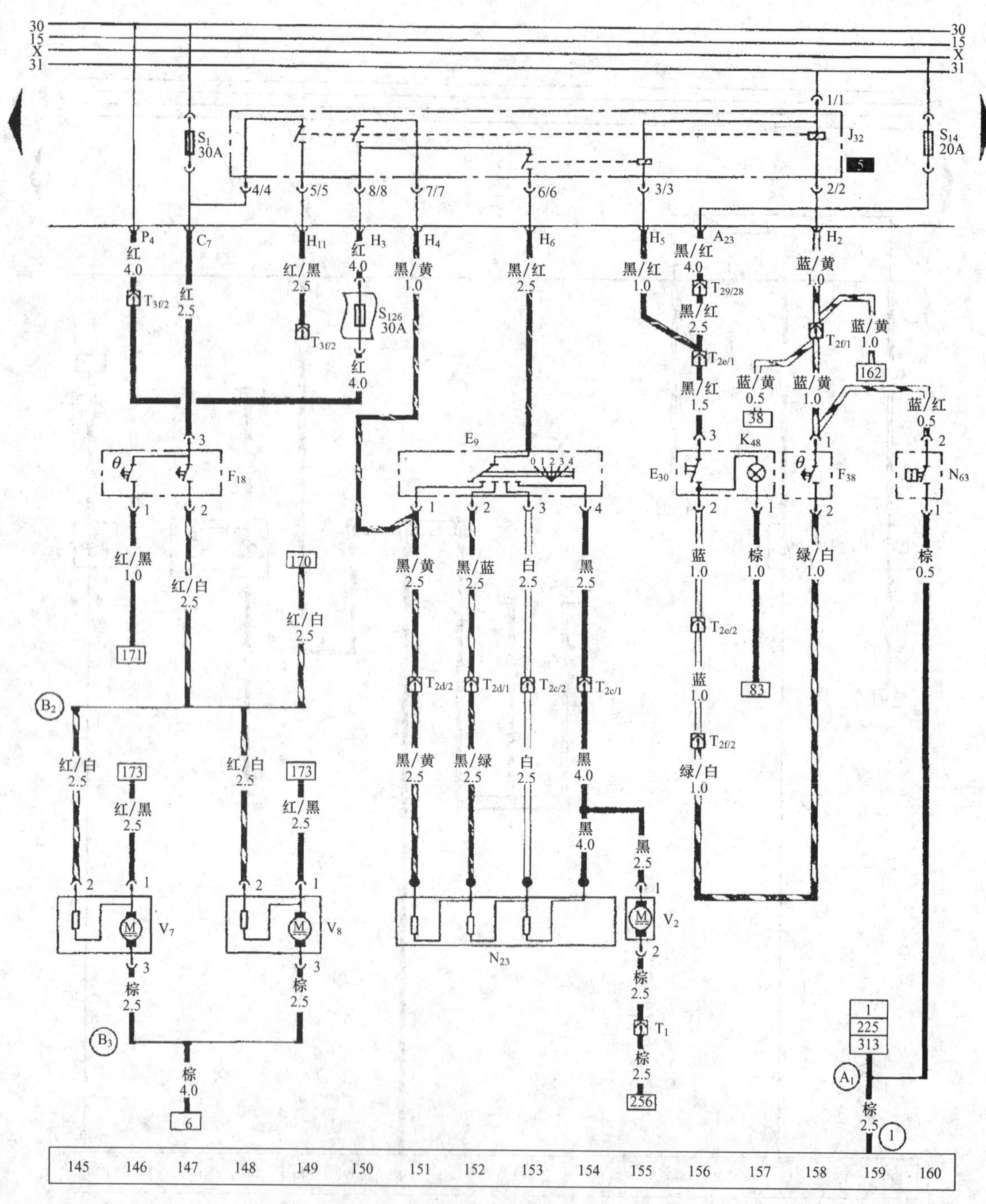

图9-31 空调A/C开关、风速开关、鼓风电动机、散热风扇、室温开关、进风门电磁阀

E_9—风速开关 E_{30}—空调A/C开关 F_{18}—散热风扇热敏开关 F_{38}—室温开关 K_{48}—空调A/C开关指示灯 N_{23}—鼓风机减速电阻 N_{63}—进风门电磁阀 S_1—散热风扇熔断器 S_{14}—空调继电器熔断器 S_{126}—空调鼓风机熔断器 V_2—鼓风电动机 V_7—左散热风扇 V_8—右散热风扇 ①—搭铁点

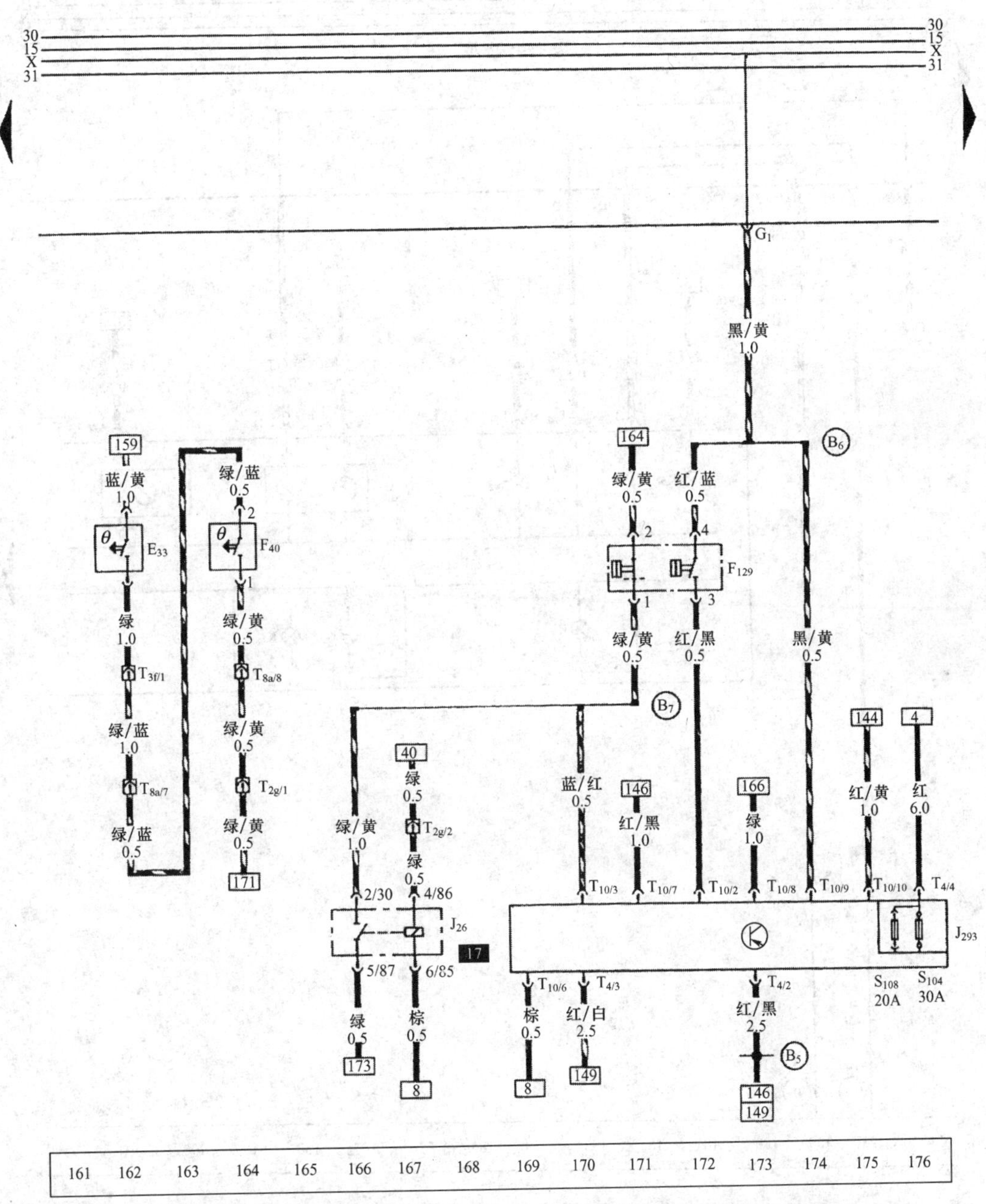

图 9-32　散热风扇控制器、压缩机切断继电器、冷量开关、组合开关、空调水温控制开关

E_{33}—冷量开关　F_{40}—空调水温控制开关　F_{129}—组合开关　J_{26}—压缩机切断继电器

J_{293}—散热风扇控制器　S_{104}—散热风扇熔断器（高速）　S_{108}—散热风扇熔断器（低速）

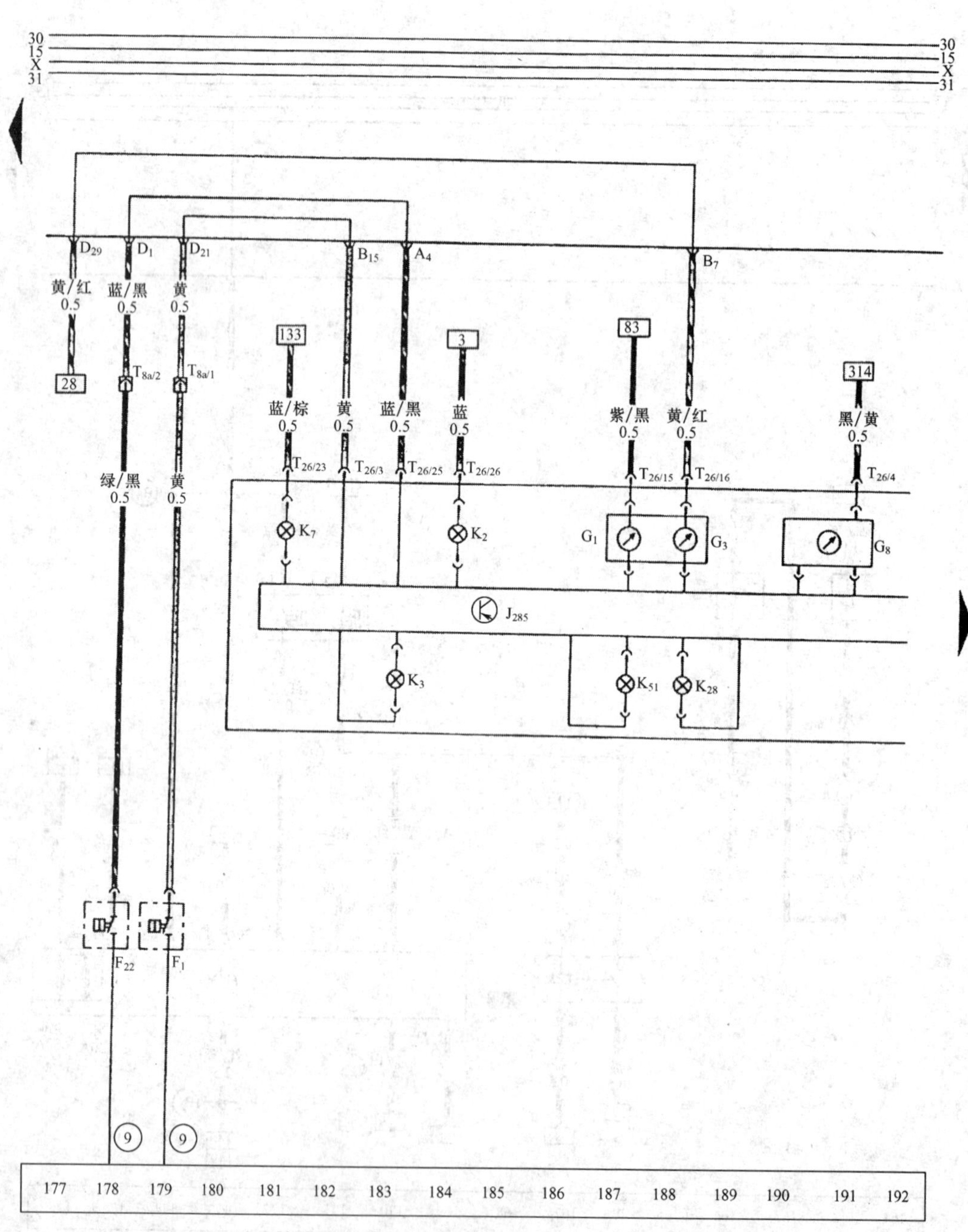

图 9-33 组合仪表

F_1—油压开关（180kPa） F_{22}—油压开关（25kPa） G_1—油压表 G_3—冷却液温度表 G_8—车速里程表 J_{285}—组合仪表控制器 K_2—油压警告灯 K_7—驻车制动指示及制动液位警告灯 K_{28}—冷却液温度警告灯 K_{51}—燃油不足警告灯 ⑨—搭铁点

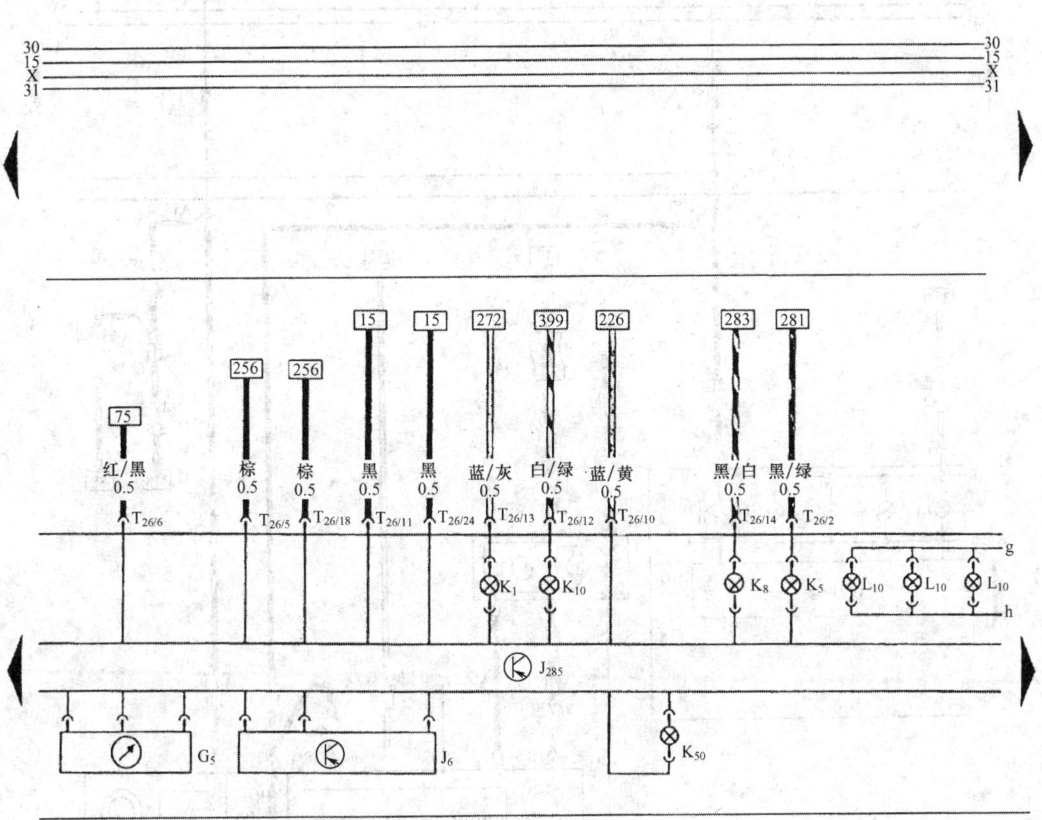

193 194 195 196 197 198 199 200 201 202 203 204 205 206 207 208

图 9-34 组合仪表

G_5—转速表 J_6—稳压器 J_{285}—组合仪表稳压器 K_1—远光指示灯

K_5—右转向指示灯 K_8—左转向指示灯 K_{10}—后风窗除霜指示灯

K_{50}—冷却液不足警告灯 L_{10}—仪表照明灯

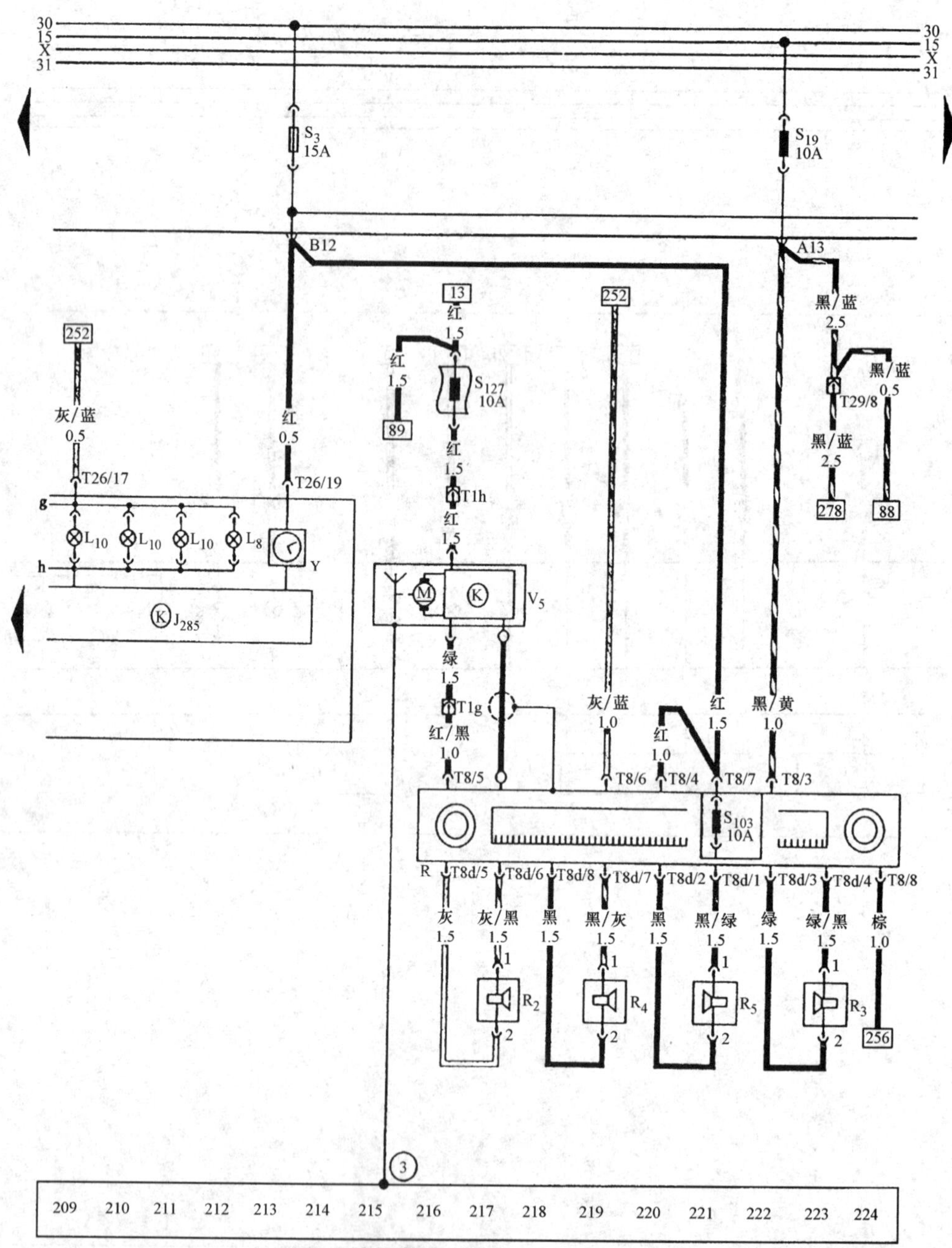

图 9-35　组合仪表、收放机、自动天线

J_{285}—组合仪表控制器　L_8—数字照明灯　L_{10}—仪表照明灯　R—收放机

R_2—左前扬声器　R_3—右前扬声器　R_4—左后扬声器　R_5—右后扬声器

S_3—点烟器、集控门锁、数字钟、内顶灯、后阅读灯、行李箱灯、遮阳板灯熔断器

S_{19}—收放机、转向灯、防盗器控制单元熔断器　S_{103}—收放机熔断器　S_{127}—自动天线熔断器

V_5—自动天线　Y—数字钟　③—搭铁点

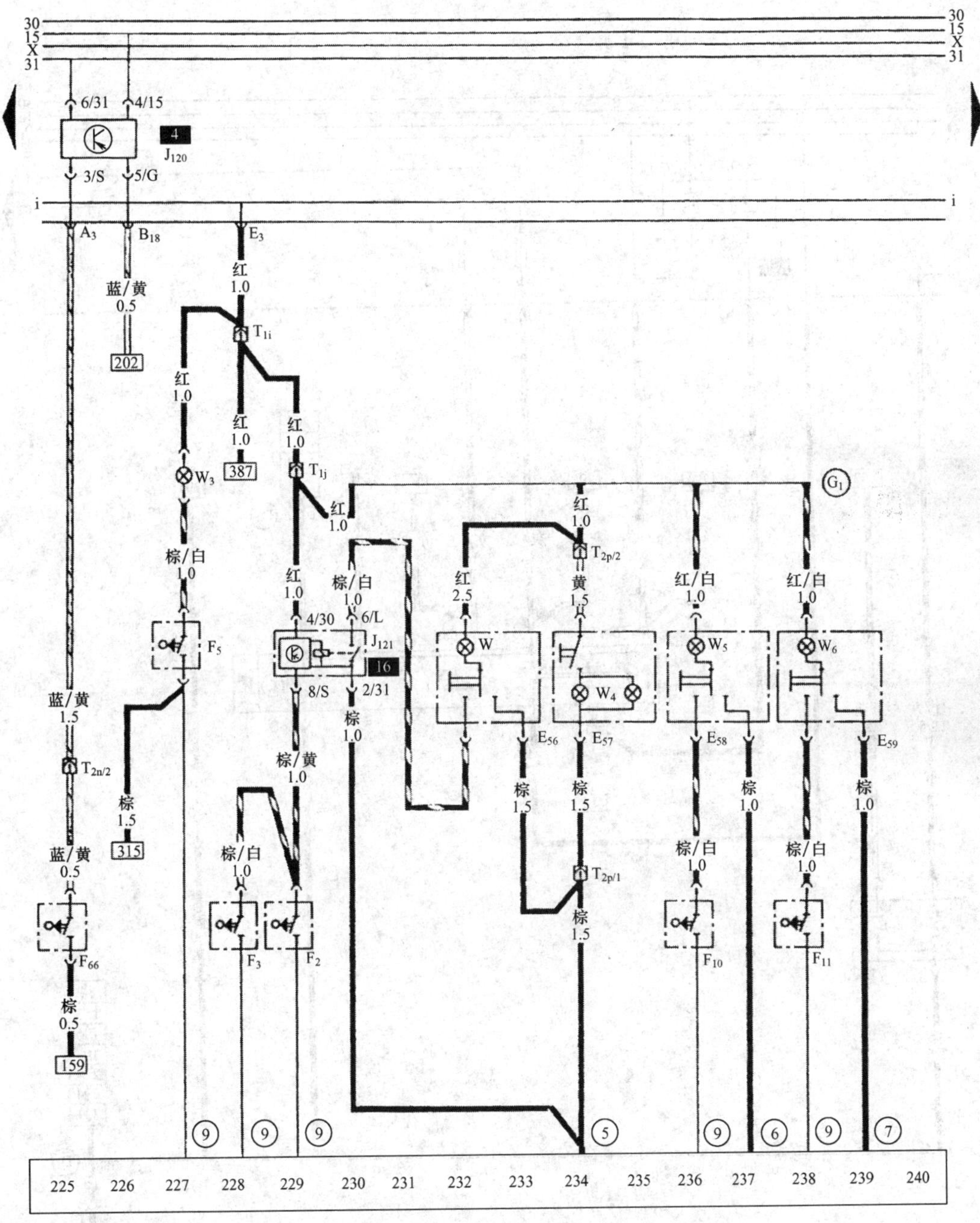

图9-36 内顶灯、遮阳板灯、后阅读灯、行李箱灯

E_{56}—内顶灯照明开关 E_{57}—遮阳板照明开关 E_{58}—左后阅读灯照明开关 E_{59}—右后阅读灯照明开关 F_2—左前门顶灯接触开关 F_3—右前门顶灯接触开关 F_5—行李箱照明灯接触开关 F_{10}—左后阅读灯接触开关 F_{11}—右后阅读灯接触开关 F_{66}—冷却液不足警告灯开关 J_{120}—冷却液液位控制器 J_{121}—内顶灯延时继电器 W—内顶灯 W_3—行李箱照明灯 W_4—遮阳板照明灯 W_5—左后阅读灯 W_6—右后阅读灯 ⑤、⑥、⑦、⑨—搭铁点

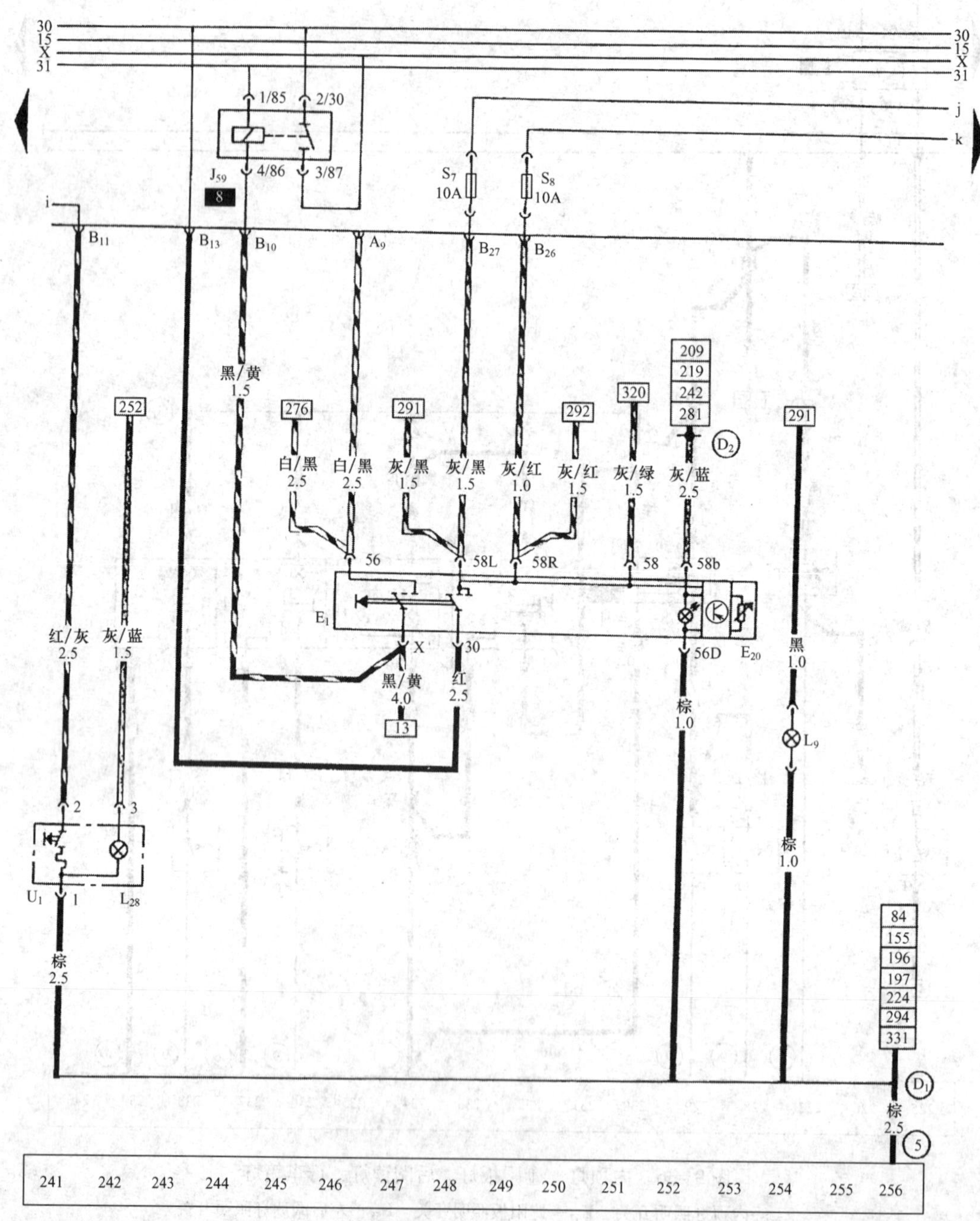

图 9-37 灯光开关、点烟器

E_1—灯光开关 E_{20}—仪表板照明调节器 J_{59}—X-接触继电器 L_9—灯光开关照明灯

L_{28}—点烟器照明灯 S_7—左尾灯、左前停车灯熔断器 S_8—右尾灯、右前停车灯、发动机舱照明灯熔断器

U_1—点烟器 ⑤—搭铁点

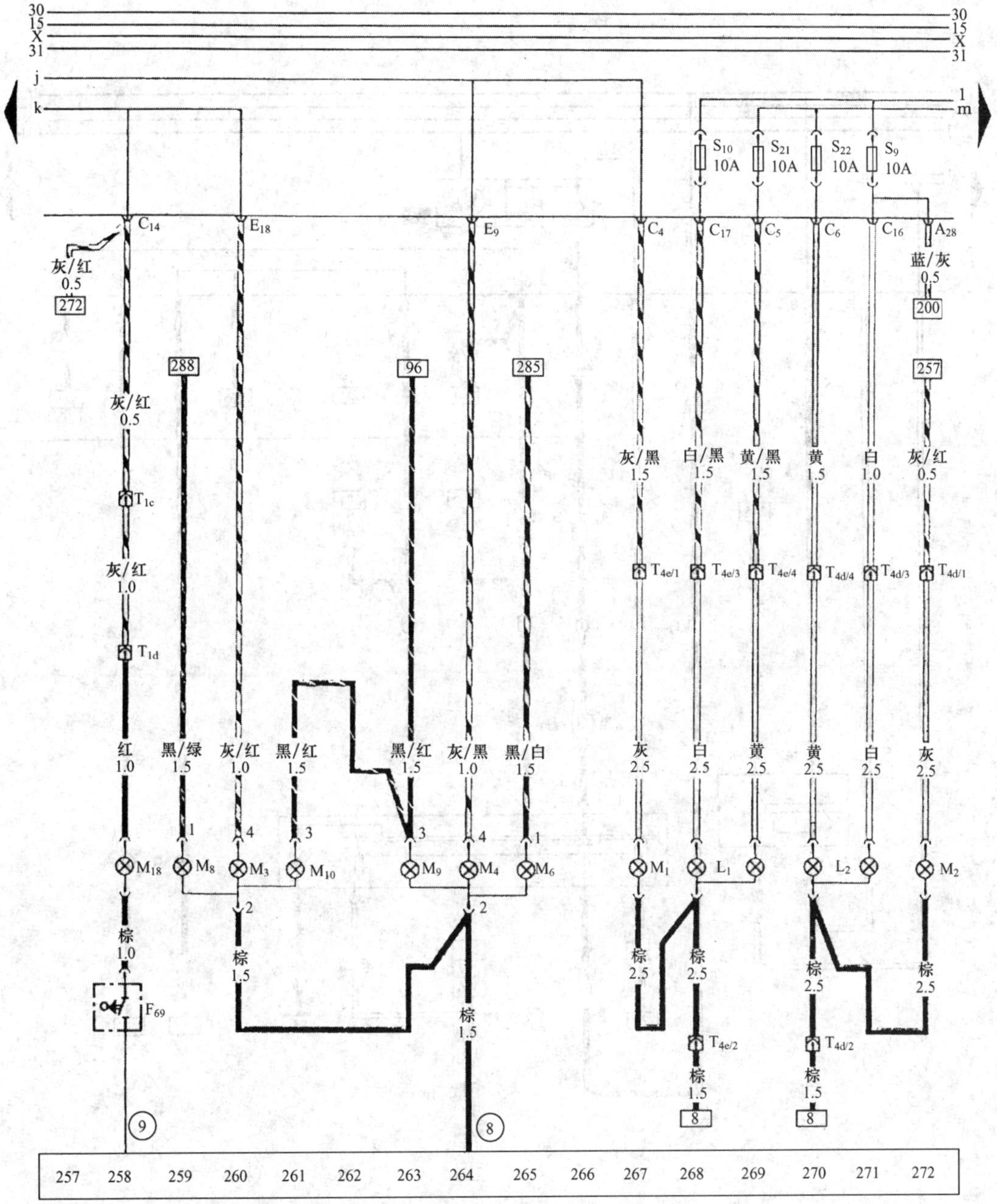

图 9-38　前照灯、停车灯、后转向灯、尾灯、制动灯、发动机舱照明灯

F_{69}—发动机舱照明灯接触开关　L_1—左前照灯　L_2—右前照灯　M_1—左停车灯　M_2—右停车灯　M_3—右尾灯　M_4—左尾灯　M_6—左后转向灯　M_8—右后转向灯　M_9—左制动灯　M_{10}—右制动灯　M_{18}—发动机舱照明灯　S_9—右前照灯（远光）熔断器　S_{10}—右前照灯（远光）熔断器　S_{21}—左前照灯（近光）熔断器　S_{22}—右前照灯（近光）熔断器　⑧、⑨—搭铁点

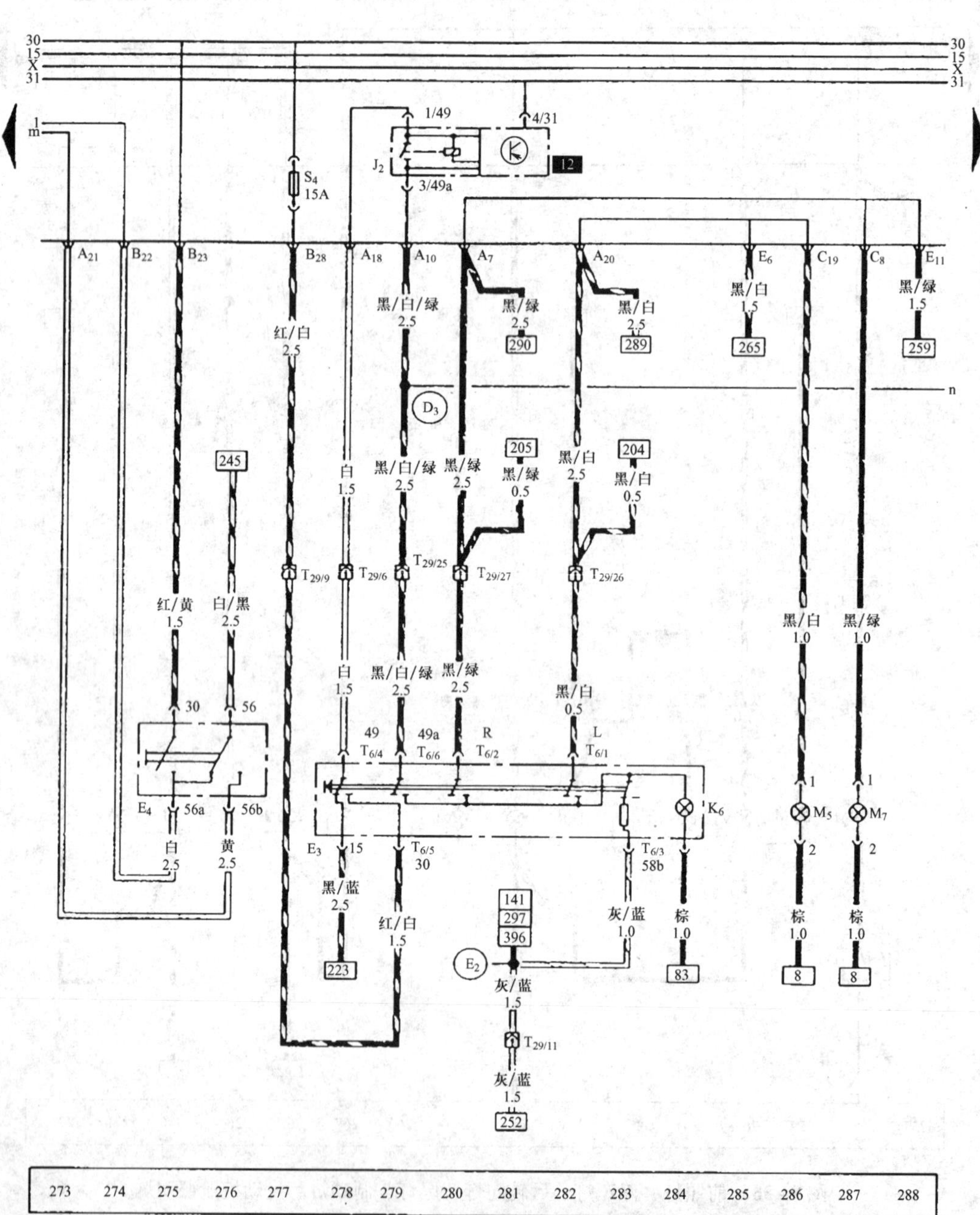

图 9-39 变光开关、警告灯开关、前转向灯

E_3—警告灯开关 E_4—变光开关 J_2—转向灯继电器 M_5—左前转向灯

M_7—右前转向灯 S_4—警告灯熔断器

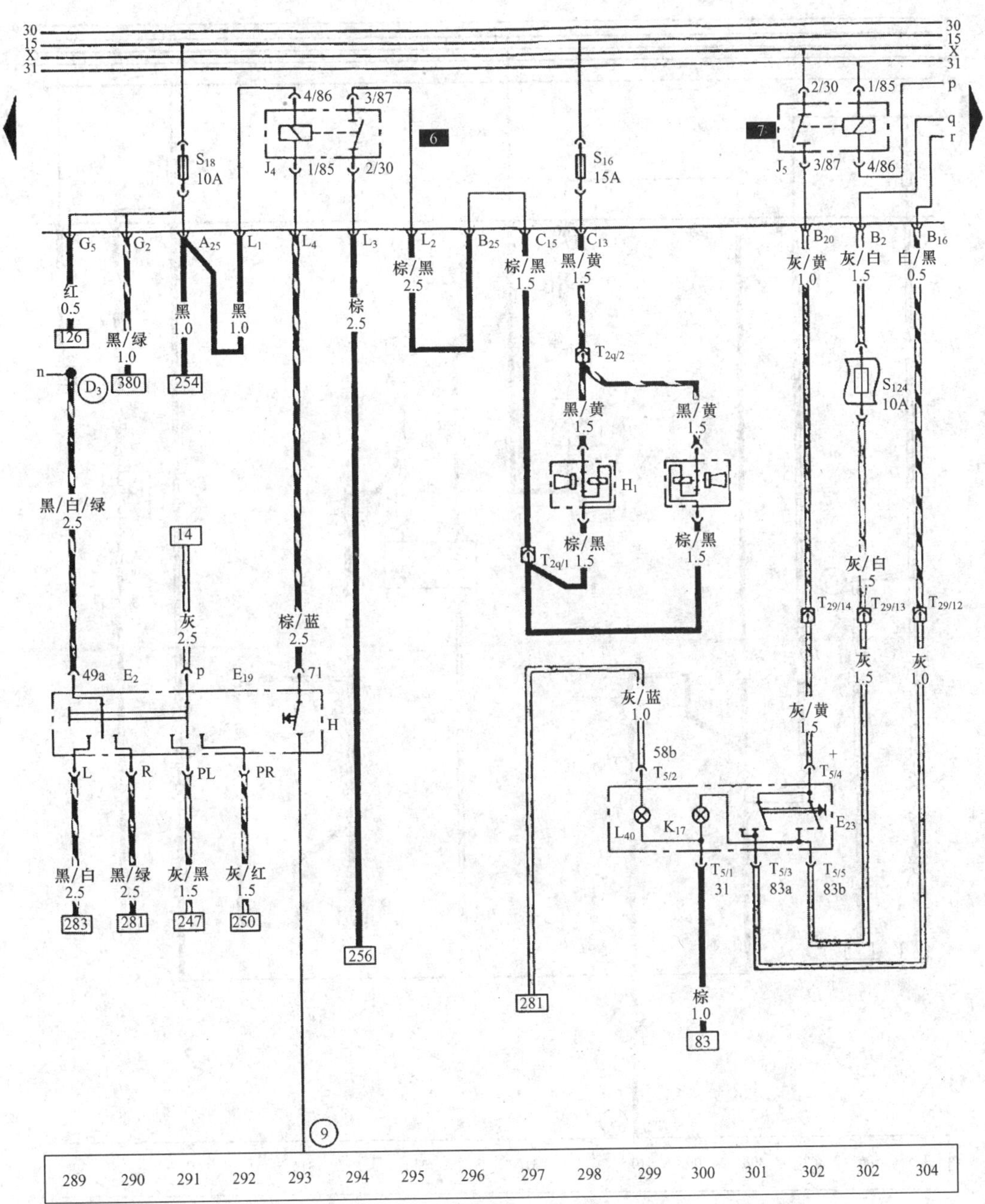

图 9-40 转向灯开关、停车灯开关、雾灯开关、双音喇叭

E_2—转向灯开关 E_{19}—停车灯开关 E_{23}—雾灯开关 H—双音喇叭

J_4—喇叭继电器 J_5—雾灯继电器 K_{17}—雾灯指示灯

L_{40}—雾灯开关照明灯 S_{16}—喇叭熔断器

S_{18}—喇叭继电器、灯光开关、ABS 警告灯熔断器 S_{124}—后雾灯熔断器 ⑨—搭铁点

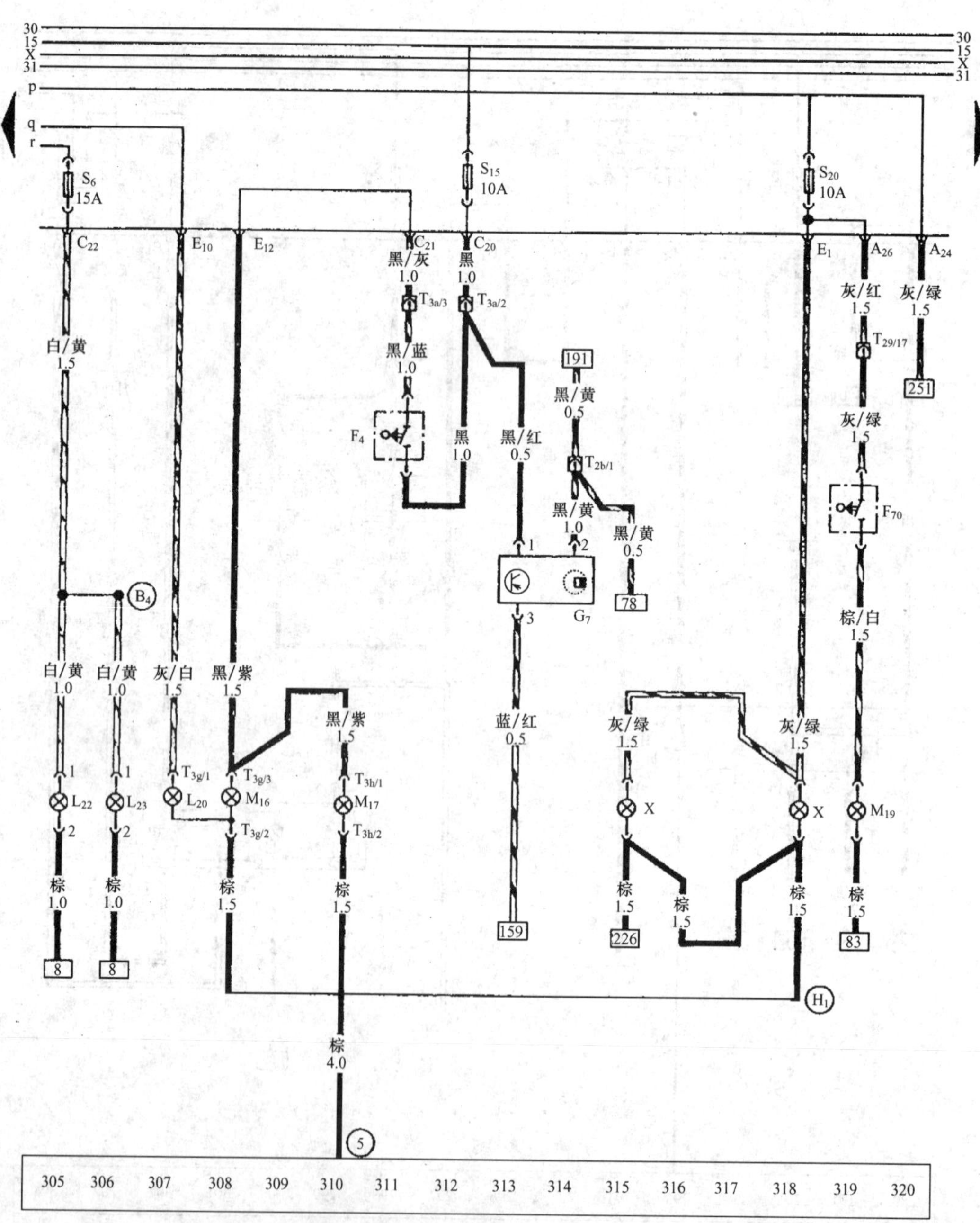

图 9-41 雾灯、倒车灯、牌照灯、杂物箱灯、车速传感器

F_4—倒车灯开关 F_{70}—杂物箱照明灯 G_7—车速传感器 L_{20}—后雾灯 L_{22}—左前雾灯 L_{23}—右前雾灯 M_{16}—左倒车灯 M_{17}—右倒车灯 M_{19}—杂物箱照明灯 S_6—前雾灯熔断器 S_{15}—倒车灯、车速传感器熔断器 S_{20}—牌照灯、杂物箱照明灯熔断器

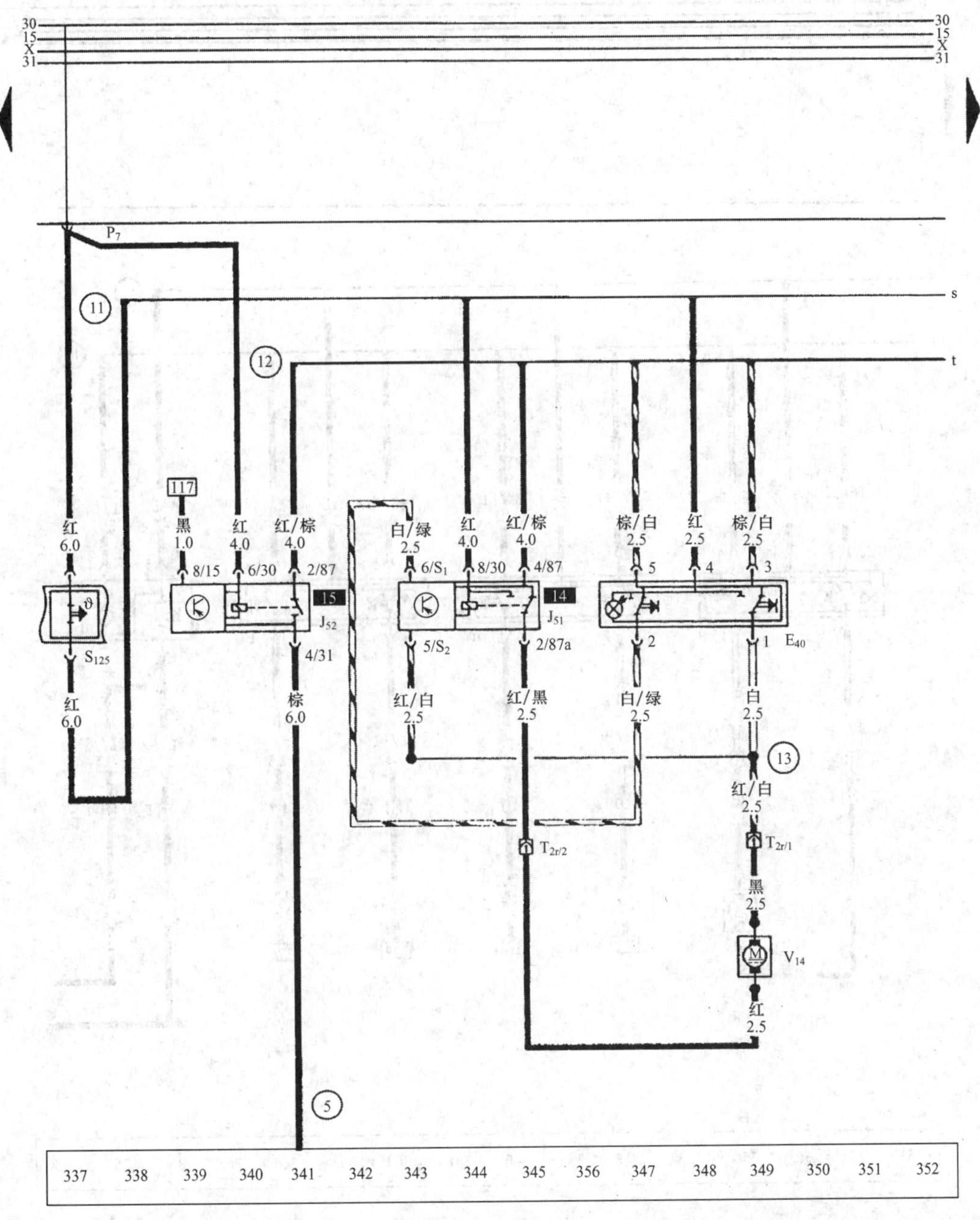

图 9-42 电动摇窗机

E_{40}—摇窗机开关 J_{51}—摇窗机自动下降继电器 J_{52}—摇窗机延时继电器

S_{125}—电动摇窗机热保护器 V_{14}—左前摇窗机电动机 ⑤—搭铁点

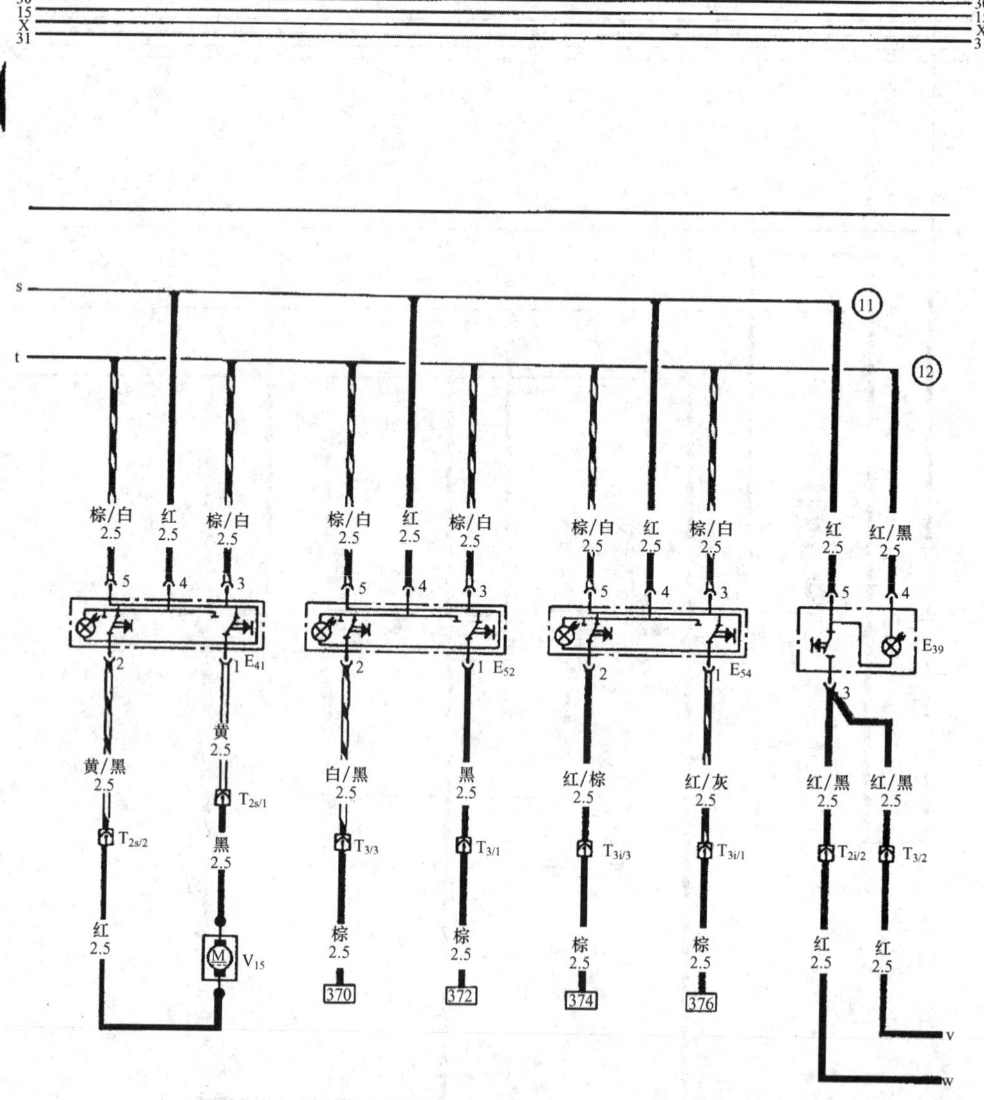

图 9-43 电动摇窗机

E_{39}—摇窗机安全开关 E_{41}—摇窗机开关（左前） E_{52}—摇窗机开关（左后）

E_{54}—摇窗机开关（右后） V_{15}—右前摇窗机电动机

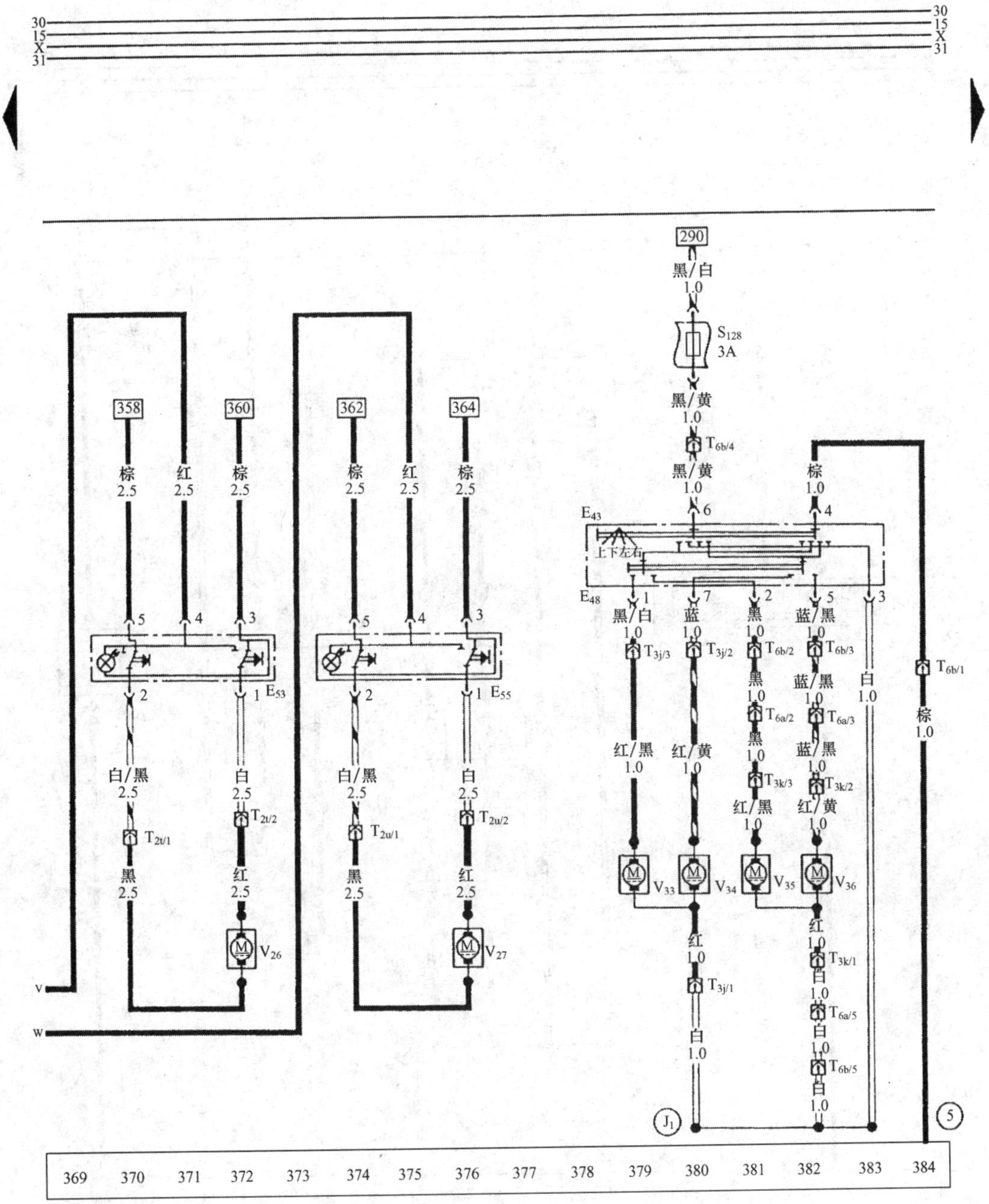

369 370 371 372 373 374 375 376 377 378 379 380 381 382 383 384

图 9-44 电动摇窗机、电动后视镜

E_{43}—电动后视镜调节开关 E_{48}—电动后视镜转换开关 E_{53}—左后门上摇窗机开关

E_{55}—右后门上摇窗机开关 S_{128}—电动后视镜熔断器 V_{26}—左后摇窗机电动机 V_{27}—右后摇窗机电动机

V_{33}—左电动后视镜上、下调节电动机 V_{34}—左电动后视镜左、右调节电动机

V_{35}—右电动后视镜上、下调节电动机 V_{36}—右电动后视镜左、右调节电动机

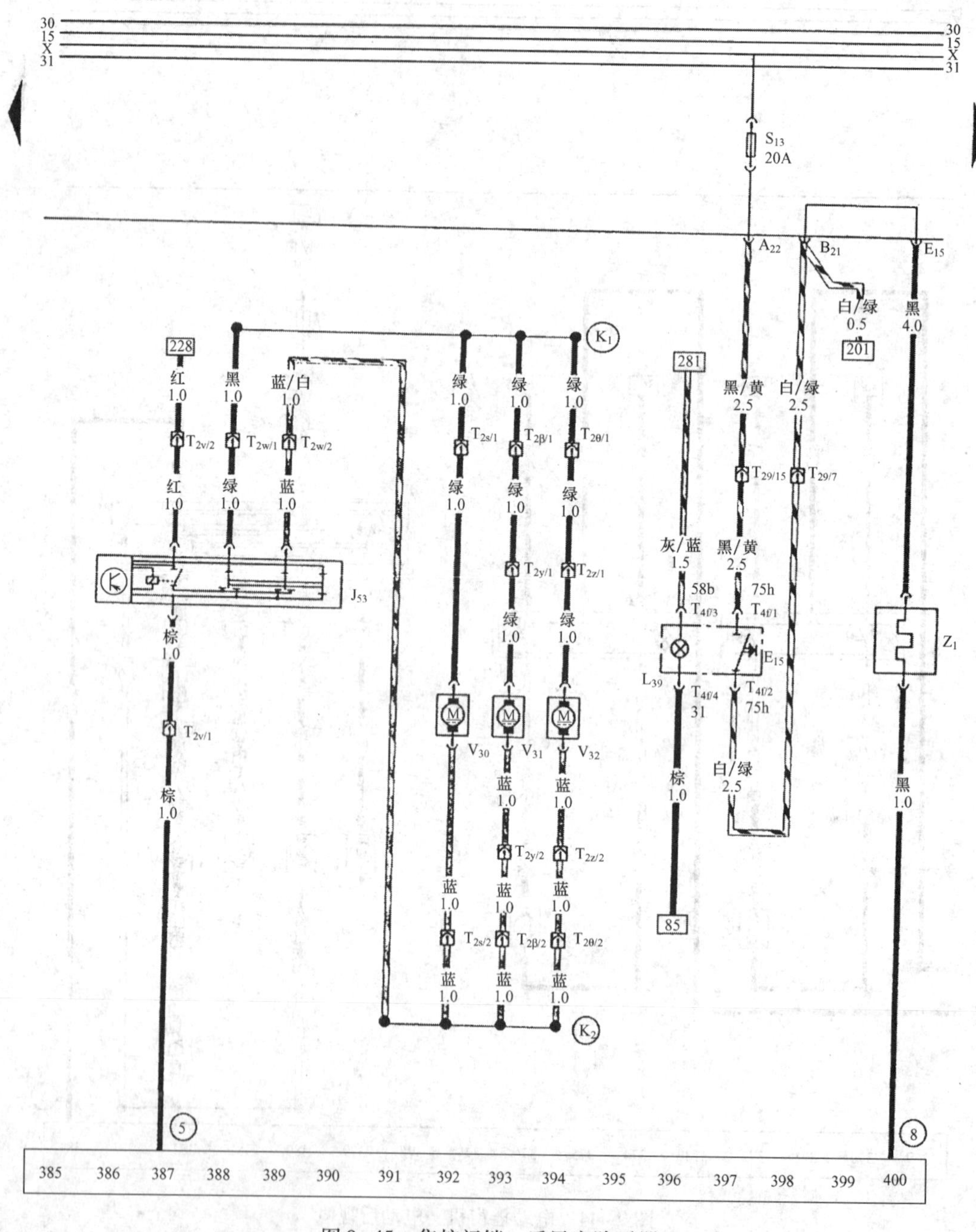

图 9-45　集控门锁、后风窗除霜器

E_{15}—后风窗除霜开关　J_{53}—集控门锁控制器　L_{39}—后风窗除霜照明灯

S_{13}—后风窗除霜器熔断器　V_{30}—右前集控门锁电动机　V_{31}—左后集控门锁电动机

V_{32}—右后集控门锁电动机　Z_1—后风窗除霜器　⑤、⑧—搭铁点

2. 其他车系电路图的识读

不同车系电路图的识读方法基本相同，但电路图的具体表示方法及符号的含义有所不同。

（1）通用车系电路图　下面以别克君威轿车电路为例，对图 9 - 46 中的符号及表示方法进行简要说明。图中各符号及表示方法的含义如下：

①“C100”为连接器代码，“A5”为该连接器平面图上的插孔号。

②“P100”为电线橡胶热圈代码。

③ 指示导线铰接点，“S206”为铰接点代码。

④ 方框内文字提示相关内容可参照的页码。

⑤ 方框内文字提示相关内容可参照的页码。

⑥ 不同类型的发动机所使用的不同规格的导线。

⑦ 接在同一接线柱上的易熔线。

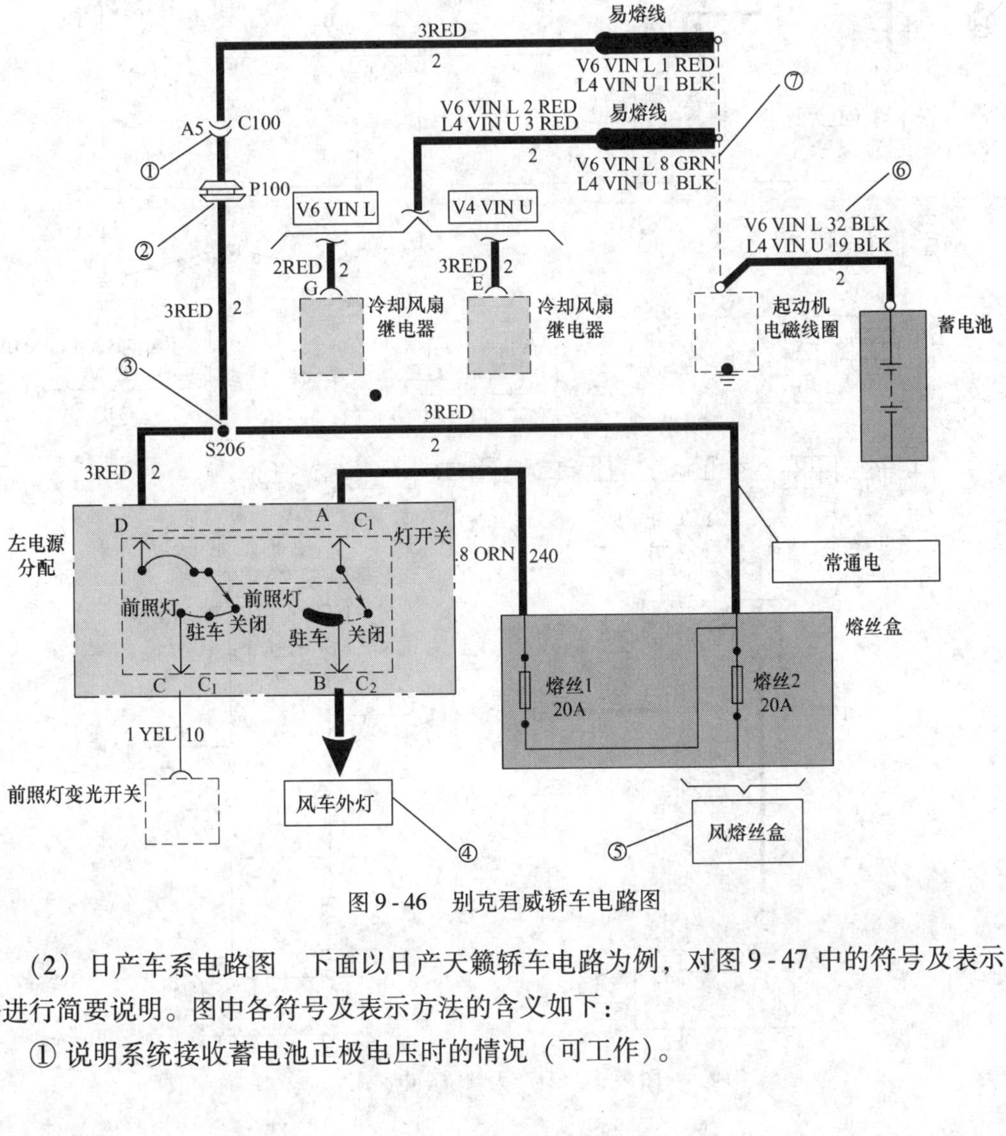

图 9 - 46　别克君威轿车电路图

（2）日产车系电路图　下面以日产天籁轿车电路为例，对图 9 - 47 中的符号及表示方法进行简要说明。图中各符号及表示方法的含义如下：

① 说明系统接收蓄电池正极电压时的情况（可工作）。

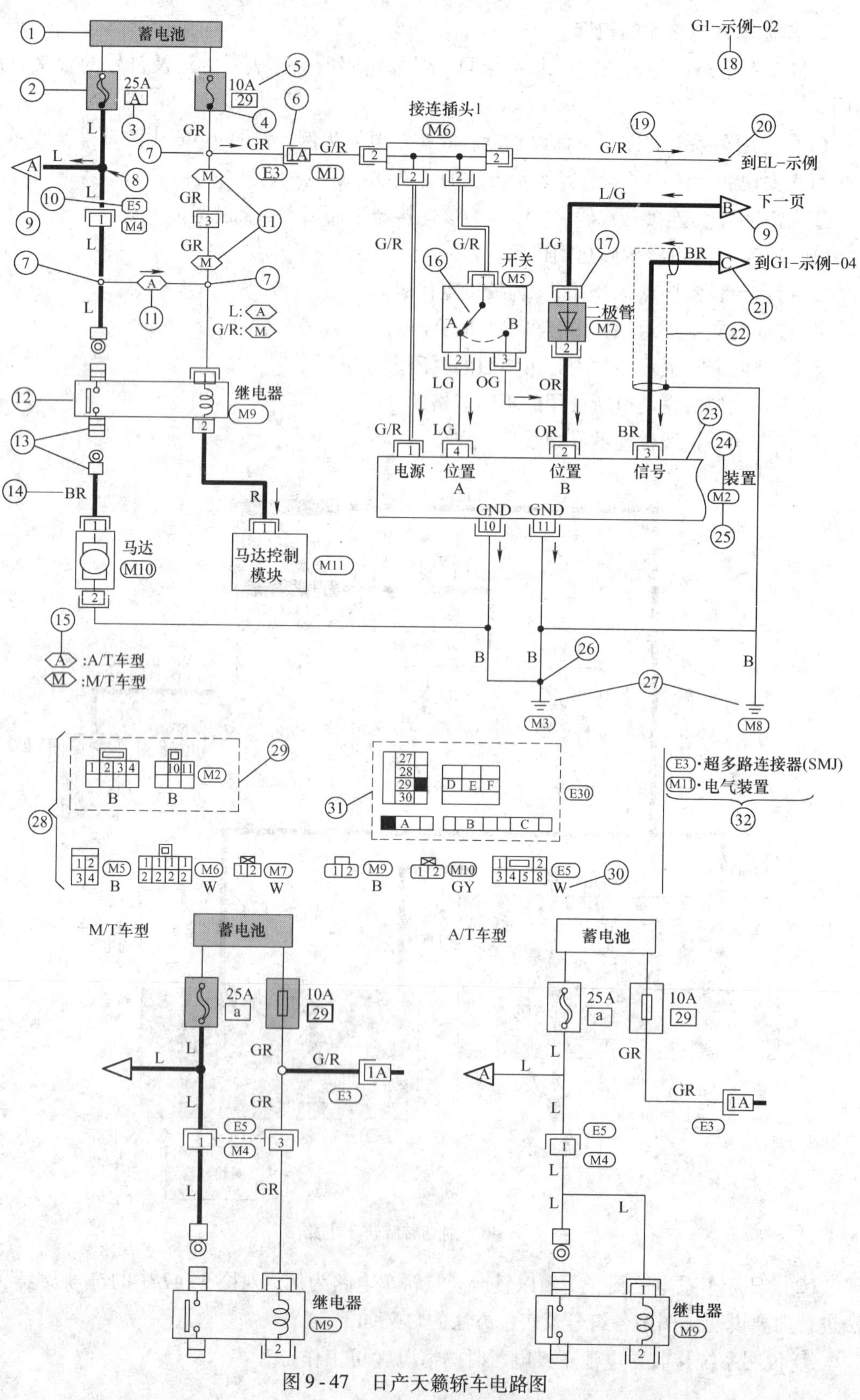

图9-47 日产天籁轿车电路图

② 表示易熔线。空心圈表示电流流入，实心圈表示电流流出。

③ 表示易熔线或熔断器的位置。

④ 表示熔断器。空心圈表示电流流入，实心圈表示电流流出。

⑤ 表示允许流过易熔线或熔断器的最大电流值。

⑥ 表示 E3 是插座、M1 是插头，G/R 线位于两个接头的 1A 端口处，带字母的端口号（1A、5B 等）表示此接头是多路接头。

⑦ 选择性节点。空心圈表示此节点是可选的，可根据车辆确定是否选用。

⑧ 实心圈表示所有车型上都有这个节点。

⑨ 箭头表示电路连接到相邻页的电路图上，A 标记应与前页或后页的 A 标记对应。

⑩ 表示普通接头，端口间的点画线表示这些端口属于同一接头。

⑪ 表示此电路是可选的，可根据车辆用途确定是否选用。

⑫ 表示继电器的内部电路。

⑬ 表示用螺栓或螺母连接到车身或端口上。

⑭ 表示导线的颜色代码。B = 黑色、G = 绿色、GY 或 GR = 灰色、DG = 深绿色、BR = 棕色、W = 白色、L = 蓝色、SB = 天蓝色、Y = 黄色、OR 或 O = 橙色、R = 红色、PU 或 V = 紫色、CH = 深棕色、LG = 浅绿色、P = 粉色。

⑮ 表示本页中出现的选装项目的说明。

⑯ 表示当开关在 A 位置时端口 1 和 2 之间导通，当开关在 B 位置时端口 1 和 3 之间导通。

⑰ 总成零件，零部件的接头端口表示它是一个带线束的总成。

⑱ 根据章节、系统以及电路图页码的组合来识别每一张电路图。

⑲ 表示电流方向。

⑳ 系统分支，表示此系统与另外一个由单元代码标识的系统相连。

㉑ 箭头表示电路连接到另一页由单元代码标识的电路，与系统内其他页（除前一页和后一页外）上的标记 c 相对应。

㉒ 虚线包围的线路表示屏蔽线路。

㉓ 表示此零部件的另外部分出现在本系统内的其他页上（用波浪线表示）。

㉔ 表示元件名称。

㉕ 表示插头编号，字母表示插头所在的线束，例如，M 表示主线束。

㉖ 表示接地线在接地插头处连接。

㉗ 表示接地。

㉘ 表示本页电路图中零部件插头的端口图。

㉙ 用虚线圈起来的接头属于同一零部件。

㉚ 表示插头的颜色代码。

㉛ 显示易熔线和熔断器的布置位置，无阴影的正方形表示电流流入，有阴影的正方形表示电流流出。

㉜ 参考区，表示手册末尾有更多的关于超级多路插接器和连接插头的信息。

项目十　发动机电子控制系统

实训一　燃油供给系统工作部件及控制电路的检测

一、实训目标

1）掌握燃油供给系统工作部件的检测方法。

2）掌握燃油供给系统工作电路的检测方法。

二、实训器材

1）丰田、大众等车系电喷发动机或车辆。

2）万用表、发光二极管、导线。

三、实训内容

1. 燃油泵的检测

1）接通点火开关，应该能够听到燃油泵起动的声音；若用手指捏住输油管，应能感到油压。

2）如果燃油泵没有起动，应检查燃油泵、燃油泵继电器以及燃油泵控制电路。

3）关闭点火开关，燃油泵继电器必须有动作声；否则，应检查燃油泵继电器线路，如果线路正常，应更换燃油泵继电器。

2. 燃油泵控制电路的检测

根据电路图对燃油泵控制电路进行检测（以桑塔纳2000GSi型轿车为例），其检测方法为：

1）打开行李箱饰板，从密封凸缘拔下3个端子的导线插头。

2）起动发动机，用万用表测量导线上端子1和端子3之间的电压，如图10-1所示。电压的额定值约为蓄电池的电压（12V左右）。

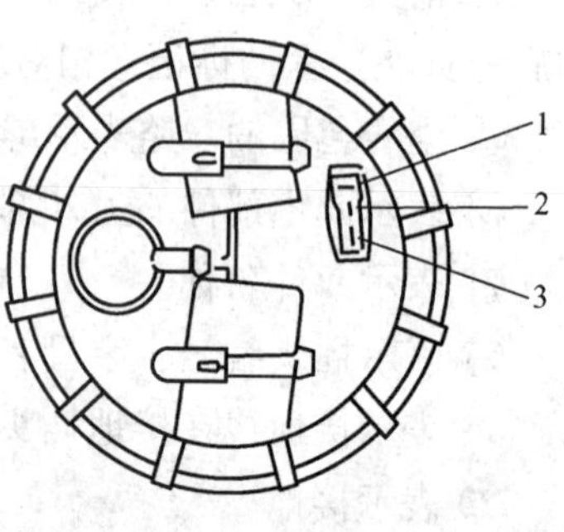

图10-1　燃油泵控制电压的检测

3）检测密封凸缘和燃油泵之间的导线是否有断路故障，旋下密封凸缘紧固大螺母，如图10-2所示。根据测得结果，判断故障所在。

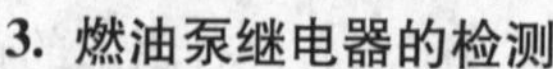
3. 燃油泵继电器的检测

以桑塔纳2000GSi型轿车为例，燃油泵继电器在中央接线盒上的位置及端子如图10-3所示。燃油泵继电器的检测方法为：用测试线短接测试盒上端子2和4，如图10-4所示，

接通点火开关，燃油泵继电器必须有动作声；否则，检查燃油泵继电器线路，如果线路正常，应更换燃油泵继电器。

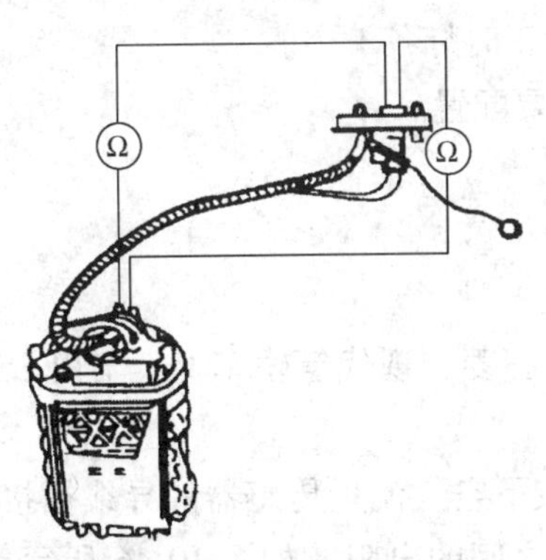

图 10-2　密封凸缘和燃油泵之间线路的检测

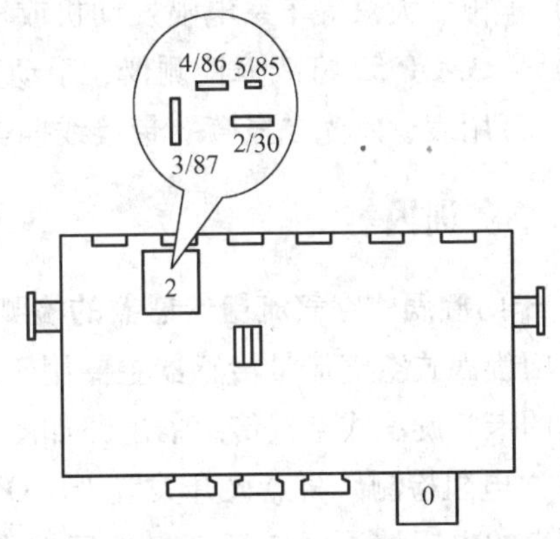

图 10-3　燃油泵继电器在中央接线盒上的位置及端子

4. 喷油器工作情况的检查

1）在发动机运转时，用手触摸喷油器，观察其是否工作及其工作情况是否与发动机转速相符；如果不相符，应检查喷油器或 ECU 输出的喷油信号是否正常。

2）如果在发动机运转时难以接近喷油器，可以采用断火的方法来检查。检查时动作要快，否则会加速三元催化转换器的失效。

3）检查喷油器有无堵塞或泄漏现象时，可关闭点火开关，脱开全部喷油器接头。

4）在燃油供给系统的油路上安装机油压力表，短接燃油泵电源，使燃油泵工作，建立油压。

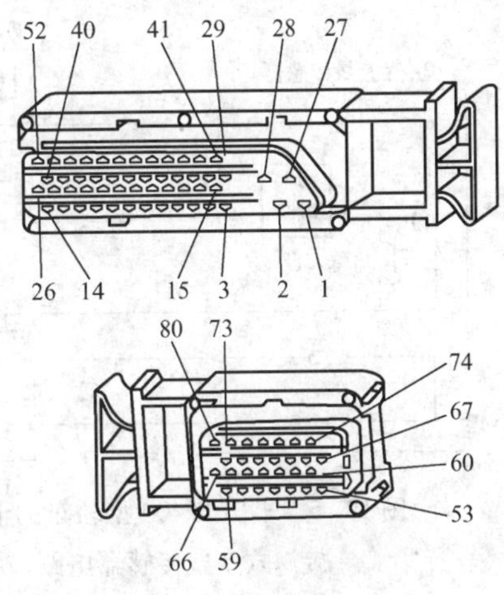

图 10-4　测试盒端子图

5）逐个给喷油器施加脉冲电压，同时听喷油器是否有响声；对于低电阻型的喷油器，则应在电路中串联一个阻值约 10Ω 的电阻，以保护喷油器线圈。

6）给喷油器供电时，系统油压应下降，否则，说明喷油器有脏堵现象；若没有给喷油器供电时，系统油压下降，则说明喷油器有泄漏现象。

7）喷油器工作异常时，可关闭点火开关，脱开喷油器接头，测量喷油器线圈电阻。如果超出技术范围，应予以更换。

实训二　控制系统主要传感器的检测

一、实训目标

掌握发动机控制系统主要传感器的检测方法。

二、实训器材

1）丰田、大众等车系电喷发动机或车辆。

2）V. A. G1552 型故障检测仪、手动真空泵、点火正时灯各 1 个。

3）万用表、发光二极管、带接线插连接导线按需要配置。

三、实训内容

1. 卡门旋涡式空气流量传感器的检测

卡门旋涡式空气流量传感器主要用于丰田 LS400、三菱、现代等轿车上。丰田 LS400 型轿车的卡门旋涡式空气传感器电路如图 10 - 5 所示。

（1）电阻检测　将点火开关置于"OFF"位置，拔下空气流量传感器的导线插接器，用万用表的电阻档测量空气流量传感器上 THA 和 E1 之间的电阻，如图 10 - 6 所示。在 0℃时电阻应为 4 ~ 7kΩ，20℃时电阻应为 2 ~ 3kΩ，60℃时电阻应为 0. 4 ~ 0. 7kΩ。

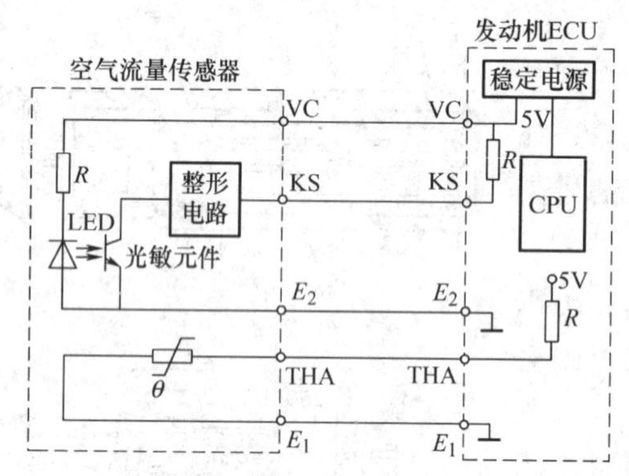

图 10 - 5　丰田 LS400 型轿车的卡门旋涡式空气传感器电路

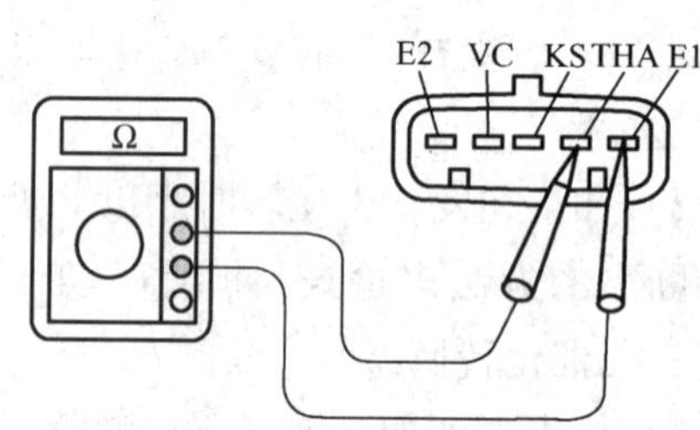

图 10 - 6　空气流量传感器的端子与检测

（2）供电电压的检测　拔下空气流量传感器的插接器，将点火开关置于"ON"位置，用万用表的电压档测量 VC 和 E2 端子间的电压，其值应为 4. 5 ~ 5. 5V。

（3）信号电压的检测　插好空气流量传感器的插接器，用万用表的电压档分别在点火开关置于"ON"位置、不起动以及发动机运转时，测量 KS 和 E2 端子间的电压，其值应符合本车型技术要求的规定值。对于 1UZ – FE 发动机上的卡门旋涡式空气流量传感器，其电压在点火开关接通但不起动时为 4 ~ 6V；发动机运转时，其电压为 2 ~ 4V（脉冲电压信号）。

2. 热膜（热线）式空气流量传感器的检测

热膜（热线）式空气流量传感器制造成本低、使用寿命长，使用较为广泛。下面以桑塔纳 2000GSi 型轿车为例，介绍热膜（热线）式空气流量传感器的检测方法。

（1）检查进气质量

1）用 V. A. G1552 型故障检测仪读测量数据块显示组 02。进行发动机电控系统数据流检测的条件为：冷却液温度不低于 80℃；测试时，散热器风扇不允许转动；空调关闭；

其他用电设备关闭；故障存储中没有故障存在。

2）连接故障检测仪，让发动机怠速运转。输入数字键0和1，选择发动机电子控制系统。屏幕显示：

Test of Vehicle System Select function XX	HELP
车辆系统测试 选择功能 XX	帮助

3）输入数字键0和8，选择读测量数据块，按Q键确认。屏幕显示：

Read Measuring Value Block Enter display group number XX	HELP
读测量数据块 输入组别号 XX	帮助

4）输入需要显示的组别号02，按Q键确认，屏幕即显示相关的数据块信息。

5）读测量数据块显示组02的区域2，检查进气质量。标准值应为2.0~4.0g/s。如果不在标准范围内或者查询到空气流量传感器有故障，应检查空气流量传感器的供电电压。

（2）检查供电电压

1）如图10-7所示，将发光二极管连接到空气流量传感器端子2和搭铁点之间。起动发动机，试灯应亮。

2）如果试灯不亮，应检查熔断器与传感器端子2之间的线路是否正常。如果正常，则应对燃油泵继电器进行检查。

3）测量空气流量传感器端子4和搭铁点之间的电压应为5V左右。如果空气流量传感器供电电压正常，应对空气流量传感器的信号线路进行检查。

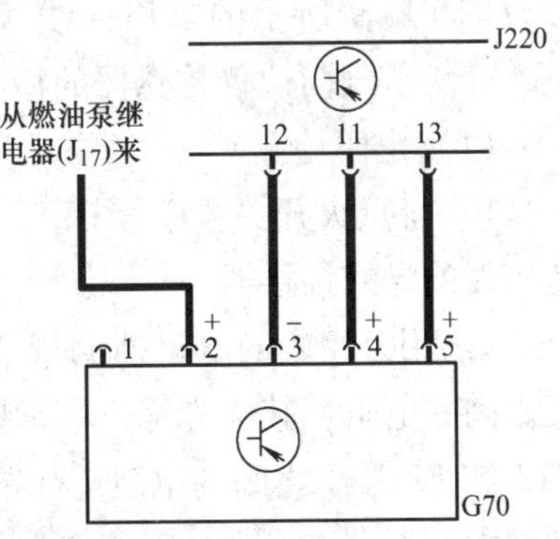

图10-7 热膜式空气流量传感器的连接电路

（3）检查空气流量传感器线路 测量空气流量传感器端子与发动机控制单元上相关端子间的线路，其电阻值应小于0.5Ω。

3. 进气压力传感器的检测

图 10 - 8 所示为进气压力传感器的连接电路。

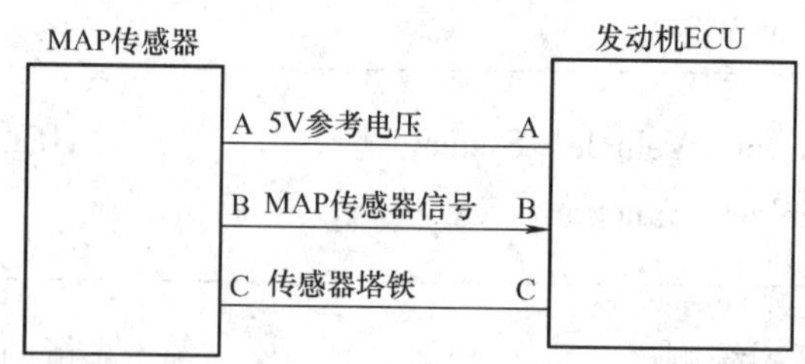

图 10 - 8 进气压力传感器的连接电路

（1）供电电压的检测

1）将点火开关置于“OFF”位置，拔下进气压力传感器的导线插接器。

2）将点火开关置于“ON”位置，不起动发动机，用万用表的电压档测量插接器中的 A 和 C 端子间的电压，其值应为 4.5 ~5.0V。

（2）信号电压的检测

1）将点火开关置于“ON”位置，不起动发动机，拆下进气压力传感器与进气歧管的真空软管。

2）在发动机电控单元导线插接器侧，用万用表的电压档测量进气压力传感器信号端子 B 与搭铁端子 C 间在大气压力状态下的输出电压。

3）利用真空泵向进气压力传感器内施加真空，从 13.3kPa 开始，每次递增 13.3kPa，一直增加到 66.7kPa 为止，同时测量在不同真空度下进气压力传感器的输出信号电压。该电压应随真空度的增大而不断下降。不同真空度下的输出电压的下降量应与该车型技术要求相符。

4. 节气门位置传感器的检测

不同车型节气门位置传感器的检测方法略有不同，下面以图 10 - 9 所示的丰田四线线性节气门位置传感器为例，介绍节气门位置传感器的检测方法。

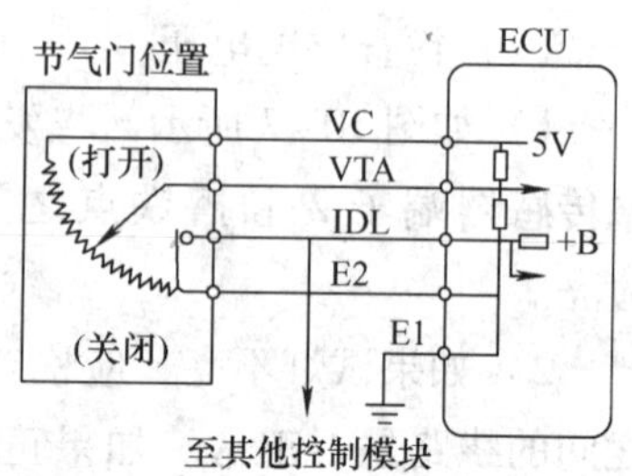

图 10 - 9 节气门位置传感器的连接电路

（1）电阻检测

1）将点火开关置于“OFF”位置，拔下节气门位置传感器的导线插接器。

2）用万用表的电阻档测量节气门位置传感器上各端子之间的电阻，其值应符合本车型技术要求的规定值，且 VTA 与 E2 端子之间的电阻应随节气门开度的增大而呈线性增大，不允许出现电阻值忽大忽小或为无穷大的情况。

（2）供电电压的检测

1）将点火开关置于“OFF”位置，拔下节气门位置传感器的导线插接器。

2）将点火开关置于“ON”位置，用万用表的电压档测量节气门位置传感器导线侧上端子 VTA 与 E2 之间的电压值，应该为 4.5 ~5V。

（3）输出信号电压的检测

1）将点火开关置于“ON”位置，用万用表的电压档测量节气门位置传感器上端子VTA与E2之间的电压（即节气门位置传感器输出信号电压值），其值应随节气门位置的变化而变化。

2）当节气门处于怠速位置（节气门关闭）时，端子IDL与E2之间的电压应小于1.0V；端子VTA与E2之间的电压应为0.1～1.0V。

3）节气门全开时，端子IDL与E2之间的电压应为4～6V；端子VTA与E2之间的电压应为3.5～5.0V，且随节气门开度增大而增加。

5. 冷却液温度传感器的检测

以桑塔纳2000GSi型轿车为例，其冷却液温度传感器的连接电路如图10-10所示。冷却液温度传感器是负温度系数热敏电阻式传感器，冷却液温度低时电阻值大，冷却液温度高时电阻值小。

（1）电阻检测

1）将点火开关置于“OFF”位置，拔下冷却液温度传感器的导线插接器。

2）如图10-11所示，用万用表的电阻档测量冷却液温度传感器上的端子1与3之间的电阻。其值在温度低时电阻大，温度高时电阻小，并应符合本车型技术要求的规定值。

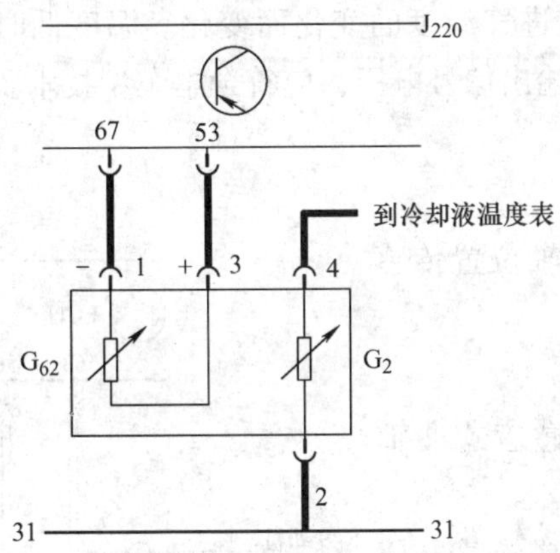

图10-10　冷却液温度传感器的连接电路

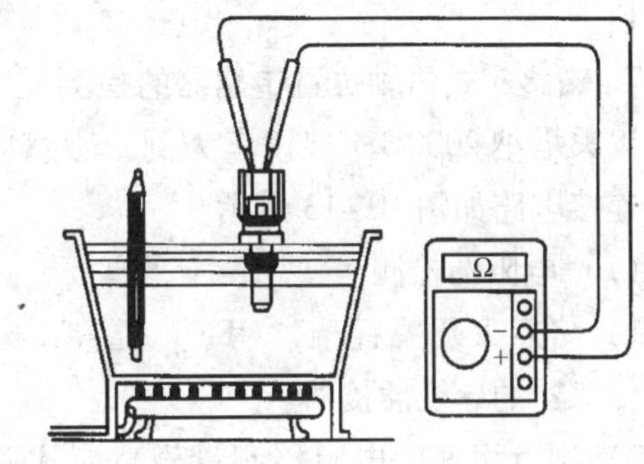

图10-11　电阻检测

（2）供电电压的检测

1）拔开传感器的线束插接器，接通点火开关，检测冷却液温度传感器导线侧端子3与搭铁点之间的电压，电压应为5V左右。

2）拔开传感器的线束插接器，将点火开关置于“OFF”位置，检测冷却液温度传感器导线侧端子1与搭铁点之间的电阻，应小于0.5Ω。否则，说明线路或发动机控制单元存在故障。

（3）输出信号电压的检测　将点火开关置于“ON”位置，测量冷却液温度传感器上的端子1与3之间的输出信号电压。其电压值应随冷却液温度的变化而变化。温度低时电压高，温度高时电压低。各种不同温度下传感器的输出信号电压，应符合本车型技术要求的规定值。

6. 进气温度传感器的检测

进气温度传感器的连接电路如图 10-12 所示。

（1）电阻的检测

1）将点火开关置于“OFF”位置，拔下进气温度传感器的导线插接器。

2）用万用表的电阻档测量进气温度传感器上端子 A 与 B 之间的电阻。其值在温度低时电阻大，温度高时电阻小。各种不同温度下传感器的电阻，应符合本车型技术要求的规定值。

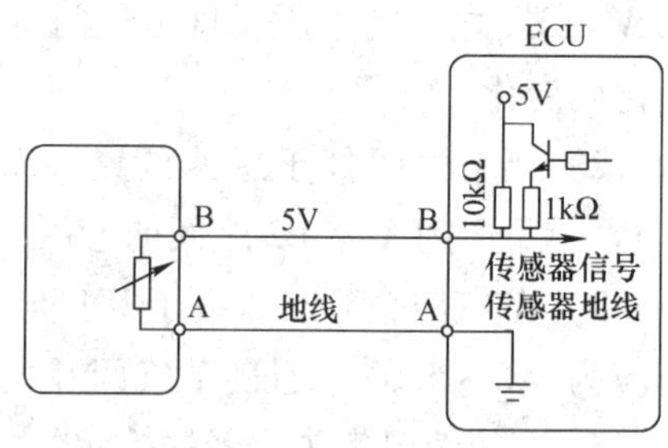

图 10-12　进气温度传感器的连接电路

（2）供电电压的检测

1）拔开传感器的线束插接器，检测进气温度传感器导线侧端子 B 与搭铁点之间的电压值。当点火开关接通时，电压应为 5V 左右。

2）拔开传感器的线束插接器，将点火开关置于“OFF”位置，检测进气温度传感器导线侧端子 A 与搭铁点之间的电阻，应小于 0.5Ω。否则，说明线路或发动机控制单元存在故障。

（3）输出信号电压的检测　在传感器正常连接和工作时，在传感器插接器内的 B 端子处测量传感器的输出信号电压，其电压值应随进气温度的变化而变化。温度低时电压高，温度高时电压低。各种不同温度下传感器的输出信号电压，应符合本车型技术要求的规定值。

7. 磁感应式曲轴位置传感器的检测

以桑塔纳 2000GSi 型轿车为例，磁感应式曲轴位置传感器的连接电路如图 10-13 所示。

（1）电阻的检测

1）将点火开关置于“OFF”位置，拔下磁感应式曲轴位置传感器的导线插接器。

2）用万用表的电阻档测量磁感应式曲轴位置传感器插接器端子 2 与 3 之间的电阻，其值应符合本车型技术要求的规定值（480～1000Ω）。

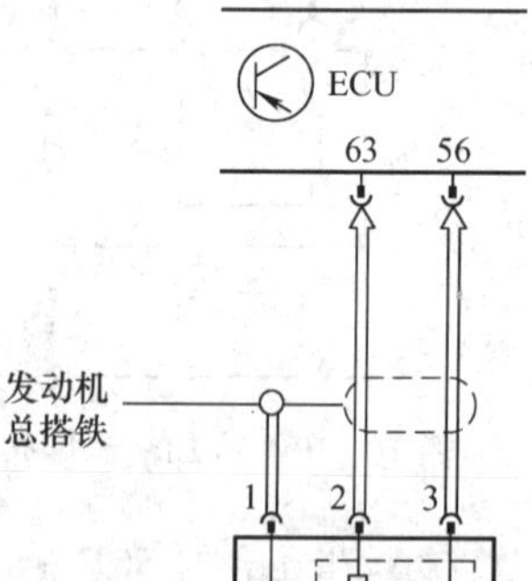

图 10-13　磁感应式曲轴位置传感器的连接电路

（2）直观检查

1）检查发动机电控单元与磁感应式曲轴位置传感器之间的线束及连接情况。

2）检查传感器内部转子轴和转子是否松动、转子齿是否断裂、转子齿与传感器线圈铁心之间的空气间隙是否符合要求（0.2～0.4mm）。

（3）线路检测　拔开传感器的线束插接器，将点火开关置于“OFF”位置，检测传感器导线侧端子 1 与搭铁点之间的电阻，应小于 0.5Ω。否则，说明线路或发动机控制单元存在故障。

（4）输出信号的检测　运转发动机，检测磁感应式曲轴位置传感器插接器端子 2 与 3

之间的交流电压信号，信号和频率随发动机转速增大而增大。

8. 霍尔式曲轴位置传感器的检测

以美国克莱斯勒公司的曲轴位置传感器为例，霍尔式曲轴位置传感器的连接电路如图10-14所示。

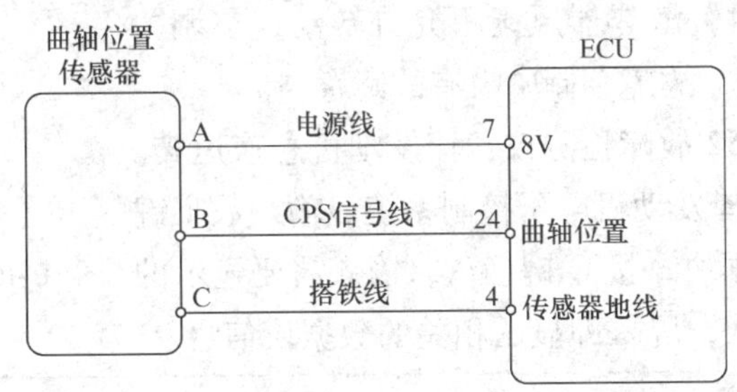

图10-14 霍尔式曲轴位置传感器的连接电路

（1）电阻的检测

1）将点火开关置于“OFF”位置，拔下霍尔式曲轴位置传感器的导线插接器。

2）用万用表的电阻档测量霍尔式曲轴位置传感器插接器端子7与4或24与4之间的电阻。其电阻均应为∞。

（2）线路检测 拔开传感器的线束插接器，将点火开关置于“ON”位置，检测传感器导线侧端子7与4之间的电压，应为8V左右。否则，说明线路或发动机控制单元存在故障。

（3）输出信号的检测 运转发动机，检测霍尔式曲轴位置传感器插接器端子A与C或B与C之间的电压信号。端子A与C之间的电压约为8V；端子B与C之间的电压应为0.3~5V。

9. 爆燃传感器的检测

以桑塔纳2000GSi型轿车为例，爆燃传感器的连接电路如图10-15所示。

图10-15 爆燃传感器的连接电路

（1）电阻的检测 将点火开关置于“OFF”位置，拔下爆燃传感器的导线插接器。用万用表的电阻档检测爆燃传感器的各接线端子间的电阻。所测得电阻值均应大于$10^9\Omega$。

（2）线路的检测 将点火开关置于“OFF”位置，拔下传感器的导线插接器，测量J_{220}的端子68与传感器端子1、端子2间的电阻，均应小于0.5Ω。

（3）输出信号的检测 起动发动机，并让其怠速运转至正常的工作温度。用工具敲击爆燃传感器周围的缸体，同时用正时灯观察点火提前角的变化情况。点火提前角应相应地减小；如果点火提前角没有变化，表明爆燃传感器损坏，应予以更换。

10. 氧传感器的检测

氧传感器是燃油反馈控制系统的重要部件，目前发动机电控系统使用的氧传感器一般是加热型氧化锆式氧传感器。以桑塔纳2000GSi型轿车为例，氧传感器连接电路如图

10-16 所示。

（1）氧传感器工作情况的检测

1）利用 V. A. G1552 故障检测仪读测量数据块显示组 07。进行发动机电控系统数据流检测的条件为：冷却液温度不低于 80℃；测试时，散热器风扇不允许转动；空调关闭；其他用电设备关闭；故障存储中没有故障存在。

燃油泵继电器 ECU 25 26 27 1 3 4 2 氧传感器

图 10-16　氧传感器的连接电路

2）连接 V. A. G1552 故障检测仪，让发动机怠速运转。输入数字键 0 和 1，选择发动机电子控制系统。输入数字键 0 和 8，选择读测量数据块，按 Q 键确认。输入需要显示的组别号 07，按 Q 键确认，屏幕即显示相关的数据块信息：

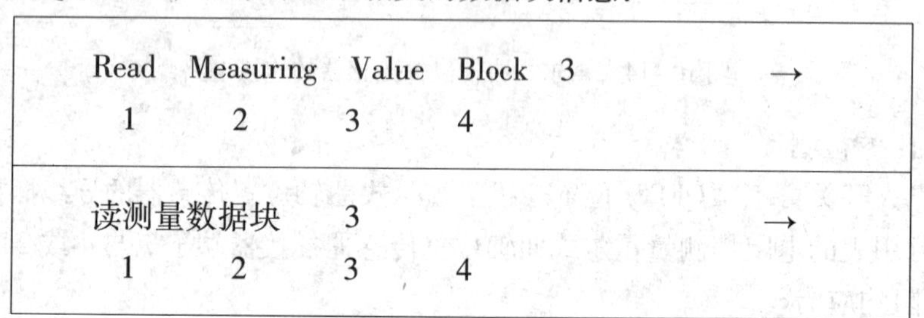
Read Measuring Value Block 3 →
1 2 3 4

读测量数据块 3 →
1 2 3 4

3）读测量数据块显示组 07 的区域 2，显示氧传感器信号电压。如果氧传感器电压读数波动缓慢，应检测氧传感器加热器；如果氧传感器电压读数维持在 0.45～0.5V 不变，说明信号线路断路；如果氧传感器电压读数维持在 0～0.3V，表明 λ 控制已达到最大浓度极限，但氧传感器仍记录“混合气太稀”；如果氧传感器电压读数维持在 0.7～1.0V，表明 λ 控制已达到最稀浓度极限，但氧传感器仍记录“混合气太浓”。

4）氧传感器读数不正常可能是氧传感器本身存在故障，也可能是发动机其他传感器或进气系统、燃油系统、点火系统等工作不良，导致混合气过浓或过稀，应分别进行检查。

（2）加热器的检测

1）将点火开关置于“OFF”位置，拔下氧传感器的导线插接器。用万用表的电阻档测量氧传感器导线插接器中加热电阻，如图 10-17 所示。所测电阻值应符合本车型技术要求的规定值（一般为 4～40Ω）；如果不符合标准，应更换氧传感器。

2）将点火开关置于“ON”位置，拔下氧传感器的导线插接器，测量加热端子与搭铁端子间的电压，应与规定相符。否则，说明线路或发动机控制单元存在故障。

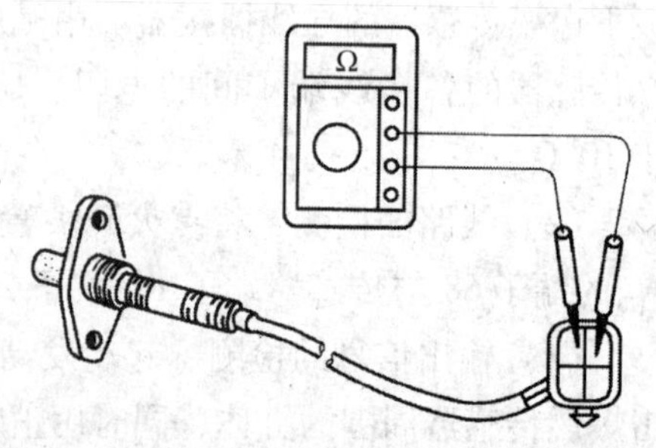

图 10-17　氧传感器加热电阻的测量

（3）信号的检测

1）将点火开关置于“OFF”位置，拔下氧传感器的导线插接器，对照被测车型的电

路图，从氧传感器反馈信号输出端引出一条细线，重新插好导线插接器。

2）将发动机热车至正常工作温度，将指针式电压表的负表笔接蓄电池负极、正表笔接氧传感器导线插接器上的引出线。让发动机保持2500r/min左右的转速运转，同时检查电压表指针是否在0.1～0.9V之间来回摆动，记下10s内电压表指针摆动的次数。

3）正常情况下，随着反馈控制的进行，氧传感器的反馈电压将在0.45V上下不断变化，10s内反馈电压的变化次数应不少于8次。

4）如果10s内反馈电压的变化次数等于或多于8次，说明氧传感器及其反馈控制系统工作正常；如果10s内反馈电压的变化次数少于8次，说明氧传感器及其反馈控制系统工作不正常。

5）将电压表的负表笔接蓄电池负极、正表笔接氧传感器导线插接器上的引出线，让发动机保持2500r/min左右的转速运转。在发动机正常运转时，脱开接在进气管上的曲轴箱强制通风管或其他真空软管，人为地形成稀混合气，此时，电压表读数应下降到0.1～0.3V。

6）恢复以上管路的连接，将点火开关置于“OFF”位置，拆开冷却液温度传感器的导线插接器，在传感器的导线插接器内的两个端子间接一个4～8kΩ的电阻，以代替冷却液温度传感器。再次起动发动机，以形成浓混合气。这时电压表的读数应上升到0.7～0.9V。

7）也可以用突然踩下加速踏板的方法，来改变混合气浓度。突然踩下加速踏板时，混合气变浓，反馈电压上升；突然松开加速踏板时，混合气变稀，反馈电压下降。

8）如果混合气浓度变化时，氧传感器输出电压不能相应地改变，则说明氧传感器有故障，应进一步进行检修。

实训三　怠速控制系统主要元件的检测

一、实训目标

掌握发动机怠速控制系统主要元件的检测方法。

二、实训器材

1）丰田、大众等车系电喷发动机或车辆。

2）万用表、带接线插连接导线按需要配置。

三、实训内容

1. 节气门控制组件的检测

桑塔纳2000GSi型轿车节气门控制组件的连接电路如图10-18所示。节气门定位计G_{69}为线性节气门位置传感器，为发动机控制单元提供节气门开度信号；节气门定位电位计G_{88}为节气门怠速位置传感器。

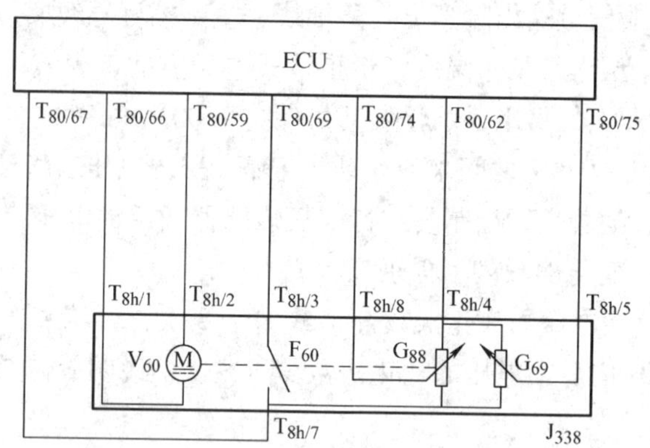

图 10-18 桑塔纳 2000GSi 型轿车节气门控制组件的连接电路

F_{60}—怠速开关 G_{69}—节气门定位计 G_{88}—节气门定位电位计 V_{60}—节气门定位器

节气门定位电位计 G_{88} 可将怠速控制电动机的位置信号输送给发动机控制单元，当节气门到达怠速位置调节范围极限时，节气门定位电位计 G_{88} 不再移动，节气门仍可继续开启。当节气门定位电位计 G_{88} 的信号中断时，节气门控制组件将利用应急弹簧将节气门拉到固定位置，使怠速转速升高。

节气门定位器 V_{60} 是怠速控制电动机，通过齿轮传动操纵节气门，使其开度增大或减小。当发动机在怠速下工作时，节气门定位电位计 G_{88} 将其位置变化转变为电信号输入发动机电控单元，发动机电控单元根据该信号识别节气门的位置，再控制节气门定位器 V_{60} 微量调节节气门的开度，从而控制怠速转速。

（1）电阻检测

1）将点火开关置于“OFF”位置，拔下节气门控制组件的导线插接器。

2）用万用表的电阻档测量节气门位置控制组件上端子 4 与 7 之间的电阻，其值为固定值 700Ω；端子 5 与 7 之间的电阻应随节气门开度的增大而减小（1.6～0.95kΩ）；端子 5 与 4 之间的电阻应随节气门开度的增大而增大（0.9～1.73kΩ）。

（2）供电电压的检测

1）拔下节气门位置控制组件的导线插接器，将点火开关置于“ON”位置，用万用表的电压档测量节气门位置控制组件导线侧上端子 4 与搭铁点之间的电压，应在 4V 左右。

2）将点火开关置于“OFF”位置，用万用表的电压档测量节气门位置控制组件上端子 7 与搭铁点之间的电阻，应小于 0.5Ω。

（3）输出信号电压的检测

1）将点火开关置于“ON”位置，用万用表的电压档测量节气门位置控制组件上端子 5 与搭铁点之间的电压，其值应随节气门开度的增大而减小。

2）将点火开关置于“ON”位置，用万用表的电压档测量节气门位置控制组件上端子 3 与搭铁点之间的电压。节气门关闭时为 0V；节气门全开时为电源电压。

（4）怠速开关 F60 的检测

1）将点火开关置于“OFF”位置，拔下节气门控制组件的导线插接器。将点火开关置于“ON”位置，用万用表的电压档测量节气门位置控制组件导线侧上端子3与7之间的电压，应在9V以上。

2）测量传感器侧端子3与7之间的电阻。在节气门关闭时应小于1.5Ω，节气门全开时为∞。

（5）怠速控制电动机 V_{60} 的检测

1）将点火开关置于“OFF”位置，拔下节气门控制组件的导线插接器。测量传感器侧端子1与2之间的电阻，其阻值应符合规定值（3～200Ω）。

2）将点火开关置于“OFF”位置，拔下节气门控制组件的导线插接器。将点火开关置于“ON”位置，用万用表的电压档测量节气门位置控制组件导线侧上端子1与2之间的电压，应在9V以上。

2. 步进电动机式怠速控制阀的检查

步进电动机式怠速控制阀的控制电路如图10-19所示。当发动机怠速负荷变化时，在怠速转速变化之前，ECU将按照一定顺序控制驱动电路中的晶体管 VT_1、VT_2、VT_3、VT_4 适时导通，分别接通步进电动机定子绕组电流，使电动机转子旋转，带动控制阀的阀芯移动，从而调节进气量，使发动机怠速转速达到目标转速。

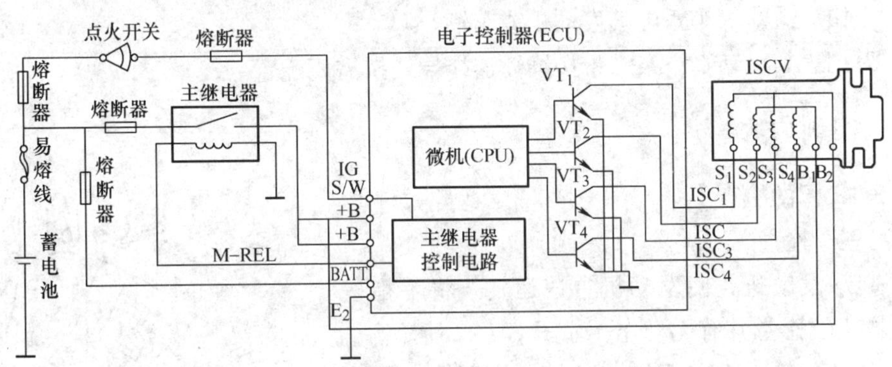

图10-19 步进电动机式怠速控制阀的控制电路

（1）怠速控制阀的就车检查 当发动机熄火时，怠速控制阀会发出“咔嗒”的响声，使阀门的开度退到最大位置。如果听不到阀门复位的响声，应对怠速控制阀进行检查。

（2）检测线圈电阻 将点火开关置于“OFF”位置，拔下怠速控制阀的导线插接器。测量怠速控制阀侧端子 B_1 与 S_1 和 S_3，B_2 与 S_2 和 S_4 之间的电阻，如图10-20所示，其阻值应符合规定值（10～30Ω）。

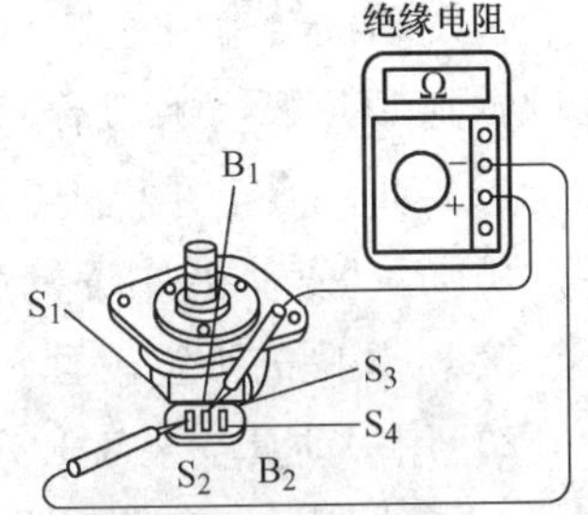

图10-20 步进电动机式怠速控制阀电阻的检测

（3）工作情况检查

1）从节气门体上拆下步进电动机，将其插接器的端子 B_1 和 B_2 与蓄电池的正极连接，将端子 S_1、S_2、S_3、S_4 依次与蓄电池的负极连接，此时步进电动机应转动，阀芯伸出，如图10-21所示。

2）按 S_4、S_3、S_2、S_1 的顺序，使上述各端子依次与蓄电池的负极连接，步进电动机应反向转动，阀芯缩回。

（4）控制单元的检查　将步进电动机装到节气门体上，接好插接器，将点火开关置于“ON”位置，检测 ISC_1、ISC_2、ISC_3、ISC_4 端子与搭铁点之间的电压，应为 9～14V。若无电压，应检查主继电器与步进电动机间的电路。

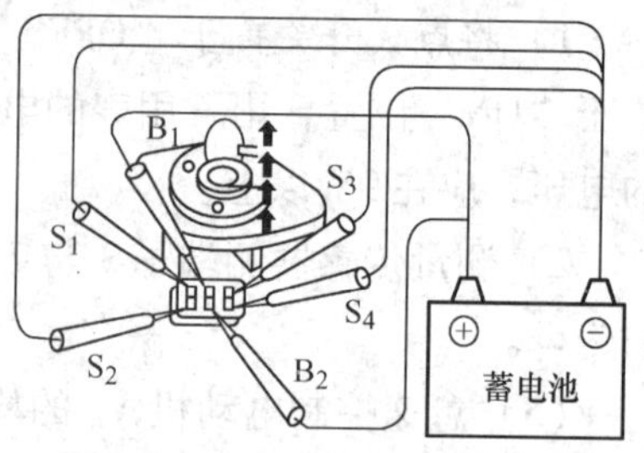

图 10-21　步进电动机式怠速控制阀工作情况的检查

实训四　排放控制系统主要元件的检测

一、实训目标

掌握发动机排放控制系统主要元件的检测方法。

二、实训器材

1）丰田、大众等车系电喷发动机或车辆。

2）万用表、手动真空泵、带接线插连接导线按需要配置。

三、实训内容

1. EGR 阀的检查

（1）就车检查

1）起动发动机，使发动机怠速运转。将手指按在 EGR 阀上，感觉其有无动作，如图 10-22 所示。

2）在冷车状态下踩下加速踏板，使发动机转速升至 2000r/min 左右，此时手指上应感觉不到 EGR 阀膜片动作。

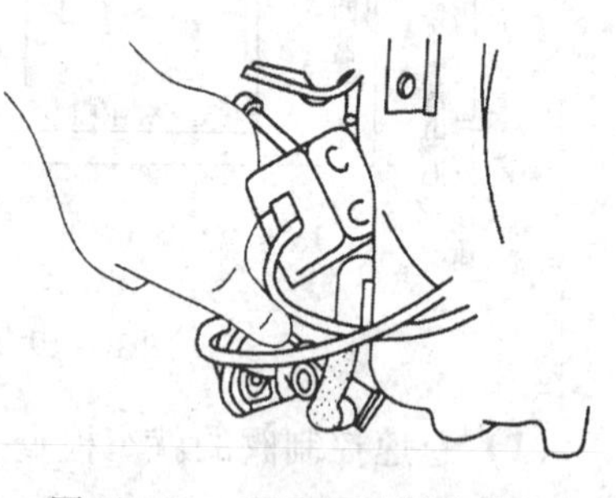

图 10-22　EGR 阀的就车检查

3）在发动机热车状态（高于 80℃）下踩加速踏板，使发动机转速升至 2000r/min 左右，此时手指应能感觉到 EGR 阀膜片动作。若 EGR 阀不能按上述规律动作，说明 EGR 阀工作异常。

（2）手动真空泵检查

1）起动发动机并暖机后使发动机怠速运转，拔下连接 EGR 阀的真空软管。

2）用手动真空泵对 EGR 阀施加 19.5kPa 真空度，如图 10-23 所示。若此时发动机怠速运转情况变坏甚至熄火，说明 EGR 阀工作正常；否则，说明 EGR 阀损坏，应更换。

图 10-23　用手动真空泵检查 EGR 阀

2. EGR 电磁阀的检查

（1）电阻的检查　将点火开关置于“OFF”位置，拔下 EGR 电磁阀的线束插接器，用万用表的电阻档测量电磁线圈的电阻，应符合规定值（20～500Ω）。

（2）工作情况的检查

1）拔下与 EGR 电磁阀相连的真空软管，从发动机上拆下 EGR 电磁阀。

2）在 EGR 电磁阀的电磁线圈不通电源时，检查各管口之间是否通气。此时电磁阀的管接口 A 与 B、A 与 C 不通气；管接口 B 与 C 之间通气，如图 10-24a 所示。

3）给 EGR 电磁阀的电磁线圈接通电源时，检查各管口之间是否通气。此时电磁阀的管接口 A 与 B 之间通气、B 与 C 不通气，如图 10-24b 所示。

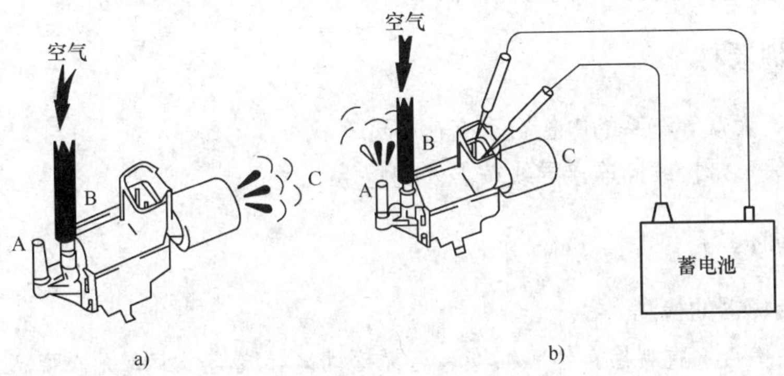

图 10-24　EGR 电磁阀的检查

a）通电检查　b）断电检查

3. 活性炭罐电磁阀的检测

（1）电阻检查　用数字式万用表测量活性炭罐电磁阀两触点间的电阻，如图 10-25 所示，其阻值应为 22～30Ω。

（2）供电电压检查　在点火开关断开时，拔下活性炭罐电磁阀插接器，用发光二极管测试灯连接线束侧插接器两端子时，试灯应亮。否则，说明活性炭罐电磁阀的控制电路存在故障。

（3）动作情况测试　拔下活性炭罐电磁阀连接软管，连接电磁阀插头，进入最终控制诊断，选择活性炭罐电磁阀，对准电磁阀进气孔吹气，检查阀开、闭是否良好。

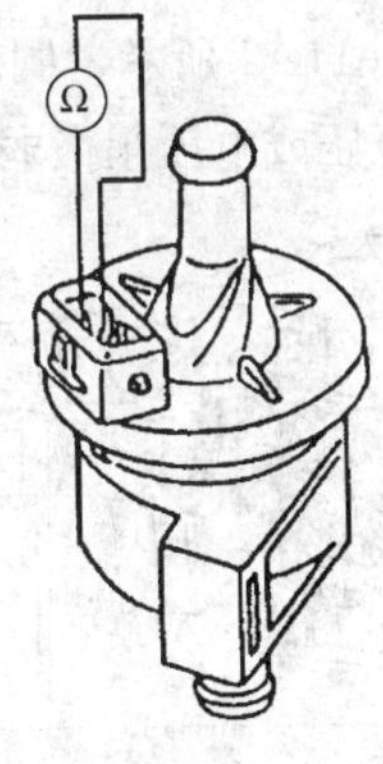

图 10-25　活性炭罐电磁阀电阻的测量

项目十一　底盘电子控制系统

实训一　自动变速器电控元件的检测

一、实训目标

掌握自动变速器电控元件的检测方法。

二、实训器材

1）丰田、大众等车系的电控自动变速器或车辆。

2）万用表、带接线插连接导线按需要配置。

三、实训内容

1. 车速传感器的检测

（1）直观检查　直观检查传感器安装有无松动，导线与线束有无松脱。

（2）电阻检测　关闭点火开关，拔下传感器线束插接器，用万用表测量传感器两接线端子之间的电阻，如图 11 - 1 所示。电阻值通常为几百欧姆至几千欧姆。如果传感器线圈断路、短路或电阻值不符合要求，应更换传感器。

（3）输出脉冲的检测　将传感器从车上拆下，用一根铁棒或磁铁迅速靠近或离开传感器，如图 11 - 2 所示，同时用万用表测量传感器两接线柱之间有无脉冲感应电压。如果没有感应电压或电压很微弱，说明传感器有故障。

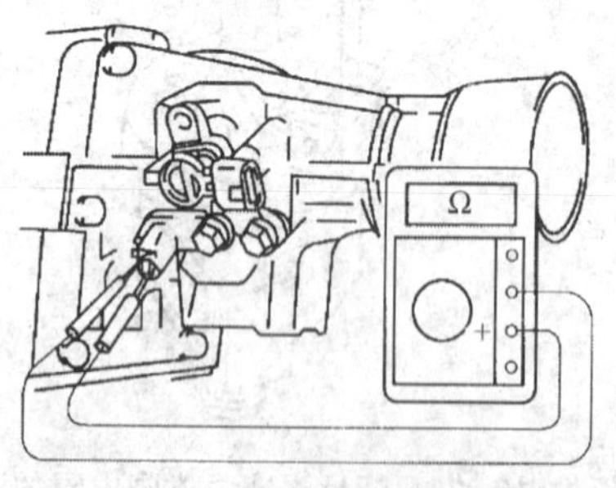

图 11 - 1　车速传感器电阻的检测

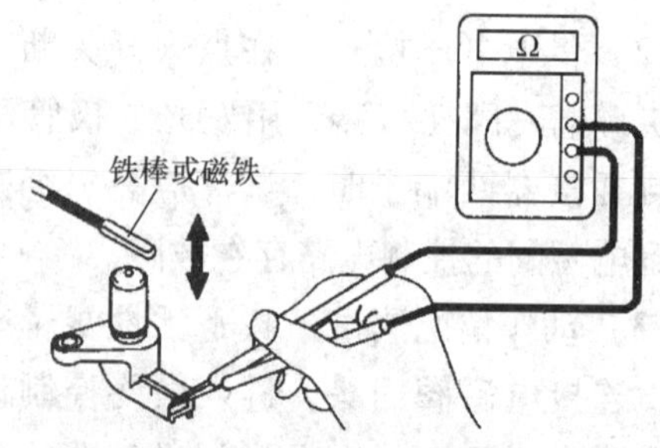

图 11 - 2　车速传感器输出脉冲的检测

2. 自动变速器油温传感器的检测

自动变速器油温传感器的连接电路如图 11 - 3 所示。

检测时，首先将点火开关置于“OFF”位置，拔下油温传感器插接器，拆下油温传感器，将其置于盛有水的烧杯中。加热烧杯中的水，同时测量在不同温度下传感器两接线柱之间的电阻，如图 11 - 4 所示。将测量的电阻值与标准值比较，如果不符合标准，应更换

传感器。

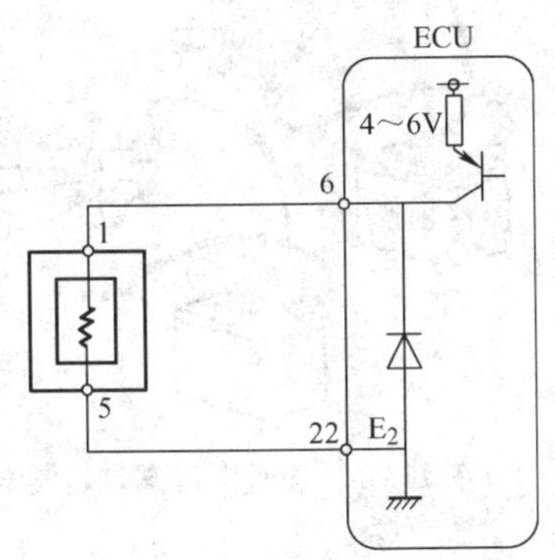

图 11-3　自动变速器油温传感器的连接电路

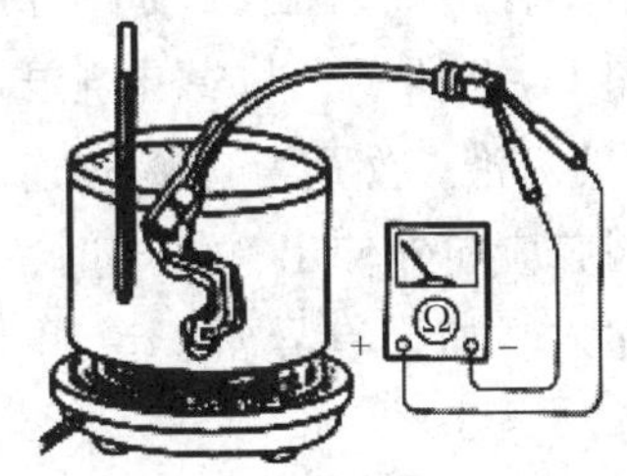

图 11-4　油温传感器电阻的检测

3. 开关的检测

（1）档位开关的检测　将变速杆拨至各个档位，用万用表测量档位开关线束插座内各插孔之间的导通情况。将测量结果与标准进行比较，如果有不符，应重新调整或更换档位开关。

（2）OD 开关的检测　当按下 OD 开关（接通）时，OD OFF 指示灯应熄灭；再次按下 OD 开关时，OD 开关弹起，OD OFF 指示灯应亮。否则，应检查 OD OFF 指示灯、OD 开关及相关线路。

（3）制动灯开关的检测　测量制动灯开关线路的电源端子与搭铁之间的电压，在没有制动时应为蓄电池电压。否则，应检查制动灯线路是否断路。

4. 开关式电磁阀的检测

（1）电阻检测　用举升机将汽车举起，拆下自动变速器油底壳，脱开电磁插接器，测量电磁阀端子与车身搭铁点之间的电阻，如图 11-5 所示。

（2）工作情况检查　用蓄电池给电磁阀通电，如图 11-6 所示，应能听到电磁阀有“咔嗒”声。

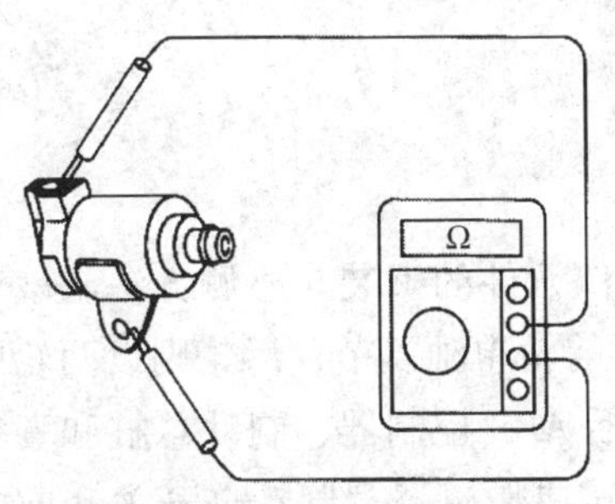

图 11-5　检查电磁阀电阻

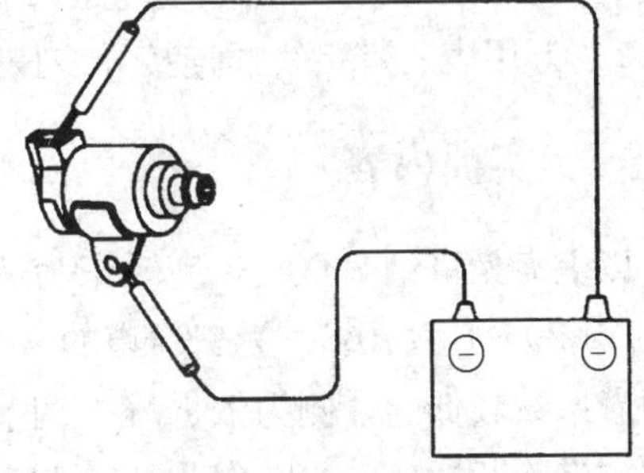

图 11-6　通电检查电磁阀工作

（3）检查漏气　拆下电磁阀，如图 11-7 所示，拆下电磁阀，施加 0.5MPa 的压缩空气，检查电磁阀是否漏气。如果不符合规定，应更换电磁阀。

5. 占空比式电磁阀的检查

（1）电阻的检查　用举升机将汽车举起，拆下自动变速器油底壳，脱开电磁插接器，测量电磁阀线圈的电阻，其值一般为 2 ~ 6Ω。若电磁线圈短路、断路或阻值不符合标准，应更换电磁阀，如图 11 - 8 所示。

（2）工作情况的检查　拆下占空比式电磁阀，如图 11 - 9 所示，将蓄电池电源串联一个 8 ~ 10W 的灯泡，然后与电磁阀连接。通电时，电磁阀阀芯应向外伸出；断电时，电磁阀阀芯应向内缩入。如果有异常，说明电磁阀损坏，应更换。

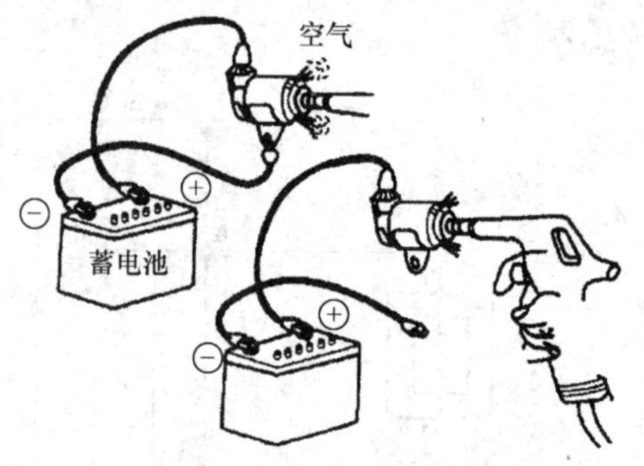

图 11 - 7　检查电磁阀是否漏气

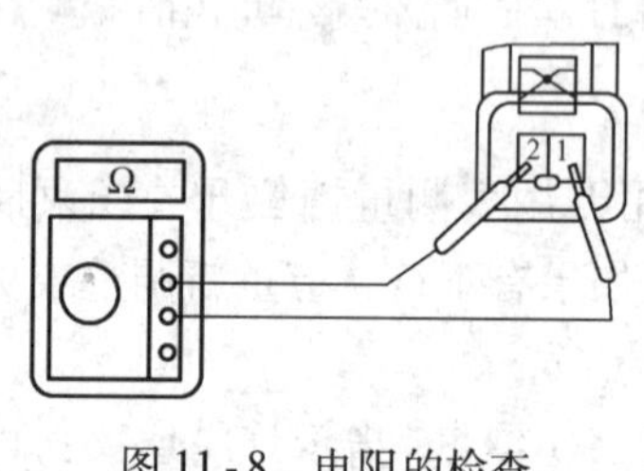

图 11 - 8　电阻的检查

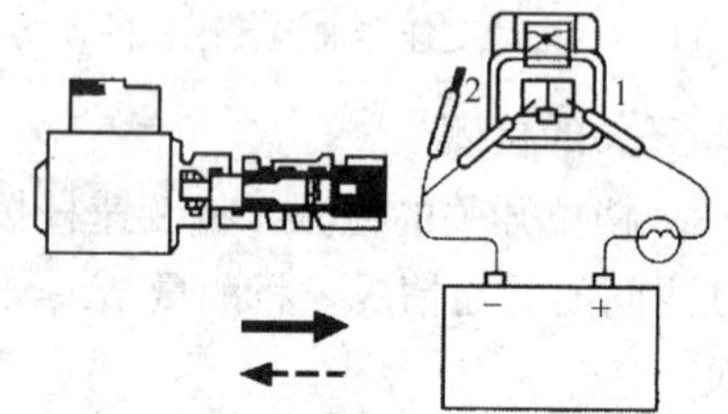

图 11 - 9　工作情况的检查

实训二　ABS 工作元件的拆装与检测

一、实训目标

掌握典型轿车 ABS 工作元件的拆装与检测方法。

二、实训器材

1）上海桑塔纳 2000GSi 型轿车 1 辆，示波器 1 台。

2）万用表、带接线插连接导线按需要配置。

三、实训内容

以上海桑塔纳 2000GSi 型轿车为例，介绍 ABS 工作元件的拆装与检测方法。该车型选装 MK20 - 1 型 ABS，为三通道的 ABS 调节回路，两前轮单独调节，后轮则以两轮中地面附着系数较低的一侧为依据统一调节。系统主要包括 ABS 控制器、制动总缸和真空加力器、自诊断插口、ABS 警告灯、制动警告灯、后轮转速传感器、制动灯开关和前轮转速传感器。在 ABS 的控制单元的软件设计中，已包括了电子控制制动力分配功能，所以不再需要重新安装制动比例控制阀。

1. ABS 控制器的拆卸与安装

（1）ABS 控制器的拆卸

1）关闭点火开关，拆下蓄电池支架，从 ABS 控制单元上拔下 25 针插头，如图 11 - 10 所示。

2）踩下踏板并用踏板架定位，如图 11 - 11 所示。

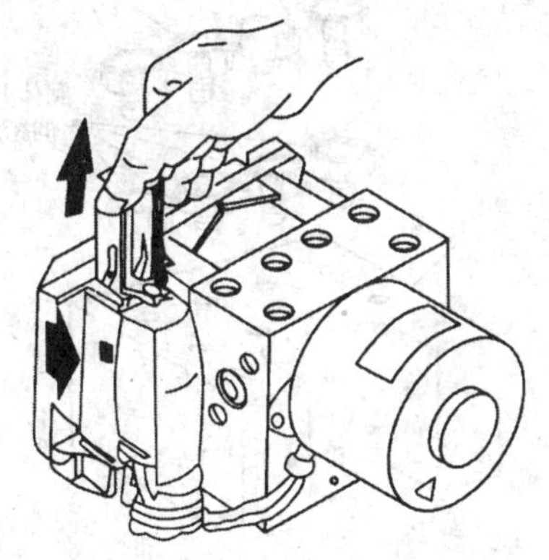

图 11 - 10　拔下 ABS 控制单元的 25 针插头

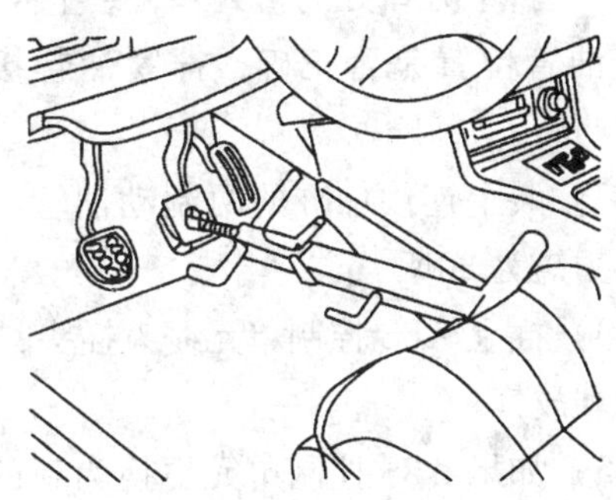

图 11 - 11　踩下踏板并用踏板架定位

3）在 ABS 控制器下垫一块布，用来吸收从开口处流出的制动液，如图 11 - 12 所示。

4）先拆制动总缸到液压单元的两制动油管，并做上记号，马上用密封塞将开口部位塞住，如图 11 - 13 所示。

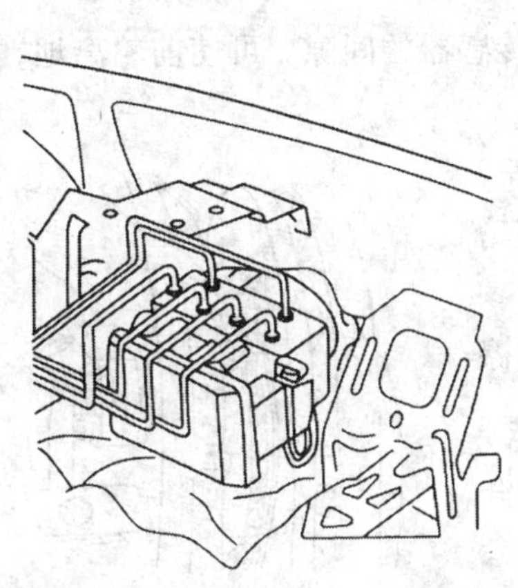

图 11 - 12　吸收从开口处流出的制动液

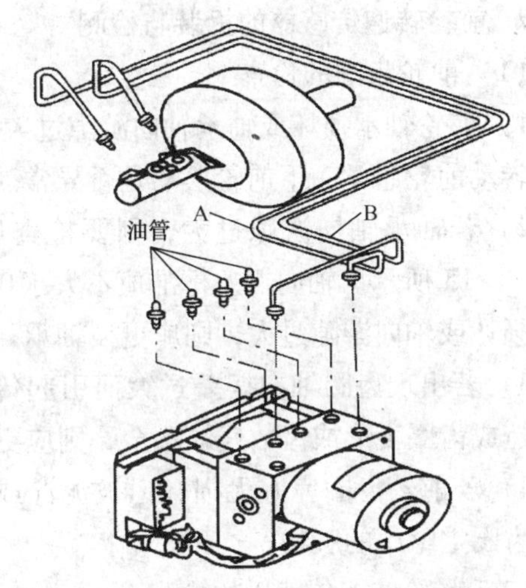

图 11 - 13　拆下制动总缸到液压单元的两制动油管

5）用软铅丝把两制动油管扎在一起，挂到高处，使开口处高于制动储液罐的油平面。

6）拆下液压单元通到各轮的制动油管（共 4 个），并做上记号，马上用密封塞将开口部位塞住，如图 11 - 14 所示。把 ABS 控制器从支架上拆下来

在操作过程中必须小心，不使制动液渗入到 ABS 控制单元壳体中去。如果制动液渗漏到控制单元中去，会使触点腐蚀，损坏系统。如果壳体被弄脏，可用压缩空气吹净。

（2）ABS 控制器的安装　ABS 液压单元开口处的密封塞只有在制动油管需要安装时才能拆下来，以免异物进入制动系统。

1）将 ABS 控制器装到支架上，拧紧固定螺栓，拧紧力矩为10N·m。

2）拆下开口处的密封塞，装上 4 个制动油管，检查油管位置是否正确，拧紧油管接头，力矩为20N·m。

3）装上连接总缸的两制动油管，拧紧油管接头，力矩为20N·m。

4）插上 ABS 控制单元线束插头，对 ABS 进行充液和放气。

5）如果 ABS 控制单元更换为新的，必须对新 ABS 控制单元重新编码（用解码器读原 ABS 控制单元编码）。

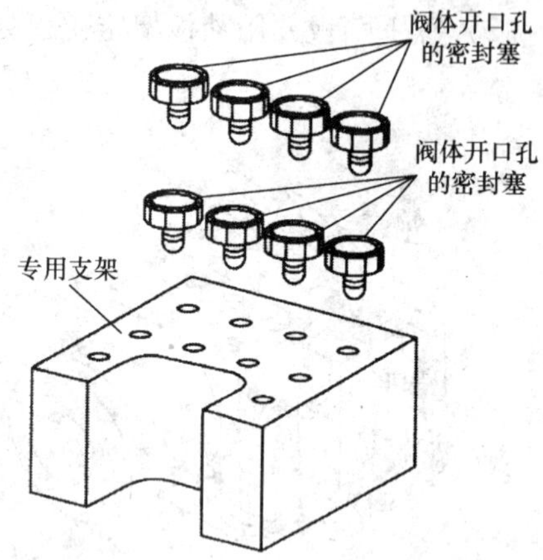

图 11-14 用密封塞将开口部塞住

6）打开点火开关，ABS 警告灯须亮起 2s 后再熄灭。

7）清除故障存储码，再查询故障码。

8）试车检测 ABS 功能，须感到踏板有反弹。

2. 前轮转速传感器的拆装与检测

（1）前轮齿圈的检查

1）前轮轴承损坏或轴承轴向游隙过大会影响前轮传感器的间隙。可使前轮离地，用双手转动前轮感觉一下前轮摆动是否异常。

2）若轴承轴向游隙过大，则要检查齿圈轴向摆差，如图 11-15 所示。轴向摆差标准值不大于 0.3mm，若前轮轴承损坏或轴向游隙过大，则应更换轴承。

3）若出现齿圈轴向摆差过大而引起传感器与齿圈擦碰，造成齿圈变形或齿数残缺不全，则应更换前轮齿圈。

4）若前轮齿圈完好无损，但被泥泞或脏物堵塞，应清除齿圈空隙中的脏物。

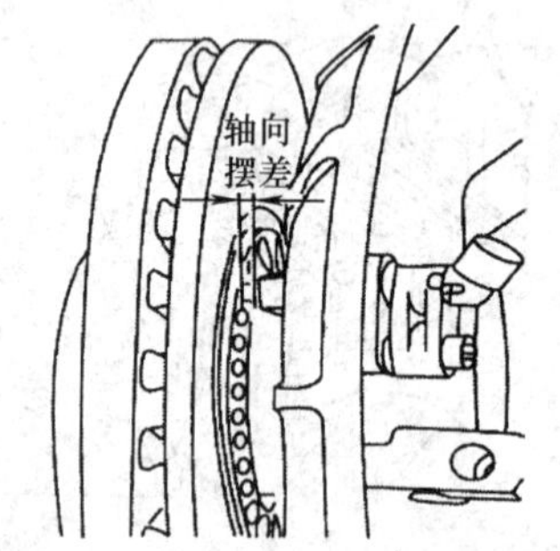

图 11-15 齿圈轴向摆差的检查

（2）前轮转速传感器的检测

1）检查前轮转速传感器与齿圈之间的间隙是否符合规定值，其标准值为 1.1～1.97mm。

2）顶起前轮，松开驻车制动，拆下 ABS 线束，测量传感器插接器端子间的电阻，其值应为 1.0～1.3kΩ。

3）以 30r/min 的转速转动前轮，用万用表或示波器测量输出电压。用万用表测量时，输出电压应为 70～310mV；用示波器测量时，输出电压应为 3.4～14.8mV。

（3）前轮轮毂及齿圈的拆卸

1）拆卸带齿圈的前轮轮毂，要用 200mm 顶拔器的 2 个活动臂先钩住前轮轴承壳的两边（只有一个位置才能钩住）。

2）在前轮轮毂要压出的中心放一块专用压块，转动顶尖，使顶拔器顶住专用压块，

将前轮轮毂连同齿圈一起顶出，如图 11 - 16 所示。拆下齿圈的十字槽固定螺栓。

（4）前轮转速传感器的拆装

1）前轮转速传感器左、右不能互换。拆卸时，先拔下传感器导线插头，再拧下内六角紧固螺栓，拆下前轮转速传感器，如图 11 - 17 所示。

2）在装配前轮转速传感器之前，先清洁传感器的安装孔内表面，并涂上固体润滑膏 G 000650，然后装入。用 10N · m 的力矩拧紧内六角紧固螺栓，最后插上导线的插头。

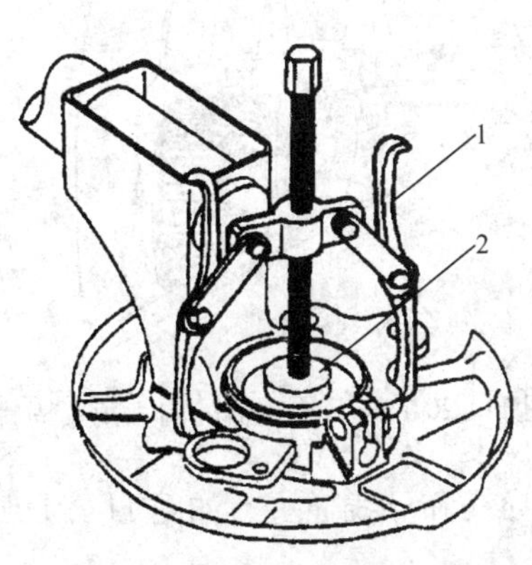

图 11 - 16　拆卸前轮轮毂及齿圈

1—顶拔器　2—专用压块

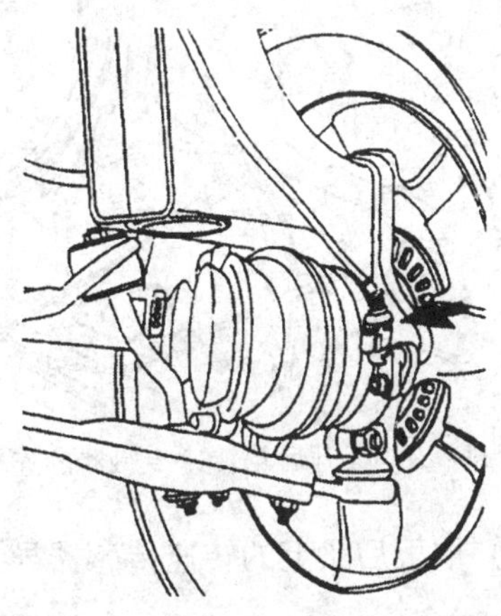

图 11 - 17　拆卸前轮转速传感器

3. 后轮转速传感器的拆装与检测

（1）后轮齿圈的检查

1）后轮轴承损坏或支承径向跳动过大会影响后轮传感器的间隙。检查时，首先使后轮离地，用双手转动后轮感觉后轮摆动是否异常，如图 11 - 18 所示。若后轮摆动过大，则要检查后轮轴承的径向跳动。径向跳动的标准值应小于 0. 05mm。

2）若后轮径向跳动过大，则需通过调整螺母调节后轴承的游隙，或者更换损坏的后轴承。若齿圈变形、有严重磨损痕迹或齿数残缺不全，则应更换后轮齿圈。若后轮齿圈完好无损，但被脏物堵塞，应清除齿圈空隙中的脏物。

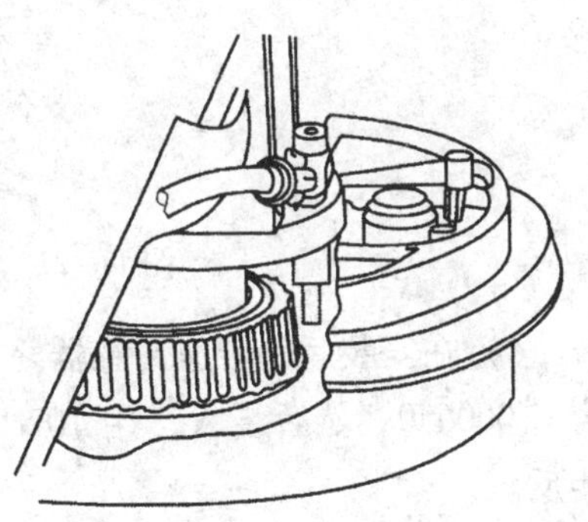

图 11 - 18　后轮齿圈的检查

（2）后轮转速传感器的检测

1）检查后轮转速传感器与齿圈之间的间隙是否符合规定值，其标准值为 0. 42 ~ 0. 8mm。

2）顶起前轮，松开驻车制动，拆下 ABS 线束，测量传感器插接器端子间的电阻，其值应为 1. 0 ~ 1. 3kΩ。

3）以 30r/min 的转速转动前轮，用万用表或示波器测量输出电压。用万用表测量时，输出电压应大于 260mV；用示波器测量时，输出电压应大于 12. 2mV。

（3）后轮转速传感器的拆装

1）后轮转速传感器左、右不能互换。拆卸时先翻起汽车后座垫，分开要拆的后轮转速传感器的连接插头，如图 11 - 19 所示。

2）拧下传感器的内六角紧固螺栓，拆下后轮转速传感器，如图 11 - 20 所示。

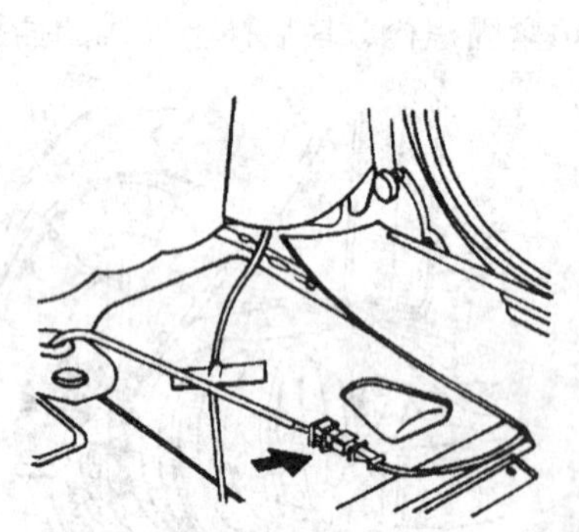

图 11 - 19　拔开后轮转速传感器的连接插头

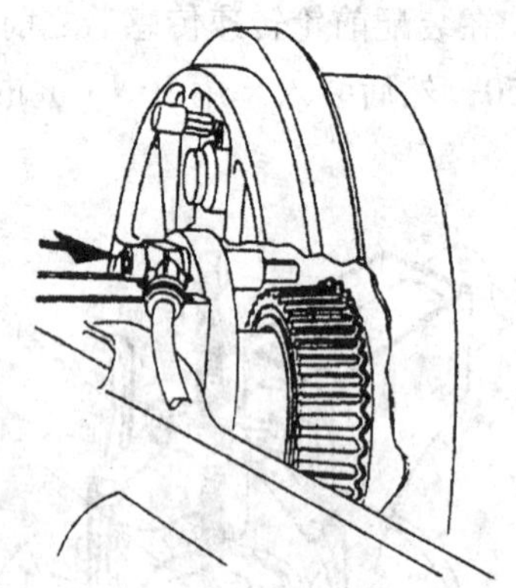

图 11 - 20　拧下传感器的内六角紧固螺栓

3）取下后梁上的转速传感器导线保持罩，拉出导线和导线插头，如图 11 - 21 所示。

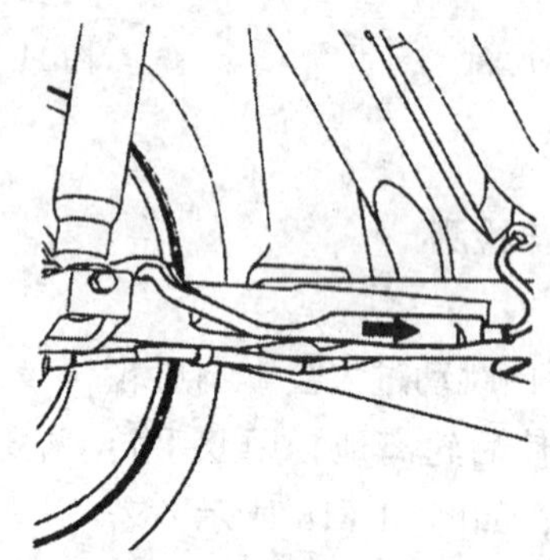

图 11 - 21　取下后梁上的转速传感器导线保持罩

4）在安装后轮转速传感器之前，应先清洁传感器的安装孔内表面，并涂上固体润滑膏 G 000650，然后装入，用 10N · m 的力矩拧紧内六角紧固螺栓。其余步骤与拆下时相反。

参 考 文 献

[1] 李春明．汽车电器设备与维修［M］．北京：高等教育出版社，2005.
[2] 赵奇．汽车电器构造与检修［M］．北京：中国劳动社会保障出版社，2008.
[3] 于万海．汽车电气设备原理与检修［M］.3 版．北京：电子工业出版社，2011.
[4] 韩建国．汽车电控系统检测与维修实训［M］．北京：机械工业出版社，2010.
[5] 吴芷红．汽车电气设备［M］．北京：中国水利水电出版社，2010.
[6] 吴际璋，王林超．当代汽车电控系统原理与检修［M］.2 版．北京：人民交通出版社，2009.
[7] 廖发良．汽车电控系统的结构与检修［M］.2 版．北京：电子工业出版社，2009.
[8] 蒋卫东，孙志春．汽车底盘电控技术实训［M］．北京：机械工业出版社，2009.
[9] 吕秋霞．汽车发动机电控系统检修［M］．北京：人民交通出版社，2009.
[10] 赵学斌，王凤军．汽车电器与电子控制技术［M］．北京：机械工业出版社，2006.
[11] 李镢贵，邵先平．汽车电子控制装置原理与维修［M］．武汉：华中科技大学出版社，2010.
[12] 沈沉，张立新．汽车底盘电控系统检测与修复［M］．北京：机械工业出版社，2011.